Fun! Fun! Korean

재미있는 한국어 ❻

고려대학교 한국어문화교육센터 지음

교보문고

Written by Korean Language & Culture Center,
　　　　　　Institute of Foreign Language Studies, Korea University
Published by KYOBO Book Centre
Designed by Gabwoo
Illustrated by Soh, Yong Hoon

Text copyright© Korean Language & Culture Center,
　　　　　　　　Institute of Foreign Language Studies, Korea University
All rights reserved: no part of this publication may be reproduced, stored in a retrieval system, or transmitted in any form or by any means, electronic, mechanical, photocopying, recording or otherwise, without the prior written permission of the publisher.

KYOBO Book Centre CO., Ltd
501-1 Munbal-ri Gyoha-eup
Paju-si, Gyeonggi-do, 413-756 Korea
Tel: 82-2-3156-3681
Fax: 82-502-987-5725
Http://www.kyobobook.co.kr

Text Credits
p. 28 ⓒ 한국직업능력개발원 커리어넷 / p. 32 ⓒ "두드려라, 그러면 열릴 것이다", 『사과나무』, 어린이재단
p. 34 ⓒ "한국인의 인생관으로 본 가치관 변화", 성균관대학교 한덕웅 교수 저, 한국자유기업원
p. 49 ⓒ 『한국인의 힘 1』, 이규태 저, 신원문화사 / pp. 64, 188 ⓒ 연합뉴스, 2008.1.25/2009.12.10
p. 66 ⓒ "2010 통일문제이해", 통일부 / p. 94 ⓒ 『봄·봄』, 김유정 저, 현대문학
p. 104 ⓒ 국민일보, 2005.11.27 / p. 104 ⓒ 경향신문, 2007.6.8
p. 105 ⓒ 『달려라, 아비』, 김애란 저, 창비 / pp. 166, 187 ⓒ 헤럴드경제, 2010.4.1/2010.4.4
p. 170 ⓒ 『문화의 맛과 멋을 만나다』, 김영순 지음, 한올출판사 / p. 186 ⓒ MBC 뉴스데스크, 2009.2.28, 김수진 기자
p. 190 ⓒ 위클리조선, 2007.3.12, 한림대학교 윤현숙 교수 저 / p. 194 ⓒ 문화일보, 2009.10.16
p. 212 ⓒ 『나의 문화유산 답사기 3』, 유홍준 저, 창비

Photo Credits
p. 82 ⓒ 커리지필름 / p. 104 ⓒ 창비 / p. 128 ⓒ 국가기록원 / p. 152 ⓒ 기상청
p. 188 ⓒ 민음인 / p. 194 ⓒ 인구보건복지협회 / p. 206 ⓒ 호암미술관
pp. 18, 38, 72, 88, 118, 152, 200, 203, 205, 210, 215 ⓒ 연합뉴스
pp. 56, 118, 138, 146, 147, 156, 198, 200, 203 ⓒ 아이스톡포토
pp. 205, 206 ⓒ 국립경주박물관 / pp. 206, 207, 208 ⓒ 국립중앙박물관

재미있는 한국어 6

Fun! Fun! Korean

머리말

한국어는 사용 인구면에서 세계 10대 언어에 속하는 주요 언어로, 지금도 많은 사람들이 세계 곳곳에서 한국어를 배우고 있습니다. 이러한 한국어 학습 열기는 국제 사회에서 한국의 위상이 높아짐에 따라 앞으로 더욱 뜨거워질 것으로 전망합니다.

고려대학교 한국어문화교육센터는 설립 이래 25년간 다양한 학습자를 대상으로 한국어와 한국 문화를 교육해 왔으며, 체계적이고 효율적인 교수 방법으로 세계적으로 정평이 나 있습니다. 그리고 그동안 학습자에 따른 맞춤형 교육을 실시해 오면서 다양한 한국어 교재를 개발해 왔습니다.

이 교재는 한국어문화교육센터가 그동안 쌓아 온 연구와 교육의 성과를 바탕으로 개발한 것입니다. 이 교재의 가장 큰 특징은 한국어 구조에 대한 이해와 다양한 말하기 연습을 바탕으로 학습자 스스로 의사소통 활동을 할 수 있도록 구성했다는 점입니다. 이 교재를 통해 학습자는 다양한 의사소통 상황에서 성공적인 한국어 의사소통을 할 수 있는 능력을 기르게 될 것입니다.

이 교재가 나오기까지 참으로 많은 분들의 정성과 노력이 있었습니다. 무엇보다도 밤낮으로 고민하고 연구하면서 최고의 교재를 개발하느라 고생하신 저자들께 감사를 드립니다. 또한 고려대학교의 모든 한국어 선생님들께도 깊은 감사를 드립니다. 이분들의 교육과 연구에 대한 열정과 헌신적인 노력이 없었다면 이 교재의 개발은 불가능했을 것입니다. 이 선생님들의 교육 방법론과 강의안 하나하나가 이 교재를 개발하는 데 훌륭한 기초 자료가 되었습니다. 이 외에도 이 책이 보다 좋은 모습을 갖출 수 있도록 도와주신 편집자, 삽화가, 성우, 사진 작가께 감사를 드립니다. 또한 한국어 교육에 관심과 애정을 가지고 이렇듯 훌륭한 교재를 출간해 주신 교보문고에도 큰 감사를 드립니다.

부디 이 책이 여러분의 한국어 학습에 큰 도움이 되기를 바라며, 한국어 교육의 발전에 새로운 이정표가 될 수 있기를 바랍니다.

2010년 12월
국제어학원장 **조규형**

일러두기

개요

『재미있는 한국어 6』은 1000시간 정도 한국어를 배운 학습자들이 재미있고 쉽게 고급 수준의 한국어를 배울 수 있도록 개발된 교재이다. 학습자가 자신의 전공 분야나 업무 분야에서 접하게 되는 전문적이고 추상적인 주제에 대해 격식에 맞추어 정확하고 유창하게 의사소통할 수 있도록 내용을 구성하였다. 또한 본 교재는 어휘와 문법을 개념이나 구조에 대한 설명을 통해서가 아니라 재미있고 다양한 말하기 활동을 통해 그 의미와 쓰임을 자연스럽게 익힐 수 있도록 하였다. 이러한 활동을 통해 학습자들은 고급 수준의 한국어 의사소통 능력을 기를 수 있게 될 것이다.

목표

- 정치, 경제, 역사, 사회, 문화 등의 전문적이고 추상적인 주제에 대해 내용을 이해하고 표현할 수 있다.
- 공식적·비공식적 상황, 구어와 문어 등 다양한 의사소통 상황에 따른 기능을 수행할 수 있다.
- 고급 수준의 어휘를 익혀 한국어 표현력을 높인다. 특히, 한국인들이 즐겨 사용하는 관용어, 속담, 사자성어 등의 의미와 쓰임을 알아 적절히 사용할 수 있다.
- 자신의 주장을 논리적으로 설득력 있게 제시하며 토론할 수 있고, 한국어 논설문의 담화 구조와 담화 표지를 익혀 논설문을 쓸 수 있다.
- 신문 기사, 뉴스, 다큐멘터리, 논평, 방송 대담, 강의 등 다양한 텍스트를 통하여 한국어 담화의 특징에 대한 이해를 높인다.
- 한국의 대표적인 소설을 이해할 수 있다.

단원의 구성

『재미있는 한국어 6』은 1개의 문학 단원을 포함하여 모두 10개의 단원으로 구성되어 있다. 문학 단원을 제외한 단원의 구성은 다음과 같다.

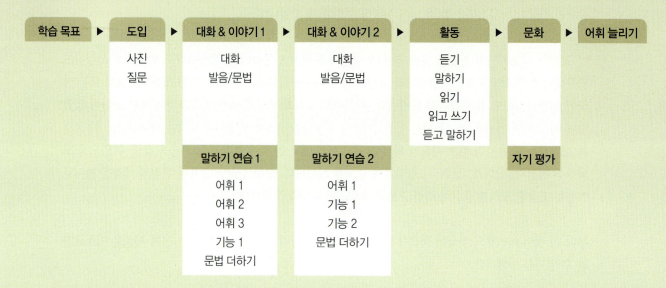

학습 목표

단원 전체의 학습 목표와 학습 내용(주제, 기능, 활동, 어휘, 문법, 발음, 문화)을 상세히 기술하여 학생들이 학습할 목표와 내용을 미리 알 수 있도록 하였다.

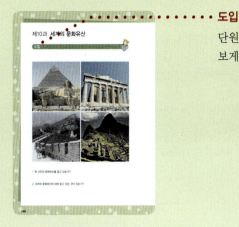

도입
단원의 주제와 관련 있는 사진과 질문을 제시하였다. 이를 통해 단원의 주제를 미리 생각해 보게 함으로써 본격적인 공부를 하기 위한 준비를 할 수 있도록 하였다.

대화 & 이야기
각 단원에서 학습해야 하는 어휘나 표현, 의사소통 기능을 두 부분으로 나누어 '대화 & 이야기 1', '대화 & 이야기 2'로 제시한다. 이 대화는 이 단원을 학습하고 난 후에 최종적으로 학습자들이 생산해 낼 만한 것으로서, 해당 주제 및 기능과 관련되어 있다. 학생들은 이 대화를 통해 해당 단원의 학습 목표를 보다 구체적으로 확인할 수 있게 된다.

발음
고급 단계의 학습자들이 자연스럽고 유창한 한국어를 발화하는 데 유용한 발음을 제시하였다. 발음 방법에 대한 설명과 함께 발음 연습을 할 수 있는 문장을 제시하였다.

말하기 연습
여기에서는 해당 단원의 의사소통적 목표를 수행하는 데 필요한 어휘와 표현, 기능 등을 연습하게 된다. 연습은 일반적인 문제 풀이 형식이 아니라 말하기 형식으로 구성해 어휘와 기능을 보다 자연스럽게 익힐 수 있도록 하였다. '말하기 연습 1'은 어휘 중심으로, '말하기 연습 2'는 기능 중심으로 구성하였으나 제시된 어휘나 기능의 수는 단원의 의사소통 목표에 따라 달리 배치되었다.

〈어휘〉
단원의 주제와 관련된 담화에서 주로 사용되는 어휘를 구체적인 대화 상황으로 제시하여 학습자들이 그 의미와 쓰임을 자연스럽게 익힐 수 있도록 하였다. 이때의 어휘는 개별 어휘 제시가 아닌 의미 범주로 묶어 제시하였다. 어휘를 다양한 방식으로 제시하고 연습시킴으로써 어휘 학습 전략을 개발시키고, 어휘를 이해하는 데에 머무르지 않고 유의미한 맥락에서 실제 사용할 수 있는 능력을 기를 수 있도록 하였다.

〈기능〉
특정 기능을 수행하는 데 전형적으로 사용되는 표현을 구체적인 담화 상황으로 제시하여 학습자들이 그 기능과 쓰임을 자연스럽게 익힐 수 있도록 하였다. 형태적 연습뿐만 아니라 유의적 활동을 제시함으로써 표현을 이해하는 데 머무르지 않고 실제 사용할 수 있는 능력을 기를 수 있도록 하였다.

문법 더하기
고급 수준의 숙달도를 지닌 한국어 학습자가 알아야 할 문법을 제시하였다. 대체로 기능 연습과 연계하여 제시하였으나 경우에 따라 읽기 텍스트나 대화 & 이야기 밑에 배치하기도 하였다. 이때 문법에 대한 설명과 함께 문법의 쓰임을 확인할 수 있는 예문을 제시하였다.

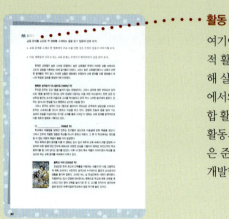

활동

여기에서는 주제와 관련된 담화 상황에서 학습자들이 실제로 접할 가능성이 높은 의사소통적 활동을 수행해 볼 수 있도록 하였다. 학습자들은 연습 단계에서 익힌 어휘와 기능을 사용해 실제적인 듣기, 말하기, 읽기, 쓰기 활동을 수행하게 된다. 또한 이 활동 중에는 현실 세계에서와 같이 여러 기능이 통합된 활동(읽고 쓰기, 듣고 말하기, 말하고 쓰기)이 포함된다. 통합 활동은 후속 활동의 기반이 되거나 선행 활동을 좀 더 강화할 필요가 있을 때 제시하였다. 활동의 배열은 이전 활동이 다음 활동을 수행하는 데 도움이 될 수 있도록 하였으며 각 활동은 준비 단계, 활동 단계, 마무리 단계로 구성하여 학습자들이 자연스럽게 의사소통 전략을 개발할 수 있도록 하였다.

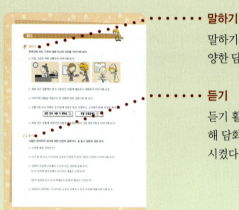

말하기

말하기 활동을 수행하도록 하는 부분이다. 공식적·비공식적 상황, 일방향 및 양방향 등 다양한 담화 상황에서 다양한 방식으로 말하기 활동을 수행하도록 하였다.

듣기

듣기 활동을 수행하도록 하는 부분이다. 실제 의사소통 상황에서의 듣기 능력을 기르기 위해 담화 상황, 텍스트 유형, 활동 방식을 다양하게 제시하였고, 다양한 담화 참여자를 등장시켰다.

쓰기

쓰기 활동은 학습자들이 쓸 가능성이 높은 유형의 글을 쓰도록 하였으며, 쓰기 전 구상하기, 쓰고 나서 고쳐 쓰기 등의 단계를 배치해 효과적인 글쓰기를 할 수 있도록 하였다.

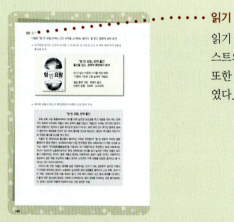

읽기

읽기 텍스트는 특정 주제나 기능과 관련된 전형적인 자료가 되는 것으로 선택하였으며, 텍스트의 내용이나 구조에 대한 이해를 바탕으로 효과적인 읽기를 수행할 수 있도록 하였다. 또한 다양한 읽기 자료를 제시하여 학습자들이 한국어의 다양한 텍스트에 친숙해지도록 하였다.

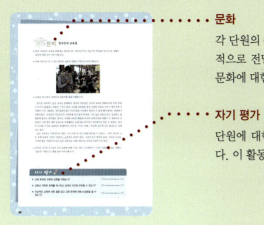

문화

각 단원의 주제와 관련된 한국 문화를 소개하고 있다. 한국 문화의 내용을 학생들에게 일방적으로 전달하지 않고 학생들이 상호 작용하면서 서로의 문화를 이해하고 그 속에서 한국 문화에 대한 이해의 폭을 넓힐 수 있도록 내용을 구성하였다.

자기 평가

단원에 대한 학습이 성공적으로 이루어졌는지를 학습자 스스로 평가해 보게 하는 부분이다. 이 활동을 통해 학습자들은 한국어 학습에 대한 자율성과 책임감을 갖게 된다.

어휘 늘리기

고급 학습자들이 알아야 할 다양한 관용어와 속담, 사자성어들을 제시해 학생들의 어휘 능력을 높이도록 하였다. 어휘는 관련 있는 내용으로 묶어 제시하였으며, 의미를 추측하는 단계를 포함시키고 표현이 사용되는 상황을 이해할 수 있는 전형적인 예문을 제시하였다. 각 단원의 마지막 부분에 실음으로써 학습자가 쉽게 찾아볼 수 있으며 어휘 사전으로서의 역할도 할 수 있을 것이다.

듣기 대본

듣기 활동의 대본을 제시하여 학습자들이 혼자서 학습하거나 다시 들을 때 도움이 되도록 하였다.

정답

듣기, 읽기 활동 부분에 제시된 문제의 모범 답안을 정리하였다.

차례

- 머리말　　5
- 일러두기　　6
- 교재 구성　　12

- 제 1과　인생　　16
- 제 2과　한국인의 의식 구조　　36
- 제 3과　남한과 북한　　54
- 제 4과　교육 문제　　70
- 제 5과　한국의 소설　　90

- 제 6과 민주화와 산업화　　　　　　　　　　　　　116

- 제 7과 발명과 발견　　　　　　　　　　　　　　　136

- 제 8과 대중문화　　　　　　　　　　　　　　　　154

- 제 9과 변화하는 사회　　　　　　　　　　　　　　174

- 제10과 세계의 문화유산　　　　　　　　　　　　　196

- 듣기 대본　　　　　　　　　　　　　　　　　　　218
- 정답　　　　　　　　　　　　　　　　　　　　　226

교재 구성

단원	주제	기능	활동
1 인생	인생	• 인생의 굴곡 표현하기 • 인생관 이야기하기 • 진로 상담하기	• 인터넷 게시판의 진로 상담 요청 글 읽고 조언하는 글 쓰기 • 진로 고민에 대한 대화 듣고 진로에 대한 고민 이야기하기 • 인생의 위기를 극복한 운동선수의 인터뷰 듣기 • 인생관 이야기하기 • 도전하는 인생에 대한 글 읽고 쓰기
2 한국인의 의식 구조	한국인의 의식 구조	• 의식의 형성 배경 설명하기 • 의식의 긍정적·부정적 측면 이야기하기 • 예시하여 주장하기	• 한국인의 의식 구조에 대해 이야기하기 • 한국인의 의식에 대한 강의 듣기 • '정'의 유래에 대해 읽기 • 학벌주의에 대한 토론 듣고 토론하기 • 한국인의 의식에 대한 글 읽고 신문 투고문 쓰기
3 남한과 북한	남한과 북한	• 남한과 북한의 차이 이야기하기 • 통일 방식에 대해 이야기하기	• 북한의 상황에 대한 강의 듣기 • 탈북자에 대한 기사 읽고 말하기 • 통일의 필요성에 대한 글 읽기 • 남북통일의 필요성에 대해 말하고 쓰기 • 통일 방안에 대한 인터뷰 발표 듣기
4 교육 문제	교육 문제	• 교육과 관련된 문제 제기하기 • 반박하기	• 우열반 운영에 대한 토론을 듣고 이어서 토론하기 • 교육 문제를 다룬 한국 영화 소개 글 읽기 • 성공적인 학교 교육에 대한 인터뷰 기사 읽기 • 영어 조기 교육에 대한 논평 듣기 • 자기 나라의 교육 문제에 대해 발표하고 논설문 쓰기
5 한국의 소설	「봄·봄」 「누가 해변에서 함부로 불꽃놀이를 하는가」	• 소설 감상하기 • 소설 줄거리 이야기하기	• 등장인물들 간의 갈등 구조 분석하기 • 등장인물이 되어 심경 쓰기 • 속편 내용 상상해 이야기하기 • 작품에 대해 20자평 쓰기 • 생략된 내용 상상해 쓰기

어휘 1	어휘 2	문법	발음	문화
• 인생의 여러 시기 • 인생의 굴곡 • 인생관 • 자기 계발 및 진로 탐색	• 사자성어 1 '인생'	• -기로서니 • -야	• 겹받침이 있는 동사·형용사 • 반어적 의문문의 억양	달라지고 있는 한국인의 인생관
• 한국인의 성향 • 한국인의 의식 • 문제점 발생	• 속담 1/ '한국인의 의식 구조'	• -ㄹ 대로 • -랴 -랴	• ㄱ-ㅋ-ㄲ • '-ㄴ데요'의 억양	'눈치'로 알아보는 한국인
• 남한과 북한의 차이 • 분단의 과정 • 분단의 폐해 • 통일을 위한 선결 과제	• 관용어 1 '화해·갈등'	• '하게'체 • -리라고는	• 점(.)	"꼬부랑 국수 좀 주시라요."
• 교육 문제 • 교육의 목표와 결과 • 바람직한 교육의 방향 • 교육에 대한 격언이나 속담	• 관용어 2 '귀'	• -니 -니 • -건마는	• 겹받침 'ㄶ', 'ㅀ'	한국인의 교육열
				시대별 화제작으로 본 한국 사회

단원	주제	기능	활동
6 민주화와 산업화	한국의 민주화와 산업화	• 역사적 사건의 전개 과정 이야기하기 • 변화 과정 설명하기 • 사건의 의의 설명하기	• 한국의 경제 발전에 대한 대화 듣기 • 4.19 혁명에 대한 강의 듣기 • 한국의 역대 대통령에 대한 소개 글을 읽고 자기 나라의 지도자에 대해 소개하기 • 한국 현대사의 주요 사건에 대해 인터뷰하기 • 자기 나라의 역사적 사건에 대해 쓰기 • 한국의 수도권 인구 집중 과정에 대한 글 읽기
7 발명과 발견	발명과 발견	• 발명과 발견의 가치 평가하기 • 전망하기 • 발명과 발견의 과정 설명하기	• 발병품의 발명 과정에 대한 다큐멘터리 듣기 • 발명품에 대한 소개 글을 읽고 발명 과정을 소개하는 글 쓰기 • 발명가의 발명품 소개 방송 듣기 • 윤리적인 문제를 야기하는 발명품에 대해 말하기 • 기발한 발명품에 대해 이야기하기 • '상상의 힘'에 대한 글 읽기
8 대중문화	대중문화	• 대중문화의 속성 이야기하기 • 대중문화의 기능에 대해 토론하기 • 대중문화를 통해 알 수 있는 사회 현상 분석하기	• 드라마의 경향에 대한 분석하는 글 읽고 토론하기 • 대중가요 가사의 시대별 특징에 대한 대담 듣기 • 변화하는 드라마의 특성을 분석한 뉴스 듣기 • 광고 속에 반영되어 있는 사회상에 대해 쓰기 • 대중문화의 수용 자세에 대한 논설문 읽고 말하기
9 변화하는 사회	사회 변화	• 사회 변화의 양상과 원인 이야기하기 • 사회 문제의 원인과 해결 방안 제시하기	• 다문화 사회로서의 한국에 대한 뉴스 듣고 말하기 • 고령화 대책에 대한 논평 듣기 • 사회학 분야의 신간 안내문 읽기 • 가족 문제에 대한 신문 기사 읽고 말하기 • 가족의 구성과 정의에 대해 말하기 • 자발적 비혼모에 대한 논설문 쓰기
10 세계의 문화유산	문화유산	• 문화유산에 대해 소개하기 • 문화유산의 가치 설명하기 • 문화유산에 대한 감상 표현하기	• 판소리에 대한 대화 듣기 • 유물에 대한 해설 듣고 유물에 대해 설명하기 • 문화유산에 대한 설명문 읽기 • 문화유산 답사기 읽기 • 자기 나라의 문화유산에 대해 발표하고 설명문 쓰기

어휘 1	어휘 2	문법	발음	문화
• 산업의 종류 • 경제 상황의 변화 • 경제적 사건 • 정치적 사건	• 사자성어 2 '역사적 상황'	• -ㅁ에도 불구하고 • -ㄹ 바에야	• 상대방 말을 반복할 때의 억양 • 두 단어처럼 발음하는 한 단어	그때 그 시절
• 발명과 발견의 의의 • 발명과 발견에 대한 평가 • 발명과 발견으로 인한 미래 사회에 대한 전망	• 속담 2 '발명과 발견'	• -ㄴ들 • -ㄹ래야	• '냐?'의 억양	한국의 위대한 발명
• 대중문화에 대한 대중의 반응 • 대중문화의 특성 • 대중문화의 기능 • 대중문화의 메시지 전달 방식	• 관용어 3 '신체'	• -거니와 • -냐-냐	• 삼중 모음	한국 드라마에 이런 것 꼭 있다!
• 가족의 형태 • 가족 형태가 다양해진 원인 • 저출산의 원인과 그로 인한 문제 • 고령화 사회의 특징과 대책	• 관용어 4 '물'	• -다손 치더라도 • -ㄹ 리 만무하다	• 인용 부분의 억양	가족계획 표어 변천사
• 문화유산의 종류 • 문화유산의 상태 • 문화유산을 형성한 배경 • 문화유산의 특징과 느낌 • 문화유산의 가치	• 사자성어 3 '문화유산'	• -고도 • -도록	• '-네요'와 '-군요'의 억양 • '-ㄴ걸'의 억양	한국의 유네스코 세계 유산

제1과 인생

학습 목표
지금까지 살아온 인생과 앞으로의 진로 및 인생 설계에 대해 이야기할 수 있다.

주제	인생
기능	인생의 굴곡 표현하기, 인생관 이야기하기, 진로 상담하기
활동	인터넷 게시판의 진로 상담 요청 글 읽고 조언하는 글 쓰기 진로 고민에 대한 대화 듣고 진로에 대한 고민 이야기하기 인생의 위기를 극복한 운동선수의 인터뷰 듣기 인생관 이야기하기 도전하는 인생에 대한 글 읽고 쓰기
어휘 1	인생의 여러 시기, 인생의 굴곡, 인생관, 자기 계발 및 진로 탐색
어휘 2	사자성어 1 '인생'
문법	-기로서니, -야
발음	겹받침이 있는 동사·형용사, 반어적 의문문의 억양
문화	달라지고 있는 한국인의 인생관

제1과 인생

도입

1. 위 사람들 중 어떤 사람이 가장 성공적인 삶을 살았다고 생각하는가?

2. 여러분은 어떤 삶을 살고 싶은가? 그런 삶을 위해 현재 어떤 준비를 하고 있는가?

대화 & 이야기 1

김 대리: 과장님, 정 부장님 소식 들었어요? 어떻게 이럴 수가 있어요? 그동안 회사를 위해 몸 바쳐 일한 대가가 겨우 이거란 말이에요?

이 과장: 안되기는 했지. 그렇지만 어쩌겠어? 회사에 이렇게 큰 손실을 입혔는데.

김 대리: 아무리 큰 잘못을 했기로서니 그동안 회사에 기여한 게 얼만데 지방 발령은 너무한 거 아니에요?

이 과장: 그동안 기여한 게 있으니까 그나마 이 정도로 끝났지. 그것마저도 없었다면 해고를 당했을지도 모를 일이라고.

김 대리: 그런가? 그나저나 정 부장님께서 충격이 크시겠어요.

이 과장: 당연히 크시겠지. 한창 잘나가다가 이렇게 됐으니까 마치 절벽에서 떨어진 것 같은 기분일 거야. 그런데 누구나 인생의 오르막길이 있으면 내리막길이 있는 거잖아. 그러니까 지금 승승장구한다고 으스댈 것도 없고, 조금 뒤처진다고 기죽을 필요도 없는 거야. 인생만사 새옹지마라고도 하잖아.

김 대리: 글쎄요, 그런 것 같기도 하고 아닌 것 같기도 하고……. 정말 어떻게 사는 게 잘 사는 건지 잘 모르겠어요.

이 과장: 어떻게 사는 게 잘 사는 거냐고? 아무쪼록 가늘고 길게 사는 게 제일이야.

김 대리: 그래도 전 굵고 짧게 살고 싶거든요.

이 과장: 네가 아직 많이 젊구나. 너도 이 나이 돼 봐라.

- 두 사람은 무엇에 대해 이야기하고 있는가?
- 김 대리와 이 과장의 인생관에는 어떤 차이가 있는가?

발 음

겹받침이 있는 동사 · 형용사

짧다	굵다
[짤따]	[국따]

'짧다'나 '굵다'처럼 겹받침이 있는 동사나 형용사는 자음으로 시작하는 어미와 결합하면 두 자음 중 한 자음만 발음되며, 뒤 자음은 'ㄲ, ㄸ, ㅃ, ㅆ, ㅉ'처럼 된소리가 된다.

▶ 연습해 보세요.

(1) 짧고 굵게 사는 게 제일이야.
(2) 내가 젊지도 않지만 그렇다고 늙지도 않았지.

말하기 연습 1

1 인생의 여러 시기에 대해 이야기해 보자.

>
> 가: 호세 씨는 인생에서의 전성기가 언제였어요?
> 나: 글쎄요. 아무래도 대학교 다닐 때가 아니었을까 싶어요. 어디를 가나 여학생들의 시선을 한 몸에 받았었거든요.
> 가: 호세 씨도 그런 시절이 다 있었어요? 의외인데요.

1) 〈보기〉에 표시된 어휘의 의미를 추측해 보자.

2) 다음 어휘의 의미를 알아보고 가장 좋은 시기에서부터 가장 나쁜 시기까지 순서대로 배열해 보자.

도약기	발전기	쇠퇴기	안정기	암흑기	전성기
전환기	절정기	정체기	침체기	황금기	

황금기 / 절정기 — ☐ — ☐ — ☐ — ☐

☐ — ☐ — ☐ — ☐ — ☐

3) 여러분 인생의 여러 시기에 대해 〈보기〉를 참고해 이야기해 보자.
   ❶ 도약기
   ❷ 암흑기
   ❸ 황금기
   ❹ 전환기

4) 여러분의 인생은 지금 어떤 시기에 놓여 있는지 이야기해 보자.

2 인생의 굴곡에 대해 이야기해 보자.

> 보기
> 가: 유학 생활에도 굴곡이 많았죠?
> 나: 그렇죠, 뭐. 유학 초기에는 모든 게 낯설고 힘들어서 생활이 변화무쌍했는데 1년쯤 지나고 나서부터는 그런대로 완만한 상승 곡선을 그렸다고 할 수 있어요.

1) 〈보기〉에 표시된 표현의 의미를 추측해 보자.

2) 다음 표현의 의미를 알아보고 아래의 인생 곡선에 어울리는 표현을 써 보자.

• 인생에 굴곡이 있다	오르락내리락하다	변화무쌍하다
평탄한 삶이 이어지다		
• 급격한 상승 곡선을 그리다	완만한 하강 곡선을 그리다	
• 오르막길이 이어지다	내리막길로 접어들다	
• 최고조에 도달하다	바닥을 치다	인생의 전기를 맞이하다
반환점을 돌다		

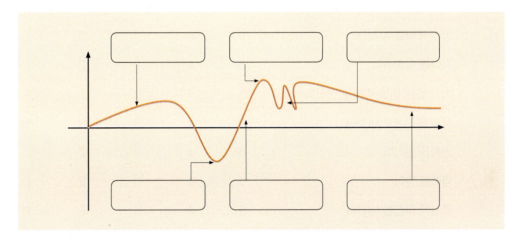

3) 다음의 인생 곡선을 보고 인생의 굴곡을 〈보기〉를 참고해 이야기해 보자.

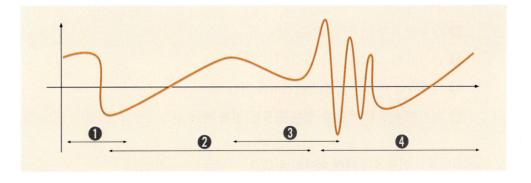

4) 한국어를 공부하기 시작한 후부터 현재까지의 인생 굴곡에 대해 이야기해 보자.

3 인생관에 대해 이야기해 보자.

> 보기
> 가: 어떻게 사는 게 잘 사는 걸까?
> 나: 글쎄, 뭔가 사회 발전에 기여하는 삶이 아닐까? 이 사회가 나아지는 데 조금이라도 보탬이 될 수 있다면 의미 있는 삶이라고 생각해.

1) 〈보기〉에 표시된 표현의 의미를 추측해 보자.

2) 다음 표현의 의미를 알아보고 그것이 여러분의 인생에 얼마나 중요하다고 생각하는지 표시해 보자.

항목	중요하다		보통이다		중요하지 않다
개인의 행복을 추구하다	5	4	3	2	1
자신이 하고 싶은 일을 하다	5	4	3	2	1
행복한 가정을 꾸리다	5	4	3	2	1
타인과 더불어 살다	5	4	3	2	1
경제적 부를 누리다	5	4	3	2	1
자아를 실현하다	5	4	3	2	1
가치 있는 일을 위해 헌신하다	5	4	3	2	1
사회 발전에 기여하다	5	4	3	2	1
명성을 날리다	5	4	3	2	1
명예를 얻다	5	4	3	2	1
역사에 이름을 남기다	5	4	3	2	1

3) 여러분이 다음과 같은 인생관을 가지고 있다고 생각하고 〈보기〉를 참고해 이야기해 보자.

 ❶ 행복한 가정을 꾸리고 사는 것
 ❷ 자신이 하고 싶은 일을 하고 사는 것
 ❸ 경제적인 부를 누리면서 편안하게 사는 것
 ❹ 역사에 이름을 남길 수 있는 훌륭한 일을 하는 것

4) 여러분의 인생관에 대해 이야기해 보자.

4 인생의 고비에 대해 이야기해 보자.

> 보기
> 가: 두 번 연속 시험을 망치고 나니까 그때는 정말 인생을 포기하고 싶다는 생각까지 들더라고.
> 나: 아무리 시험을 잘 못 봤기로서니 어떻게 인생을 포기한다는 생각을 할 수 있니?
> 가: 그러게. 인생을 포기할 정도의 일은 아닌데 말이야. 그런데 그때는 신도 내 편이 아니구나 싶은 게 마치 세상에 내동댕이쳐진 것 같았어.

1) 〈보기〉에 표시된 표현의 용법을 알아보자.
   - 아무리 -기로서니 -를 할 수 있니?
   - -구나 싶은 것이 마치/흡사/꼭 - 것 같다

2) 다음과 같은 인생의 고비를 맞이했다면 심정이 어떨지 〈보기〉와 같은 흐름으로 이야기해 보자.
   ❶ 친구가 돈을 빌려 간 후 연락을 끊었다. '세상에 믿을 사람 하나도 없네!'
   ❷ 대회 준비를 열심히 하다가 다쳐서 결국 대회에 출전하지 못했다. '운동을 그만둬야겠다.'
   ❸ 여자/남자 친구와 만난 지 100일째 되는 날 일방적으로 이별 통보를 받았다. '앞으로 여자/남자는 쳐다보지도 않을 거야.'
   ❹ 아버지의 사업 실패로 집안 형편이 어려워져 휴학을 하고 일을 해야 했다. '다시는 학교로 돌아갈 수 없을 거야.'

3) 여러분에게도 인생의 고비가 있었는가? 그때의 심정을 비유적으로 실감나게 표현해 보자.

문법 더하기

- **-기로서니**

동사, 형용사, '명사+이다'에 붙어 앞의 내용을 인정하지만, 이것이 뒷문장의 내용에 대한 원인이나 조건이 될 수 없음을 나타낸다. 이 때문에 뒷문장에는 부정문이나 반어적 의문문이 쓰인다.

(1) 가: 인생에서 제일 중요한 건 돈이라고 생각해요.
    나: 돈이 아무리 중요하기로서니 건강보다 중요하겠어요?
(2) 가: 수진이가 늦게 왔기로서니 기다려 주지도 않고 그냥 가 버리면 안 되지.
    나: 9시까지 자기가 안 오면 갈 생각이 없는 걸로 생각하라고 했단 말이에요.

대화 & 이야기 2

교　수: 대학 생활 해 보니까 어때, 고등학교 때랑 비교해서?
이세경: 고등학교 때보다야 좋은데, 수업을 따라가기가 조금 힘들어요.
교　수: 그건 대학의 수업 방식에 익숙하지 않아서 그런 건데, 금방 적응될 거야. 그건 그렇고 2학년이 되면 세부 전공을 선택해야 하는데, 어느 쪽에 관심이 있어?
이세경: 아직 잘 모르겠어요.
교　수: 그래? 그럼 대학 졸업 후의 진로에 대해서는 생각해 봤고?
이세경: 확실하게 정한 건 아니지만 언론계로 진출하고 싶어요. 그런데 워낙 경쟁률이 세다고 하니까 가능할지 모르겠어요.
교　수: 세상에 불가능한 게 어디 있겠어? 열심히 노력해서 타의 추종을 불허하는 실력자가 되면 되는 거지, 경쟁률이 뭐가 중요하겠어, 안 그래? 지금으로서야 막막해 보이겠지만 일단 목표를 확실히 정하고 그 목표를 달성하기 위한 계획을 세워서 차근차근 실천해 나가다 보면 눈앞에 뭔가가 보일 거야.
이세경: 정말 잘할 수 있을까요? 제가 그런 일에 소질이 있는지도 모르겠고요.
교　수: 일단 그런 일에 관심이 있다는 건 소질이 있다는 거지. 그리고 소질은 원래 타고나는 게 아니라 계발하기 나름이야. 자기가 정말 좋아하고 바라는 일이라면 이루지 못할 일이 없다고 생각하는데, 뜻이 있는 곳에 길이 있다는 말도 있잖아.

- 이세경의 태도는 어떠한가?

- 교수는 세경에게 어떤 조언을 했는가?

발음

반어적 의문문의 억양

세상에 불가능 한 게 어디 있겠어요?

'불가능한 게 어디 있겠어요?'처럼 주장하고자 하는 내용을 반대로 물어봄으로써 자신의 의견을 강조하는 반어적 의문문은 문장의 마지막 음절을 내리는 억양으로 말하거나 내렸다가 올리는 억양으로 말한다.

▶ 연습해 보세요.
(1) 가: 이번 일은 아무래도 포기해야 할 것 같아요.
　　나: 그런 생각 하지 마세요. 죽어라 노력하면 이루지 못할 일이 뭐가 있겠어요?
(2) 가: 우리같이 나이 먹은 사람은 없네. 쑥스러운데 그냥 갈까?
　　나: 지금이 아니면 언제 이런 걸 해 보겠어요?

말하기 연습 2

1 진로에 대해 이야기해 보자.

> 보기
> 가: 졸업 후의 진로에 대해 생각해 봤어요?
> 나: 네, 저는 언론계로 진출하려고요. 그래서 요즘 언론인에게 필요한 자질을 기르기 위해서 시사 상식 공부를 하고 있어요.

1) 〈보기〉에 표시된 표현의 의미를 추측해 보자.

2) 다음 표현의 의미를 알아보고 진로를 준비하는 과정을 순서대로 배열해 보자.

목표를 정하다	목표를 달성하다	세부 계획을 세우다
(언론계)로 진출하다	전략을 수립하다	진로를 결정하다
진로를 탐색하다	소질/자질/능력을 계발하다	자질/능력을 기르다/갖추다/쌓다

3) 다음과 같은 진로와 그 준비 과정에 대해 〈보기〉를 참고해 이야기해 보자.
   ❶ 관광업계
   ❷ 금융업계
   ❸ 교육 분야
   ❹ 기술 분야

4) 여러분은 자신의 진로를 어떻게 정했는지 미래를 위해 어떤 준비를 하고 있는지 이야기해 보자.

2 진로에 대해 고민하고 있는 사람에게 조언을 해 보자.

>
> 가: 기자가 되고 싶은데 될 수 있을지 모르겠어.
> 나: 세상에 불가능한 게 어디 있겠어? 현재의 능력이 중요한 게 아니라 목표를 향해 누가 더 열심히 노력했나 하는 것이 중요한 거지.
> 가: 말이야 쉽지. 근데 그게 생각처럼 쉬운 일이 아니잖아.

1) 〈보기〉에 표시된 표현의 용법을 알아보자.
   - -가 (의문사) -겠어요?
   - -야 -지

2) 다음 사람에게 어떤 조언이 필요한가? 〈보기〉와 같은 흐름으로 이야기해 보자.
   ❶ 아무 데도 소질이 없다고 생각하는 후배
   ❷ 보수가 적어 회사를 옮기려고 하는 선배
   ❸ 회사 일이 힘들어 그만두려고 하는 동생
   ❹ 전공을 바꿔 다시 대학에 입학하려는 친구

3) 친구와 진로에 대한 고민을 이야기하고 서로에게 조언해 보자.

- **-야**
  명사에 붙어 그 명사를 강조하는 의미를 가지며, 그 명사는 그러하나 다른 것은 그렇지 않다는 의미를 내포한다.
  (1) 가: 경제적인 건 별로 중요하지 않다고 생각해.
      나: 너야 집안이 넉넉하니까 괜찮겠지만 나는 좀 달라.
  (2) 가: 영진이가 성격이 참 좋은 것 같아.
      나: 성격이야 좋지.

3 진로에 대해 고민하고 있는 사람에게 용기를 북돋울 수 있는 말을 해 보자.

> 가: 제가 과연 그런 일에 소질이 있는지 모르겠어요.
> 나: 소질은 원래 타고나는 게 아니라 계발하느냐 못 하느냐에 달려 있어요.
>   자기가 정말 좋아하고 바라는 일이라면 이루지 못할 일이 없다고 생각해요.

1) 〈보기〉에 표시된 표현의 용법을 알아보자.
   - -는 -가 아니라 -에 달려 있다
   - -다면 -지 못할 일이 없다

2) 다음과 같은 말을 하는 사람에게 어떻게 용기를 북돋워 줄 수 있을지 〈보기〉와 같은 흐름으로 이야기해 보자.
   ① "저는 정말 공부에 소질이 없나 봐요. 아무리 열심히 공부해도 성적이 잘 안 나와요."
   ② "우리 과는 졸업한 후에 취직이 잘 안 된대요. 지금이라도 과를 바꿀까요?"
   ③ "집안 형편이 어려워져서 아무래도 저는 대학 진학을 포기해야 할 것 같아요."
   ④ "요즘 취직하기가 힘들다는데, 그냥 놀 수는 없고 일단 대학원에나 가 볼까?"

3) 친구와 진로에 대한 고민을 이야기하고 고민하는 친구를 격려해 보자.

활동

📖 **읽기**

다음은 진로에 대한 조언을 구하는 인터넷 게시판 글과 그에 대한 댓글이다.
글을 읽고 질문에 답해 보자.

- 인터넷 게시판에서 고민을 상담하는 글을 읽어본 적이 있는가?

- 다음을 읽고 이 사람의 고민이 무엇인지, 어떻게 조언하면 좋을지 생각해 보자.

제목 : 앞으로의 진로가 고민됩니다.

작성자: 고민이

나이는 26살입니다. 현재 직장을 다니고 있는데 저와는 맞지도 않을 뿐더러 앞으로의 비전도 없습니다. 그래서 직종 변경을 하고 싶은데, 제가 전문대를 나왔는데 공대 쪽이나 정보 통신 쪽을 나왔으면 몰라도 행정 쪽이라 진짜 할 게 없습니다. 그래서 편입을 생각해 봤는데 나이도 있고 해서 이건 좀 아니다 싶더군요. 좀 모순이긴 하지만 4년제 대학을 나와도 취업이 또 어렵지 않습니까? 그래서 고민을 하고 있는데 주위에서나 집에서나 다들 공무원 시험을 보거나 전문직 자격증을 따 보라고 합니다. 현재 이쪽으로 마음이 기울고 있긴 하지만 솔직히 하고 싶은 일은 따로 있습니다. 전 방송국 쪽으로 진출하고 싶거든요. 촬영을 담당하든 진행 보조를 하든 작가가 되든, 어쨌든 드라마, 프로그램, 영화, 이쪽 계통에서 일하고 싶은데 지금 이 나이에 가능할까요? 그리고 이 계통으로 나가려면 지금 이 시점에서 뭘, 어떻게 준비하는 게 좋을까요? 지금이 저에게는 인생의 중요한 전환기인 것 같습니다. 인생 선배님들의 많은 조언 부탁드립니다.

댓글 7   조회수 204

RE

[댓글 1] 응원남
진로를 정하는 데 나이가 뭐 그렇게 중요하겠습니까? 진정으로 원한다면 못 할 일이 없다고 생각해요. 힘내세요. 나이는 숫자에 불과하다는 말도 있잖아요.

[댓글 2] 38살 늦깎이 대학생
26살이라... 못 할 것이 없는 나이네요. 부러울 따름입니다. ㅠㅠ

[댓글 3] 나 방송인
방송일, 겉으로야 좋아 보이겠지만 실상은 그렇지 않답니다. 웬만한 각오가 되어 있지 않다면 꿈도 꾸지 않는 편이 나으실 듯...

[댓글 4] 왜왜왜왜왜
님께서는 왜 굳이 방송계로 진출하려고 하시는지요? 제가 보기에는 방송 분야에 대한 막연한 환상 때문이 아닌가 하는 생각이 듭니다. 어디선가 목표를 정할 때 적어도 다섯 번은 '왜?'라는 질문을 스스로에게 던지라고 하더군요. 님께서도 한번 ㉠자문해 보시기 바랍니다.

덧글 쓰기   엮인글 쓰기 | 공감   수정 | 삭제

1) 이 사람은 진로에 대해 어떤 고민을 갖고 있는가?

2) 아래의 내용이 읽은 내용과 같으면 O, 다르면 ×에 표시해 보자.
   (1) '고민이'는 현재 직장에 다니고 있다. ☐O ☐×
   (2) '고민이'는 4년제 대학 편입이 진로 변경에 도움이 된다고 생각하고 있다. ☐O ☐×
   (3) '고민이'는 현재 상황에서는 전문 자격증을 따는 것이 최선이라고 생각한다. ☐O ☐×
   (4) '고민이'는 자신의 목표를 달성하기 위한 세부 계획을 세워 놓은 상태이다. ☐O ☐×

● 댓글을 읽고 사람들이 어떤 조언을 했는지 알아보자.
   1) 각 댓글의 핵심 주장을 명령형 문장으로 다시 써 보자.

   댓글 1 : 나이 신경 쓰지 말고 하고 싶은 대로 하세요.
   댓글 2 : _____
   댓글 3 : _____
   댓글 4 : _____

   2) 밑줄 친 '㉠자문'의 뜻은 무엇인가?

● 위의 댓글처럼 여러분도 '고민이'에게 도움이 되는 댓글을 써 보자.

● 가장 좋은 혹은 가장 기발한 조언을 한 사람이 누구인지 이야기해 보자.

🎤 듣고 말하기

진로에 대해 상담하는 대화를 듣고 옆 사람과 진로에 대해 이야기해 보자.

● 여러분은 주로 누구와 진로 상담을 하는가? 다음 사람에게 진로 상담을 한다면 상대방은 어떤 조언을 할 것 같은가?

  ☐ 부모님   ☐ 선배   ☐ 친구   ☐ 취업 지도사   ☐ 기타

● 진로에 대한 고민을 이야기하는 다음의 대화를 잘 듣고 질문에 답해 보자.

  1) 두 사람은 어떤 관계인가? 그렇게 생각한 근거는 무엇인가?

  2) 여자의 고민은 무엇인가?

  3) 여자의 고민을 듣는 남자의 태도는 어떠한가?

  4) 진로를 결정하고 미래를 준비하는 단계 중에서 여자는 어느 단계에 문제가 있는 상태인가?

  5) 아래의 내용이 들은 내용과 같으면 〇, 다르면 ✕에 표시해 보자.

  (1) 여자의 전공은 취직이 잘 되는 분야이다. 〇 ✕
  (2) 여자는 전공과 무관한 분야로 취업을 할 계획이다. 〇 ✕
  (3) 여자는 자신의 적성을 찾기 위해 상담 센터에 가 보았다. 〇 ✕
  (4) 여자의 성격은 우유부단하다. 〇 ✕

● 여자의 고민을 듣고 남자가 한 조언은 적절했다고 생각하는가? 여러분이라면 어떻게 이야기하겠는가?

● 여러분은 진로에 대해 어떤 고민을 가지고 있는가?
  ☐ 아직도 나의 적성이 무엇인지 모르겠다.
  ☐ 목표를 달성하기 위해 어떤 준비를 해야 하는지 모르겠다.
  ☐ 내가 희망하는 분야나 직업에 대한 구체적인 정보가 부족하다.
  ☐ 과연 내가 그 일을 잘할 수 있을까 하는 생각이 드는 게 선뜻 용기가 나지 않는다.

● 여러분의 진로에 대한 고민을 옆 사람과 이야기하고 조언을 구해 보자.

● 같은 고민을 다른 친구에게도 이야기해 보고 반응이 같은지 다른지 알아보자.

🎧 듣기

다음은 토크 쇼의 일부이다. 잘 듣고 답해 보자.

- 여러분의 인생에서 다음과 같은 시기가 언제였는지 이야기해 보자.

  ☐ 전환기　　☐ 암흑기　　☐ 전성기　　☐ 황금기

- 다음은 토크쇼에 출연한 전직 체조 선수와의 대화이다. 이 사람에게 인생의 암흑기가 있었다면 그것은 무엇 때문이라고 예측되는가?

  1) 초대 손님인 이승복 씨는 어떤 사람인가?

  2) 이승복 씨의 인생에서 가장 큰 시련은 무엇이었으며 그 시련을 어떻게 극복했는가?

- 이승복 씨가 사람들에게 전하고 싶어한 명언은 무엇이었는가?

- 여러분도 힘들 때 떠올리는 명언이 있으면 이야기해 보자.

말하기

옆 사람과 서로의 인생관, 가치관에 대해 이야기해 보자.

- 여러분은 현재 어떤 인생관을 가지고 있는가? 왜 그런 인생관을 갖게 되었는가?

- 친구들과 다음에 대해 이야기해 보자.
  - 현재의 인생관을 갖게 된 계기가 무엇인지
  - 어떤 인생관을 갖고 있는지
  - 그런 인생관이 흔들릴 때가 없었는지

- 여러분의 인생관을 한 문장으로 표현해 보자.

  > **보기**
  > - 모 아니면 도
  > - 가늘고 길게 살자.
  > - 강한 자가 살아남는 것이 아니라 살아남는 자가 강한 것이다.
  > - 호랑이는 죽어서 가죽을 남기고 사람은 죽어서 이름을 남긴다.

읽고 쓰기

잡지에 실린 인생 이야기를 읽고 '인생의 도전'이라는 제목의 글을 써 보자.

- 새로운 일을 시작하기에 가장 적당한 나이가 언제라고 생각하는가? 여러분은 '늦었다고 생각할 때가 가장 빠른 때'라는 말에 동의하는가?

- 다음 글의 제목을 보고 어떤 내용이 나올지 예측해 보자. 그리고 빠른 속도로 글을 훑어본 후 여러분의 예측이 맞았는지 확인해 보자.

두드려라, 그러면 열릴 것이다.

넉넉하지는 않았지만 그런대로 평탄한 삶을 살았던 그녀에게 인생의 위기가 찾아온 것은 고등학교 때였다. 부모님 모두 사고로 세상을 떠나신 것이다. 졸지에 소녀 가장이 된 그녀는 동생들을 위해 학교를 중퇴하고 직업 전선에 뛰어들었다. 그렇지만 동생들 뒷바라지를 하면서도 틈틈이 공부해 미처 받지 못한 고등학교 졸업 자격을 취득하기도 했다. 결혼을 한 후에는 여느 주부들처럼 아이 낳고 기르느라 정신없이 시간을 보내야 했다.

그러던 중 아이들이 학교에 들어갈 무렵 그녀의 삶은 안정기에 접어들었고 전에는 맛보지 못한 여유로움을 느끼게 해 주었다. 그러면서도 한편으로 그녀는 이러한 안정적인 생활에 무료함을 느끼게 되었다. 그래서 직업을 갖기로 했지만 무엇인가에 새롭게 도전하기에는 두려운 나이였다. 그러던 어느 날 아이의 급식 문제로 학교를 찾은 그녀는 그곳에서 자신의 직업을 발견했다. 그녀는 10년 동안 전업주부로 활동한 이력을 십분 발휘하여 한식 조리사 자격증을 취득해 학교 급식 조리사가 되기로 한 것이다.

그러나 조리사로 일하면서 능력을 펼치는 데 한계가 있음을 느끼고 그녀는 다시 영양사에 도전하기로 마음을 먹었다. 영양사 자격증을 취득하기 위해서는 대학을 졸업해야만 했다. 그래서 그녀는 42살이라는 늦은 나이에 대학에 들어갔다. 주위에서는 나이 들어 공부하는 것이 쉽지 않을 것이라며 걱정했지만, 그녀는 배움에는 나이가 정해져 있는 것이 아니라, 배움에 대한 열정의 크기가 중요한 것이 아니겠느냐고 반문했다.

하지만 대학을 다니기 시작할 무렵 시어머니께서 중풍으로 쓰러지고 말았다. 그때는 대학을 다니는 것이 이기적이라는 생각이 들어 휴학을 심각하게 고민하기도 했다. 공부야 다시 할 수 있지만 부모를 모시는 건 때가 있다는 생각을 한 것이었다. 그렇지만 여기서 멈칫하면 다시는 기회가 없을 것 같았다. 그 이후 그녀는 결석이나 지각도 한 번 하지 않았다. 그나마 다행인 것은 지칠 때쯤이면 방학이 찾아와 가정에 충실할 수 있는 시간을 가질 수 있다는 것이었다. 그렇게 4년 동안 밤 10시까지 공부를 한 끝에 졸업과 동시에 영양사 자격증을 따고 활동을 시작했다.

그런데 그녀가 영양사로 활동할 쯤에는 학교 급식 제도가 끊임없이 변화하는 시기였다. 학교 급식이 확대되면서 식단 계획과 음식 재료 선정뿐 아니라 관리 감독과 영양 교육을 담당하는 '영양 교사'라는 직업이 새롭게 등장한 것이었다. '영양 교사'가 되기 위해서는 대학원을 가야 했기 때문에 대학원 석사 과정을 마치고 드디어 올해 초, 그녀는 최고령으로 '제1회 공립 중등 영양 교사 임용 시험'에 합격했다.

그녀는 임용 시험에 합격한 소감을 이렇게 이야기했다. "미래가 불안하지 않은 사람은

> 없을 거예요. 저도 그랬죠. 두려움을 이기는 방법은 오로지 하나, 끝까지 최선을 다하는 것뿐이에요. 미래에 대한 확신 때문이 아니라 이번 기회가 나에게는 뒤로 물러설 수 없는 마지막 기회라고 생각하고 임해야죠. 이런 자세로 도전한다면 이루지 못할 일이 없다고 생각해요."

- 글을 읽고 다음 질문에 답해 보자.

    1) 위 글에 소개된 사람의 인생 그래프를 그려 보자.

    2) 위 글을 통해서 얻을 수 있는 교훈은 무엇인가? 최대한 많은 교훈을 뽑아 보자.

- 자기 자신이나 부모님, 혹은 여러분이 알고 있는 사람의 인생 이야기를 해 보자.
    - 누구의 이야기인가?

    - 그 사람의 인생은 어떤 인생이라고 할 수 있는가?

    - 그 사람의 인생에서 중요한, 매우 큰 사건은 무엇인가?

- 이야기한 내용을 바탕으로 '인생의 도전'이라는 제목의 글을 써 보자. (단, 위의 글처럼 기자가 되어 그 사람의 인생을 객관적으로 기술할 것.)

- 발표를 듣고 누구의 인생 이야기가 가장 인상적인지 이야기해 보자.

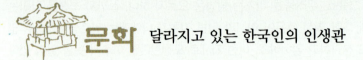
문화 달라지고 있는 한국인의 인생관

- 여러분은 다음 중 어떤 인생관 유형에 속하는가?
  - □ 디오니소스 유형 "나에게 내일은 없다. 오늘을 즐기자."
  - □ 프로메테우스 유형 "세상을 위해서라면 이 한 몸 기꺼이 바치리라."
  - □ 아폴로 유형 "욕구와 욕망을 절제할 수 있는 존재는 오로지 사람뿐이다."

- 한국인은 위의 세 유형 중 어느 유형에 속하는 사람이 많다고 생각하는가? 한국인의 인생관은 시간이 흐름에 따라 어떻게 변화했을 것이라 예상하는가?

- 다음 글을 읽으며 한국인의 인생관에 대해 이해해 보자.

  한국 대학생들의 인생관이 지난 30년 동안 어떻게 변화했는지 알아본 흥미로운 연구 결과가 발표되었다. 1970년부터 2000년대까지 약 10년 간격으로 전국의 대학생을 대상으로 조사를 실시한 결과를 비교한 것이다. 그 결과 30여 년 사이에 대학생들이 선호하는 인생관이 크게 달라졌다는 것을 알 수 있는데, 1970년대의 대학생들은 '이상을 추구하기 위한 자기 통제'를 가장 선호하는 인생관으로 꼽았으나 2000년대의 조사에서는 4위로 밀려나 있었다. 반면에 1990년대부터 2000년대까지 가장 선호되는 인생관은 '현실에서 노력하여 문제를 해결하는 적극적 행동'이었다. 한편 1970년대부터 1990년대까지 가장 선호도가 낮은 인생관은 '자기 마음대로 즐기는 감각적이고 흥겨운 생활'이었다. 그러나 2000년대 조사에서는 '우주의 초월적 목적과 의지에 순응하고 봉사하는 인생관'에 대한 선호도가 가장 낮은 것으로 나타나 사회 정의 실현, 세상의 진리 탐구 같은 거시적 가치관보다는 개인의 행복이나 쾌락 같은 미시적 가치관을 갖고 있다는 것을 알 수 있었다.

- 여러분 나라의 사람들은 위의 세 인생관 유형 중 어느 유형에 속하는 사람이 많다고 생각하는가?

자기 평가

- 자신의 인생관을 이야기할 수 있는가? 잘함 ●─●─●─● 못함
- 진로에 대한 고민을 이야기하고 조언을 할 수 있는가? 잘함 ●─●─●─● 못함
- 인생에서의 고비와 극복 과정에 대한 글을 읽고 쓸 수 있는가? 잘함 ●─●─●─● 못함

사자성어 1 　인생

- 인생과 관련된 사자성어로는 어떤 것들이 있는가?

- 다음의 사자성어가 어떤 의미일지 추측해 본 후, 비슷한 의미를 가진 것끼리 모아 보자.

고진감래(苦盡甘來)	대기만성(大器晚成)	변화무쌍(變化無雙)
새옹지마(塞翁之馬)	승승장구(乘勝長驅)	인생무상(人生無常)
일장춘몽(一場春夢)	탄탄대로(坦坦大路)	파란만장(波瀾萬丈)

- 다음 예문을 보고 사자성어의 쓰임을 확인해 보자.

  (1) 가: 경기 불황으로 고전을 면치 못하던 회사가 드디어 이번에 수출이 늘면서 제 위치를 찾고 있다지요?

  　나: 네. 고진감래라더니 그동안 사원들이 어려운 상황을 잘 견뎌 준 덕분에 이 정도로 회복이 된 거죠.

  (2) 가: 우리 집 아이는 아무리 애를 써도 실력이 나아지지 않으니 정말 걱정이에요.

  　나: 아직 어린데 너무 조급해하지 마세요. 대기만성이라는 말도 있잖아요. 훗날에 지금 열심히 노력한 결과를 보게 될 테니 두고 보세요.

  (3) 가: 영수 씨네 회사가 부도가 나서 망했대요.

  　나: 어머나! 정말요? 영수 씨가 그 회사를 그렇게 키우느라 얼마나 몸 바쳐 일했는데. 그야말로 인생무상이네요.

  (4) 가: 이제 한국 최고 대학에 합격했으니 노는 일만 남았군.

  　나: 좋은 대학 나온다고 앞날에 탄탄대로가 이어질 거라고 생각하는 건 큰 오산이야.

제2과 한국인의 의식 구조

학습 목표
한국인의 의식과 그 배경을 이해하고 그러한 의식이 반영된 사회 현상에 대해 이야기할 수 있다.

주제	한국인의 의식 구조
기능	의식의 형성 배경 설명하기, 의식의 긍정적·부정적 측면 이야기하기, 예시하여 주장하기
활동	한국인의 의식 구조에 대해 이야기하기 한국인의 의식에 대한 강의 듣기 '정'의 유래에 대해 읽기 학벌주의에 대한 토론 듣고 토론하기 한국인의 의식에 대한 글 읽고 신문 투고문 쓰기
어휘 1	한국인의 성향, 한국인의 의식, 문제점 발생
어휘 2	속담 1 '한국인의 의식 구조'
문법	-ㄹ 대로, -랴 -랴
발음	ㄱ-ㅋ-ㄲ, '-ㄴ데요'의 억양
문화	'눈치'로 알아보는 한국인

제2과 한국인의 의식 구조

도입

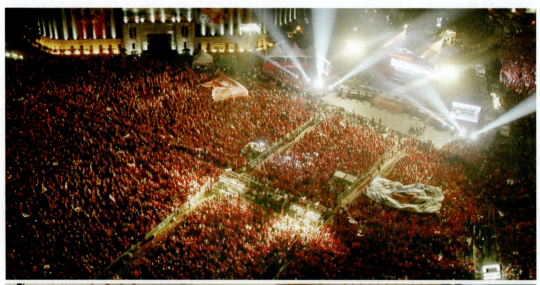

1. 위 사진은 어떤 상황인가?

2. 위 사진을 통해 알 수 있는 한국 사람들의 특성은 무엇인가?

대화 & 이야기 1

로버트: 민서 씨, 무슨 안 좋은 일 있었어요? 얼굴 표정이 왜 그래요?

민　서: 아, 오늘 아침부터 우리 남편하고 말다툼을 좀 했더니 자꾸 신경이 쓰여서요.

로버트: 부부 싸움은 칼로 물 베기라고 하던데 뭘 그렇게 신경을 쓰고 그러세요?

민　서: 그러게요. 근데 저는 기분이 안 좋다는데 왜 로버트 씨는 자꾸 웃으세요?

로버트: 그게요, '우리'라는 말이요. 혼자 살면서도 우리 집이라고 하질 않나, 일부다처제도 아니면서 우리 남편이라고 하질 않나. 알고는 있어도 막상 들으면 자꾸 웃음이 나와요.

민　서: 아, 그거요? 그 말이 그렇게 이상하게 들려요?

로버트: 네. 영어에서는 '내 남편, 내 아내' 이렇게 말을 하지, 우리라고 안 하거든요. 우리라고 하면 여러 명이 같이 공유한다는 의미인데, 남편을 공유한다는 게 좀 이상하잖아요.

민　서: 이야기를 듣고 보니 그럴 수도 있겠네요. 근데 그건 아마도 우리 나라가 오랫동안 한 민족으로, 같은 언어를 쓰면서 살아왔기 때문에 공동체 의식이 형성돼서 그런 것 같아요.

로버트: 공동체 의식이요? 아, 그래서 한국 사람들은 그렇게 잘 뭉쳐 다니나 봐요. 밥 먹을 때도 그렇고 걸어 다닐 때도 그렇고. 아, 응원할 때도요.

민　서: 맞아요. 한국 사람들이 확실히 그렇죠? 뭐, 공동체 의식이 그만큼 강하다고 볼 수도 있겠지만 지나친 배타주의라고 비판받을 수 있는 소지도 있어요.

로버트: 솔직히 그런 면도 있어요. '우리' 안에 포함되면 좋겠지만 '우리' 안에 들어가지 못하는 저 같은 사람들은 가끔 소외감을 느낀다니까요.

민　서: 아이고, 우리 로버트 씨가 그랬어요?

● 로버트가 이상하게 생각하는 한국어 표현은 무엇인가?

● 민서는 그것에 대해 어떻게 설명하였는가?

발음

ㄱ-ㅋ-ㄲ

　가　　　카　　　까

'ㄱ-ㅋ-ㄲ'는 'ㄷ-ㅌ-ㄸ', 'ㅂ-ㅍ-ㅃ', 'ㅈ-ㅊ-ㅉ'와 마찬가지로 모음의 음높이와 기류(내뿜는 공기)의 양으로 구별된다. 즉 '가'는 낮은 음으로, '카, 까'는 높은 음으로 발음되는데 '카'는 기류의 양이 많고 '까'를 발음할 때는 기류가 전혀 나오지 않는다.

▶ 연습해 보세요.

(1) 꼬마 코끼리가 고개를 흔들어요.
(2) 가영이 카메라 가방은 까만 카메라 가방인가, 안 까만 카메라 가방인가?

말하기 연습 1

1 한국 사람들의 성향에 대해 이야기해 보자.

 가: 친구가 오후 세 시가 넘었는데도 점심을 안 먹었다고 하길래 어디가 아픈가 해서 물어봤더니 같이 먹을 사람이 없어서 안 먹었다고 하는 거예요. 그걸 보고 한국 사람들이 정말 남의 시선을 의식하는구나 하는 생각을 했어요.

1) 〈보기〉에 표시된 표현의 의미를 추측해 보자.

2) 다음 표현의 의미를 알아보고 주어진 상황에 어울리는 표현을 이야기해 보자.

- (대의명분, 명예, 예의범절, 의리, 체면)을 중시하다
- 남의 시선을 의식하다   남의 일에 관심이 많다   어른을 공경하다   정이 많다

3) 여러분도 한국 사람들이 위와 같은 성향이 있다고 느낀 적이 있는가? 〈보기〉를 참고해 이야기해 보자.

2 한국인의 의식에 대해 이야기해 보자.

> 가: 한국 사람들은 '우리'라는 단어를 왜 그렇게 많이 써요?
> 나: 아무래도 오랫동안 한 민족으로, 같은 언어를 쓰면서 살아왔기 때문에 공동체 의식이 형성돼서 그런 것 같아요.

1) 〈보기〉에 표시된 어휘의 의미를 추측해 보자.

2) 관계있는 것끼리 연결하며 다음 어휘의 의미를 알아보자.

공동체 의식	상부상조 정신	서열의식	연고주의
온정주의	장유유서 정신	집단주의	효 사상

❶ 효 사상 ・   ・ⓐ 아랫사람이 윗사람을 존중해야 한다고 생각함
❷ 서열의식 ・   ・ⓑ 부모를 잘 모시고 받들어야 한다고 생각함
❸ 연고주의 ・   ・ⓒ 서로 어렵거나 힘들 때 도와주어야 한다고 생각함
❹ 공동체 의식 ・   ・ⓓ 너, 나 구별 없이 모두가 하나라고 생각함
❺ 장유유서 정신 ・   ・ⓔ 지위, 나이 등의 순서를 중시해야 한다고 생각함
❻ 상부상조 정신 ・   ・ⓕ 같은 학교나 고향 출신을 특별히 대우해야 한다고 생각함

3) 다음의 사회 현상은 한국인의 어떤 의식 때문인지 〈보기〉를 참고해 이야기해 보자.
❶ 부모님을 모시고 살다
❷ 회사 회식에 빠지지 않고 참석하다
❸ 같은 고향 후배들을 특별히 더 챙기다
❹ 윗사람이 들어오면 하던 일을 멈추고 모두 일어나서 인사하다

4) 한국인의 의식을 알 수 있는 상황에 대해 이야기해 보자.

3 구체적인 예를 들며 이야기해 보자.

>
> 가: 우리 옆집 아주머니요, 좋아하지도 않는 김치를 가져다 주시질 않나, 밥 먹고 가라며 자꾸 부르시질 않나, 왜 그렇게 남의 일에 관심이 많은지 모르겠어요.
> 나: 남이 아닌 우리라는 공동체 의식이 강해서 그럴 거예요.

1) 〈보기〉에 표시된 표현의 용법을 알아보자.
   - -지를 않나 -지를 않나 -지 모르겠다

2) 다음에 대해 〈보기〉와 같은 흐름으로 이야기해 보자.
   ❶ 한국 여자들, 남의 시선을 의식하다
   ❷ 우리 선배, 체면을 중시하다
   ❸ 한국 사람들, 예의범절을 중시하다

4 한국인의 의식이 가진 긍정적인 측면과 부정적인 측면을 이야기해 보자.

>
> 가: 서열의식은 공정한 평가를 하기 어렵게 만드는 것 같아요.
> 나: 서열의식이 간혹 공정한 평가를 어렵게 한다는 부정적인 측면이 있기는 하지만 한편으로는 연장자를 배려할 수 있다는 긍정적인 측면도 있다고 생각해요.

1) 〈보기〉에 표시된 표현의 용법을 알아보자.
   - -다는 부정적인 측면이 있기는 하지만 한편으로는 -다는 긍정적인 측면도 있다

2) 다음에 대해 〈보기〉와 같은 흐름으로 이야기해 보자.
   ❶ 대의명분, 자신의 이익을 잘 챙기지 못하다
   ❷ 상부상조, 독립심이 없는 의존적인 사람을 만들다
   ❸ 효 사상, 원치 않는 일이라도 부모님의 뜻을 무조건 따르다
   ❹ 연고주의, 출신 지역이나 출신 학교가 달라 그 모임에 낄 수가 없다

3) 여러분 나라 사람들이 공통적으로 가지고 있는 어떤 특정한 가치관이나 성향의 긍정적 측면과 부정적 측면에 대해 이야기해 보자.

대화 & 이야기 2

정 선생: 열 번째 장학금 수혜자는 누구로 하는 게 좋겠습니까? 자료에서 보시다시피 서귀자 씨와 에르난 곤잘레스 씨가 93점으로 동점을 받았는데 어떻게 할까요?

김 선생: 제가 먼저 말씀 드리겠습니다. 저는 아무래도 연장자인 서귀자 씨가 받는 게 좋겠습니다. 장유유서라는 말도 있지 않습니까?

장 선생: 그 의견은 좀 받아들이기 어렵습니다. 나이가 많다고 해서 장학금을 받는다면 많은 학생들이 불만을 가질 것 같은데요.

최 선생: 저도 장 선생님의 의견에 전적으로 동의합니다. 그래서 저는 곤잘레스 씨가 장학금을 받아야 한다고 생각하는데요. 반장으로서 다른 학생들을 잘 이끌어 주고 모든 행사에도 적극적으로 참여하는 모범적인 학생입니다.

장 선생: 근데 그런 기준도 나이를 따지는 것과 별반 다르지 않다고 생각합니다. 그리고 온정주의로 비춰질 가능성도 있고요.

최 선생: 반장으로서 책임을 다한다는 것은 평가의 한 항목이 될 수 있을 거라고 생각하는데요. 단순히 나이를 따지는 것하고는 본질적으로 다르지요.

장 선생: 최 선생님 말씀도 일리가 있기는 한데요. 그렇지만 반장으로서 책임을 다하는 것이 학생 평가의 한 기준이 될 수 있어도 장학금 수여 기준으로는 적절하지 않은 것 같습니다. 게다가 지금은 학교 규모도 커질 대로 커져서 학생 개개인의 특성을 파악하기도 어렵고요. 그러니까 말하기 성적을 우선으로 한다든지 하는, 보다 객관적인 기준을 마련하는 게 무엇보다도 최선이라고 봅니다.

김 선생: 아이고, 장 선생님, 최 선생님. 잘 나가시다가 갑자기 왜 그렇게 목소리를 높이십니까? 뭐, 심각한 문제도 아닌데요. 나이 어린 최 선생님이 그냥 양보하시죠. 정 선생님, 말하기 성적을 우선으로 하면 될 것 같습니다.

정 선생: 네. 선생님들 말씀 잘 들었습니다. 그런데 말하기 성적 하나만으로는 좀 힘들 것 같고요, 지금 나온 의견들을 반영해서 객관적인 기준을 만들도록 하겠습니다.

- 이 사람들은 지금 무엇에 대해 토론하고 있는가?

- 각 사람들의 의견은 무엇이고 그 근거는 무엇인가?

발음

'-ㄴ데요'의 억양

저는 그렇게 생각하지 않는데요. 토론을 할 때 상대방의 의견에 반박하기 위해 '-ㄴ데요'를 자주 사용하는데, 이때는 문장 끝을 올리는 억양으로 말한다.

▶ 연습해 보세요.

(1) 가: 저는 앞으로 지하철에서의 휴대 전화 사용을 전면 금지해야 한다고 생각합니다.
　　나: 그건 좀 지나친 말씀이신 것 같은데요.

말하기 연습 2

1 문제가 되는 상황을 제시하고 그 문제를 해결할 수 있는 방안을 제시해 보자.

> 보기
> 가: 학력 지상주의에 대해 어떻게 생각하십니까?
> 나: 학력을 지나치게 강조하다 보면 오히려 현대판 신분제를 조장할 수 있습니다. 최근에는 학력 지상주의가 깊어질 대로 깊어져서 사람들이 자신의 학력까지 위조하는 상황입니다. 학력만이 아니라 다양한 기준으로 개인의 능력을 평가할 수 있는 사회 풍토를 만들어야 한다고 생각합니다. 중학교만 졸업하고도 유명한 영화감독으로 성공한 사례도 있지 않습니까?

1) 〈보기〉에 표시된 표현의 용법을 알아보자.

- -ㄹ 대로 -어서 -ㄴ 상황이다
- -고도 -ㄴ 사례도 있지 않습니까?

2) 다음에 대해 〈보기〉와 같은 흐름으로 이야기해 보자.

❶ 온정주의
❷ 집단주의
❸ 외모 지상주의
❹ '빨리 빨리' 문화

문법 더하기

- **-ㄹ 대로**

동사 어간에 붙어 어떤 상태가 매우 심하여 극에 다다랐음을 나타낸다. 주로 'A할 대로 A하다'의 꼴로 사용한다.

(1) 가: 한국 사람들은 너무 빨리 빨리 모든 일을 처리하려는 것 같아요.
　　나: 맞아요. 그런 경향이 좀 있죠. 그렇게 서두르다 보면 일을 다 끝내기도 전에 지칠 대로 지쳐서 일의 완성도가 떨어지게 될 것 같아요.
(2) 가: 저 두 사람 화해 좀 시켜 봐요. 옛날에는 그렇게 사이가 좋더니…….
　　나: 저도 그러려고 했는데 두 사람의 관계가 이미 꼬일 대로 꼬여서 무슨 수를 써도 되돌리기 어려울 것 같아요.

2 상대방의 의견에 대해 자신의 의견을 표시해 보자.

> 보기
> 가: 이런 면에서 볼 때 학력 지상주의는 한국 사회에서 반드시 사라져야 한다고 생각합니다.
> 나: 그 점은 저도 인정합니다만, 학력 지상주의가 한국 사회에 기여한 바가 크다는 긍정적 측면을 무시할 수는 없다고 봅니다.

1) 〈보기〉에 표시된 표현의 의미를 추측해 보자.

2) 다음 표현의 의미를 알아보고 상대의 의견을 받아들이는 정도에 따라 표시해 보자.

그 의견도 일리는 있습니다만,	(×)
그 의견에 전적으로 동의합니다.	( )
그 의견에 동의하기 어렵습니다.	( )
그것도 좋은 지적이라고 생각합니다만,	( )
그런 문제가 있다는 점도 인정합니다만,	( )
그 의견에는 조금도 동의할 수 없습니다.	( )
그 의견에 대해서는 생각이 좀 다릅니다.	( )
왜 그렇게 말씀하시는지 충분히 이해합니다만,	( )
그 의견을 받아들이기는 어렵습니다.	( )
그렇게 생각하시는 것 같은데 저는 반대입니다.	( )

강한 동의	약한 동의	약한 반대	강한 반대
◎	○	×	※

3) 다음에 대해 〈보기〉를 참고해 이야기해 보자.
  ❶ 온정주의
  ❷ 집단주의
  ❸ 외모 지상주의
  ❹ '빨리 빨리' 문화

활동

 말하기

한국인의 의식 구조에 대해 자신의 의견을 이야기해 보자.

- 다음 그림은 어떤 상황인지 이야기해 보자.

- 위와 같은 상황에서 한국 사람들은 어떻게 행동하고 대화할지 이야기해 보자.

- 이야기한 내용을 바탕으로 위 상황에 대한 상황극을 해 보자.

- 상황극을 보고 아래의 상 이름에 걸맞은 팀을 선정하고, 심사평과 함께 시상을 해 보자.

  완전 한국 사람 다 됐네요 (상)   정말 한결같네요 (상)

- 위와 같은 상황에 처한다면 어떻게 행동하는 것이 가장 바람직할지 이야기해 보자.

듣기

다음은 한국인의 의식에 대한 강의의 일부이다. 잘 듣고 질문에 답해 보자.

- 무엇에 대한 강의인가?

- 다시 한 번 듣고 이 의식의 긍정적 측면과 부정적 측면은 무엇인지 이야기해 보자.

- 강의의 흐름에 주목해서 들으며 다음 질문에 답해 보자.
  1) 이 강의의 앞부분에서 다루어진 내용은 무엇인가?

  2) 이 강의를 듣고 나서 학생들이 하게 될 활동은 무엇인가?

- 여러분이 생각하는 이 의식의 긍정적 측면과 부정적 측면에 대해 이야기해 보자.

📖 읽고 쓰기

다음은 어느 외국인 유학생이 한국인의 의식에 대해 쓴 글이다. 글을 읽고 한국인의 의식에 대한 신문 투고문을 써 보자.

- 한국 사람들이나 한국 사회가 가진 긍정적인 의식은 무엇이라고 생각하는가? 혹은 한국 사람들이 꼭 고쳤으면 하는 태도나 의식은 무엇인가?

- 글쓴이가 한국 사람들에 대해 가지고 있는 생각을 확인하면서 아래의 글을 읽어 보자.

> 어느덧 한국에 온 지 1년의 시간이 지났다. 낯선 땅에 와서 공부하랴 새로운 문화에 적응하랴 정신없이 시간을 보냈다. 설레는 마음으로 인천 공항에 도착한 순간 '내가 정말 한국에 왔구나' 하는 것을 깨달았다. 직원들의 빠른 일 처리 덕분에 간편하게 입국 절차를 통과할 수 있었던 것이다. '세계에서 출입국 수속이 가장 빠른 공항'이라는 명성은 역시 과장이 아니었다. '빨리 빨리'로 대표되는 한국 사람들의 특징은 이후 다른 여러 곳에서도 여러 번 느낄 수 있었다.
>
> 또한 한국 하면 나는 한국인들의 단결된 힘이 떠오른다. 지나친 집단주의라고 평가하는 사람들도 있겠지만, '우리는 하나'라는 의식으로 월드컵의 거리 응원전에 모여든 붉은 물결의 한국 사람들로부터 받은 강렬한 인상은 절대 잊을 수 없을 것이다. 국가적으로 중대한 안이 있을 때마다 국민 모두가 마치 자신의 일처럼 여기고 관심을 쏟는 것을 보면서, 이 단결된 힘이야말로 전통적으로 공동체 의식을 지녀 온 한국 사람들만이 가질 수 있는 미덕 중 하나가 아닌가 하는 생각이 들었다.
>
> 이번 학기가 끝나면 한국 생활을 정리하고 고향으로 돌아간다. 고향에 돌아가게 되면 한국 사람들과 주고받은 정을 무척 그리워하게 될 것 같다. 식사 시간마다 밥을 가득 담아 주시던 하숙집 아주머니, 내가 감기라도 걸리면 마치 자기가 아픈 것처럼 약도 사다 주고 먹을 것도 챙겨 주던 도우미 친구, 그리고 질문할 때마다 귀찮아하지 않고 언제나 웃으며 대답해 주셨던 선생님들까지 한국 사람들은 언제나 정이 넘치는 친절한 사람들이었다는 사실을 오래 기억할 것이다.
>
> 그런데 내가 좋아하는 한국과 한국 사람들에게 꼭 부탁하고 싶은 것이 한 가지 있다. 그건 바로 한국 사람들이 다른 문화에 대한 배려심이 조금 부족하다는 것이다. 음식과 관련된 부분인데 한국 사람들의 입장에서 맛있다고 생각되는 음식을 지나치게 권하지 말아 달라는 바람이다. 또한 자신들이 옳다고 생각하는 행동 방식을 누구에게나 강요하는 습관을 고쳐 주었으면 한다. 이는 한국 문화가 제일 우수하다고 생각하는 사람이 많기 때문인 것 같다. 한국 사람들이 다른 문화를 인정하고 배려한다면 외국인들이 좀 더 살기 좋은 곳이 될 것이다.

- 다시 읽고 질문에 답해 보자.

 1) 글쓴이가 한국인의 의식에 대해 긍정적으로 생각하는 것은 무엇인가?

 2) 글쓴이가 한국인의 의식 중 고쳐야 할 것이라고 생각하는 것은 무엇인가?

● 여러분도 한국인의 의식에 대한 내용으로 신문 투고문을 써 보자.

　1) 한국인의 의식이나 행동 중 긍정적으로 생각하는 부분을 메모해 보자.

　2) 한국인의 의식이나 행동 중 부정적으로 생각하는 부분을 메모해 보자.

　3) 부정적인 의식이나 행동을 지적하는 부분에서는 아래와 같은 표현을 사용해 완곡하게 써 보자.

> －에게 꼭 부탁하고 싶은 것이 있다
> －어 주었으면 하다
> －어 달라는 바람이다
> －와 관련한 부분인데, －어 달라고 부탁하고 싶다

● 정리한 내용을 바탕으로 '한국인, 한국 사회'에 대한 투고문을 써 보자.

● 여러분이 쓴 글을 친구나 선생님과 돌려 읽고 그들의 의견을 반영해서 고쳐 쓴 후, 실제로 신문사에 보내 보자.

문법 더하기

● －랴 －랴

　동사 어간에 붙어 여러 가지 일을 나열하면서 그런 일을 하느라 애씀을 나타낸다. 주로 'A하랴 B하랴'의 구성으로 쓰인다.
　(1) 상사 비위 맞추랴 부하 직원 달래랴 고생이 이만저만이 아니다.
　(2) 일하랴 살림하랴 게다가 공부까지 하려니 몸이 열 개라도 모자랄 지경이다.

🎧 듣고 말하기

다음은 '학벌주의, 이대로 괜찮은가'라는 제목의 토론이다. 잘 듣고 이어서 토론해 보자.

- 학벌주의로 인한 폐해로는 무엇이 있을지 이야기해 보자.

- 토론을 듣고 질문에 답해 보자.
  1) 남자와 여자의 주장이 무엇인지 이야기해 보자.

  2) 두 사람이 자신의 주장을 뒷받침하기 위해 제시한 근거가 무엇인지 이야기해 보자.

- 여러분은 누구의 의견에 얼마나 동의하는가? 들은 내용에 이어서 토론해 보자.

📖 읽기

다음은 '정'에 대한 글이다. 잘 읽고 질문에 답해 보자.

- 여러분은 한국 사람의 '정'이라는 것을 느낀 적이 있는가? 여러분이 경험한 한국인의 '정'을 구체적인 예를 들어 이야기해 보자.

- 한국 사람에게는 왜 '정'이라는 정서가 생겨나게 되었는지 생각해 보자.

- 다음은 '정'의 유래에 대한 글이다. 잘 읽고 여러분의 생각이 맞는지 확인해 보자.

> 　한국인에게 인간관계를 이상적으로 유지하는 데 중요한 자리를 차지하는 것이 정이다. 즉 정은 한국인이 인간관계 유지를 위해 재발견해야 할 심정적 자원이라 할 수 있다. (중략)
> 　그런데 왜 유독 한국인에게 정은 그토록 크고 알차게 성숙됐을까? 정은 혼자 있을 때 또는 고립돼 있을 때는 우러날 수 없다. 어디까지나 어떤 관계가 있어야만 우러날 수 있다. 그래서 정은 상대적 산물이다. 관계에서 우러나는 것이긴 하지만 그 관계의 시간적 지속과 밀접한 연관이 있다. 이를테면 순간적인 관계나 잠깐 동안의 관계 같은 단시간의 관계에서는 우러나지 않는다. 첫눈에 반한다고 하듯이 사랑은 순간에도 촉발되지만 정은 그렇지 않다. 얼마 동안 시간의 지속적인 관계를 보내야만 우러난다. 비록 그 관계가 굳이 사람이 아닌 짐승이나 나무, 산천일지라도 지속적인 관계가 유지되면 정이 생긴다. 정의 발생 빈도나 농도는 관계의 지속 시간과 비례한다.
> 　그렇다면 어느 한 민족이 정에 성숙하다는 것은 관계가 지속될 수 있는 여건이 보장되었음을 의미한다. 여기저기 떠돌아다니는 이동성 생업을 가진 문화권에서는 잦은 이동 때문에 관계의 지속이 어렵다. 때문에 정이 깃들 수 있는 여지가 적다. 반면 정착성 사회에서는 한 공간에서 조상 대대로, 또 일생의 거의 전부를 더불어 살기에 상대적으로 관

계의 지속 시간이 길어진다. 내가 태어나기 이전부터 있었고, 내가 죽어 사라진 후에까지도 지속되는 생사를 초월한 지속이다. 따라서 정착 사회일수록 정이 깃들 여지가 얼마든지 있고, 그 민족에게는 정이 성숙하게 된다.

　한국은 농경 사회로, 정착이 기반이 되었으며 이 정착 촌락 공동체라는 소우주 속에서 모든 것을 자급자족하고 살았다. 따라서 소금 같은 극소수의 품목 이외에는 굳이 이동해서 입수할 만한 필수품이 없었던 것이다. 그마저도 소금 장수나 땜장이 같은 상인이나 직공이 그 공동체를 방문하여 수요를 충족시켜 주었기 때문에, 태어나서 죽을 때까지 마을 밖에 나가지 않아도 되었고, 또 그렇게 살다 죽는 사람도 적지 않았다. 농경이 정착하기 시작한 11세기 이전까지 유럽의 주된 생업은 이동이 기본이 되는 유목이었다. 농경을 시작한 이후에도 상업이 발달하여 교역이 왕성했으므로, 여전히 유동적인 사회를 이루어 왔다. 따라서 정이 성숙할 기회가 한국에 비해 적었다.

　정의 또 다른 발생 요인으로는 집단성을 들 수 있다. 집단성의 반대 개념은 고립성이요, 개인성이다. 집단성이 강한 사회는 접촉 빈도가 높고, 개인성이 강한 사회는 접촉 빈도가 낮다. 물체가 마찰하면 열이 일어나고 전기가 발생하듯이, 정 역시 상대적 마찰에서 생긴다. 개인주의가 발달하고 자신의 주장이나 권리만을 주장하는 독불장군들이 들끓는 사회에서는 정이 발생할 여지가 형성되지 않는다. 집단의 의사는 개인의 의사를 수렴시켜 그 집단의 일원으로서 조화를 이루고 공존을 모색할 때 정이 생긴다.

　비록 나 개인의 의사와는 상반되지만 상대방의 이치나 처지를 이해하고 나의 의사를 양보하는 그런 집단주의에서라야 정이라는 ㉠'정신적 균'이 길러진다. 부부라는 집단, 가족이라는 집단, 직장이라는 집단, 촌락이라는 집단에서 유별나게 자신만을 내세워 우겨 대거나 고집하는 사람에게는 대체로 정이 붙지 않는다. 상대방이 잘못했다고 판단되더라도 내가 잘못했다고 말함으로써 개인을 집단 속의 개인으로 녹일수록 정이 가고, 정이 붙는 이치가 될 것이다.

● 다시 읽고 다음 질문에 답해 보자.

1) 필자는 한국인의 '정'이 성숙하게 된 조건이 무엇이라고 했는지 이야기해 보자.

2) 필자가 '정'의 개념을 설명하기 위해 제시한 핵심 개념을 찾아보자. 그리고 그것과 상반되는 개념도 함께 이야기해 보자.

3) 두 번째 단락을 다시 읽으며 '정'과 '사랑'의 개념을 비교하여 이야기해 보자.

4) 필자가 왜 '정'을 ㉠'정신적 균'에 비유했는지 이야기해 보자.

● 여러분은 필자의 의견에 동의하는가? 비정착성 사회에서는 '정'이라는 것이 어떤 양상으로 발달했을지 이야기해 보자.

문화 '눈치'로 알아보는 한국인

- 여러분은 '눈치를 보다'라는 표현을 들어 본 적이 있는가? 만일 여러분 나라의 언어로 바꾼다면 어떻게 표현할 수 있을까?

- 다음 글을 읽으며 '눈치를 보다'라는 표현 속에 담긴 한국인의 의식을 이해해 보자.

  한국어에는 '눈치'라는 단어가 쓰인 관용어가 여럿 있다. '눈치가 빠르다', '눈치를 보다', '눈치가 없다', '눈치를 채다', '눈치 9단' 등 일상생활에서 쉽게 접할 수 있는 표현이긴 하지만, 외국인이 그 뜻을 이해하고 '눈치 빠르게' 행동하는 건 그리 쉽지 않다.

  눈치의 사전적 의미는 '다른 사람의 마음이나 어떤 주어진 상황을 때에 맞게 미루어 알아내는 것'이다. 그런데 이런 사전적 의미 외에도 눈치에는 한국인만이 알고 있는 함축적 의미, 즉 문화적 의미가 담겨 있다. 예를 들어 '눈치'는 똑똑함의 다른 표현이 되기도 한다. 상대방의 기분이 어떠한지 살핀 후 부탁을 한다거나 사무실 내에서 일이 진행되는 상황이 어떠한지를 살피며 퇴근 시간을 결정한다거나 하는 행동이 바로 '눈치 있는' 행동이다.

  그렇다면 눈치라는 단어를 통해 알 수 있는 한국 사람들의 의식은 과연 무엇일까? 예를 들면 여럿이 함께 떡을 먹고 있다가 마지막 떡 한 점이 접시에 남게 되면 사람들은 마치 약속이나 한 것처럼 그 떡에 손을 대지 않는다. 누가 그 떡을 먹으면 좋을지 서로 '눈치를 보다가' 결국 떡이 남겨진 채로 자리를 뜨는 경우도 많다. 마지막 하나를 먹지 말자고 약속을 한 것도 아니고, 마지막 하나를 먹는다고 큰일이 나는 것도 아닌데 마지막 남은 한 개를 기피하는 까닭은 무엇일까? 이것은 한국인의 의식이 반영되어 그런 것이다. 즉 마지막 한 개를 먹으면 자신의 욕심만 차리는 이기적인 사람이라고 생각하기 때문인 것이다. 결국 집단의 이익을 위해 자신을 희생하는 데 익숙한 한국 사람들이기에 나 하나가 아닌 다른 사람들에 대한 배려를 하는 것은 필수적인 덕목이며 바로 이러한 생각이 '눈치'라는 표면적인 행동으로 나타나는 것이다.

- 여러분의 눈치는 몇 단인가?

자기 평가

- 한국인의 의식 구조에 대해 이해할 수 있는가?   잘함 ●─●─●─● 못함
- 한국인의 의식에 대한 글을 읽고 쓸 수 있을까?   잘함 ●─●─●─● 못함
- 논리적인 근거를 제시하며 토론할 수 있는가?   잘함 ●─●─●─● 못함

속담 1 '한국인의 의식 구조'

- 한국인의 의식 구조를 잘 드러내는 속담에는 어떤 것이 있는가?

- 다음 속담과 관련있는 한국인의 의식을 연결해 보자.
  ① 가난할수록 기와집 짓는다 •
  ② 가재는 게 편 •   • ⓐ 상부상조
  ③ 백지장도 맞들면 낫다 •   • ⓑ 장유유서
  ④ 어른 말을 들으면 자다가도 떡이 생긴다 •   • ⓒ 연고주의
  ⑤ 찬물도 위아래가 있다 •   • ⓓ 체면주의
  ⑥ 팔이 안으로 굽는다 •

- 다음 예문을 보고 속담의 쓰임을 확인해 보자.

  (1) 팔이 안으로 굽는다더니 역시 어려울 때 도와주는 건 너네 선배밖에 없구나.

  (2) 백지장도 맞들면 낫다고 아무리 어려운 일이라도 다른 사람들과 함께 하면 훨씬 쉽게 끝낼 수 있답니다.

  (3) 찬물도 위아래가 있다는데 어떻게 네가 감히 언니보다 먼저 시집을 갈 수 있니?

  (4) 가난할수록 기와집 짓는다더니 쟤는 쥐뿔도 없으면서 왜 저러고 사니?

MEMO

제3과 남한과 북한

학습 목표
남북 관계의 역사적 흐름을 이해하고 남북통일에 대해 이야기할 수 있다.

주제	남한과 북한
기능	남한과 북한의 차이 이야기하기, 통일 방식에 대해 이야기하기
활동	북한의 상황에 대한 강의 듣기
	탈북자에 대한 기사 읽고 말하기
	통일의 필요성에 대한 글 읽기
	남북통일의 필요성에 대해 말하고 쓰기
	통일 방안에 대한 인터뷰 발표 듣기
어휘 1	남한과 북한의 차이, 분단의 과정, 분단의 폐해, 통일을 위한 선결 과제
어휘 2	관용어 1 '화해·갈등'
문법	'하게'체, -리라고는
발음	점(.)
문화	"꼬부랑 국수 좀 주시라요."

제3과 남한과 북한

도입

1. 이곳은 어디인가? 이곳과 관련된 한국의 역사적 상황에 대해 알고 있는 것을 이야기해 보자.

2. 한국 사람들은 통일에 대해 어떻게 생각할 것 같은가?

대화 & 이야기 1

니콜라: 교수님, 지난주에도 남북한 공동 사전 편찬 작업 때문에 북한 다녀오신 거예요?
교　수: 그렇지. 이번에는 마무리 작업을 하고 왔네.
니콜라: 공동 작업하시기가 어렵진 않으세요? 무엇보다 사회 체제가 자본주의와 사회주의로 다르니까 사고방식의 차이도 클 것 같은데요. 게다가 언어 차이도 무시할 수 없을 것 같고요.
교　수: 그 정도의 차이는 당연한 것이고 언어 차이도 미리 예상한 것이긴 하지만 생각보다 그 장벽이 높아서 놀랄 때가 많이 있긴 하지.
니콜라: 어휘나 문법이 다른 것은 서로 배우면 문제 될 게 없을 것 같은데 억양이나 발음은 그 차이를 좁히는 게 어려울 것 같아요. 남한 말에 익숙한 저로서는 북한 뉴스를 들으면 딴 나라 말 같거든요. 원래 남북한 언어 차이가 그렇게 심했어요?
교　수: 물론 지역 방언은 예전부터 있었지만 분단의 골이 깊어지면서 그 차이가 더 심해졌다고 볼 수 있지.
니콜라: 제가 외국인이라서 이렇게 생각할 수도 있겠지만 지금처럼 양쪽 체제를 그대로 유지한 채로 지내는 것도 그렇게 나쁠 것 같지는 않은데요.
교　수: 자네 같은 경우에는 그렇게 생각할 수도 있겠다만 한국인들 대부분은 통일을 바랄 걸세. 특히 이산가족을 생각하면 더욱 그렇지. 자네 남북한이 분단된 지 얼마나 되는지 아는가?
니콜라: 1950년에 전쟁이 나고 3년 만에 휴전을 했으니 60년이 넘었네요.
교　수: 그래, 맞아. 전쟁 때 10대나 20대였던 사람들이 지금은 7,80대 노인이 된 거지. 이산가족이 천만 명이 넘는데 그 중에 80% 정도가 70세 이상의 고령자라지 뭔가. 통일이 늦어지면 늦어질수록 살아생전 가족 한 번 못 만나고 세상을 떠나는 이들이 늘어나는 거야.

- 두 사람은 무엇에 대해서 이야기를 나누고 있는가?

- 통일에 대한 두 사람의 생각은 어떻게 다른가?

문법 더하기

- '하게'체
  말하는 사람이 어느 정도 지위가 있거나 나이가 든 경우, 자신보다 아래거나 친밀한 관계인 상대방을 존중하여 말할 때 쓴다. 이때 상대방을 '자네'나 '여보게' 등으로 부르는 경우가 많다.
  (1) 가: 통일이 과연 될까요?
  　　나: 곧 될 걸세. 뭘 그리 걱정하나?
  (2) 가: 밥은 먹었는가? 안 먹었으면 같이 가세.
  　　나: 난 벌써 먹었네. 자네 어서 다녀오게.

말하기 연습 1

1 남한과 북한의 차이에 대해 이야기해 보자.

> 보기
> 가: 남한과 북한의 가장 큰 차이는 뭐라고 생각해요?
> 나: 여러 가지가 있겠지만 사회 체제가 자본주의와 사회주의로 다르다는 게 아닐까요?

1) 〈보기〉에 표시된 어휘의 의미를 추측해 보자.

2) 다음 어휘들의 의미를 알아보고 아래 지도에 넣어 보자.

| 계획 경제 | 공산주의 | 대통령 | 문화어 | 민주주의 |
| 사회주의 | 시장 경제 | 자본주의 | 주석 | 표준어 |

3) 위의 특징 외에 알고 있는 남한과 북한의 차이에 대해 이야기해 보자.

2 한반도 분단의 과정에 대해 이야기해 보자.

> 보기
> 가: 1946년 남북한이 통일 정부를 수립하려고 했지만 좌절되었다고 들었어요.
>   그 이후에 한반도는 어떻게 되었어요?
> 나: 결국 하나의 나라를 이루지 못하고 남한과 북한에서 각각 정부가 수립되었어요.

1) 〈보기〉에 표시된 표현의 의미를 추측해 보자.

2) 관계있는 것끼리 연결하며 다음 어휘의 의미를 알아보자.

광복	신탁 통치	대한민국 정부 수립	조선 민주주의 인민 공화국 수립
한국전쟁 발발	휴전		남북 분단

❶ 광복   •   • ⓐ 서로 합의하여 일시적으로 전쟁을 멈춤
❷ 분단   •   • ⓑ 빼앗긴 나라를 다시 찾음
❸ 휴전   •   • ⓒ 새로운 정부를 만들어 세움
❹ 신탁 통치   •   • ⓓ 원래 하나였으나 전쟁 등으로 인해 나뉨
❺ 정부 수립   •   • ⓔ 국가를 다스리는 권한을 행사함

3) 아래의 표를 완성하고 한반도 분단의 역사적 배경을 설명해 보자.

	한반도 정세	세계 정세
1945	( ) ( )	제2차 세계대전 종식
1946	( ) 좌절	
1948	8월 ( ) 수립 9월 ( ) 수립	
1950	6월 ( ) 발발	유엔군 한국전 참전
1951		중국군 한국전 참전
1953	휴전 ( )	

3 분단으로 인한 폐해에 대해 이야기해 보자.

> 보기
> 가: 분단의 골이 깊어지면서 생긴 폐해 중에 뭐가 가장 심각하다고 생각해요?
> 나: 저는 이산가족 문제라고 생각해요. 전쟁으로 인해 어쩔 수 없이 헤어지게 된 건데 분단이 지속된다면 서로 얼굴 한번 못 보고 세상을 떠날지도 모르잖아요.

1) 〈보기〉에 표시된 표현의 의미를 추측해 보자.

2) 다음 표현의 의미를 알아보고 아래 표에 넣어 보자.

| 국방비 지출 | 국제 사회로부터의 고립 | 반공 정책 | 세계 평화 위협 |
| 이산가족 발생 | 이질화 | 전쟁 재발 우려 | 지리적 공간의 제약 |

정치적·사회적 측면	경제적 측면	정서적 측면

3) 여러분이 생각하는 남북 분단의 폐해를 〈보기〉를 참고해 이야기해 보자.

4 분단에 대한 견해를 제시하는 방법에 대해 이야기해 보자.

> 보기
> 가: 저는 남북의 교류만 가능하다면 통일은 필요 없다고 생각합니다.
> 나: 그렇게 통일을 원하지 않는 사람들도 있을 수 있겠습니다만 대부분의 한국인들은 통일을 바라고 있습니다.

1) 〈보기〉에 표시된 표현의 용법을 알아보자.
- -다면 -다고 생각하다
- -ㄹ 수 있겠습니다만

2) 다음에 대해 〈보기〉와 같은 흐름으로 이야기해 보자.
❶ 상호 신뢰 회복, 한반도의 평화 정착, 첨예한 군사적 대립
❷ 핵 개발 포기, 통일에 대한 논의, 세계 평화를 위협하는 행동
❸ 북한의 체제 안정, 남북이 대등한 논의, 경제난 심화

대화 & 이야기 2

진 행 자: 남북통일이 시급하다는 데에는 모두 동의를 하시는 것 같은데요. 통일 방식, 어때야 한다고 보십니까?

전문가1: 전쟁을 통해 무력 통일을 하면 인적, 물적 피해가 어마어마할 것입니다. 우리도 평화적 통일을 이룩한 독일을 통일 모델로 삼아야 한다고 생각합니다.

전문가2: 독일 통일이 참고할 만한 가치는 있지만 그것을 모델로 하는 것은 옳지 않다고 생각합니다. 당시 독일 상황과 지금의 한반도 상황은 많이 다르기 때문입니다. 서독과 동독은 경제 수준 차이가 크지 않았고 서신 교류는 물론 TV 시청까지 가능했습니다. 그렇지만 우리는 상징적 차원의 교류나 협력뿐입니다. 따라서 우리만의 모델을 만들어야 할 것으로 생각합니다.

진 행 자: 네, 그렇군요. 그렇다면 통일을 위한 선결 과제로는 무엇이 있을까요?

전문가1: 우선은 북한을 무장 해제시켜야 한다고 봅니다. 앞에서는 인도적 지원을 바라고 평화적 관계를 원하는 듯하다가도 뒤에서는 핵 실험을 일삼는 게 북한입니다. 지난 정부의 무조건 퍼주기 식의 북한 지원책이 오늘의 안보 불안을 낳은 것이다, 이런 의견이 지배적이지 않습니까?

진 행 자: 네. 햇볕 정책으로 대표되는 대북 포용 정책 때문에 안보 불안이 왔다, 이런 의견에 대해서는 어떻게 생각하십니까?

전문가2: 대북 압박은 군사적, 외교적 측면에서 이루어져야지 인도적 지원을 끊는 것만이 능사가 아닙니다. 비핵화 못지않게 중요한 게 대화와 협력입니다. 무엇보다 한반도의 평화 정착을 위해서는 북한을 적시해서는 안 될 것으로 봅니다. 최근 있었던 여론 조사에서도 상당수 국민들이 북한을 협력 대상으로 생각하는 것으로 나타났습니다. 북한의 정체성을 묻는 질문에 응답자의 58.5%가 '협력 대상'이라고 답해 21.7%가 답한 '적대 대상'이라는 응답의 두 배가 넘었습니다.

- 두 전문가의 의견은 어떻게 다른가?

- 여론 조사의 내용은 무엇이고 그 결과는 어떤가?

발음

점(.)

58.5%
[오십팔쩜오]

'58.5'를 읽을 때 [오십팔쩜오]로 읽는다. 이처럼 '점'이 수를 나타낼 때 쓰이거나 홈페이지, 이메일 주소 등을 나타낼 때 쓰이면 [점]이 아니라 [쩜]으로 읽힌다.

▶ 연습해 보세요.

(1) 가: 수년 내에 통일이 이루어질 거라고 전망한 사람이 전체의 6.3%에 그쳤습니다.
　　나: 최근에 경색된 남북 관계가 영향을 미친 것 같군요.
(2) 우리 홈페이지 주소는 kola.korea.ac.kr이에요.

말하기 연습 2

 통일을 위한 선결 과제에 대해 이야기해 보자.

> 보기
> 가: 통일을 앞당기려면 어떤 노력이 필요하다고 생각합니까?
> 나: 저는 개인적으로 남북한 간 동질성을 회복하는 게 필요할 거라고 생각합니다. 남북한 공동 사전 편찬 사업 같은 것이 한 예가 될 수 있겠지요.

1) 〈보기〉에 표시된 표현의 의미를 추측해 보자.

2) 다음 표현의 의미를 알아보고 구체적인 예와 연결해 보자.

| 군사적 압박 | 대화와 협력 | 동질성 회복 |
| 상호 신뢰 회복 | 외교적 노력 | 인도적 지원 |

| 공동 사전 편찬 | 비핵화(핵 폐기) | 이산가족 상봉 | 경제 협력 |
| 공동 응원 | 6자 회담 | 정상 회담 | 햇볕 정책 |

 자신의 주장을 뒷받침하기 위해 인용을 해 보자.

> 보기
> 가: 저는 북한 정권에 대해 좀 더 강경한 태도를 보여야 한다고 생각합니다. 무조건 퍼주기 식의 대북 정책이 안보 불안을 낳은 것이다, 이런 의견도 있지 않습니까?
> 나: 그런 의견도 있습니다만 한반도의 평화 정착을 위해서는 북한을 적으로 생각해서는 안 될 것이라고 생각합니다.

1) 〈보기〉에 표시된 표현의 용법을 알아보자.
   - -다/-자, 이런

2) 다음에 대해 〈보기〉와 같은 흐름으로 이야기해 보자.
   ❶ 분단의 지속 → 국가 위상의 약화, 조속한 통일
   ❷ 경제난 심화 → 탈북자 증가, 대북 지원 확대
   ❸ 북한의 핵 개발 → 세계 평화 위협, 북한의 무장 해제

3 통일에 대한 조사 결과를 발표해 보자.

> 가: 통일 시기를 언제로 정하는 것이 좋겠냐는 질문에 '좀 더 신중하게 고려해야 한다'는 답변이 65%로 가장 많았습니다. 그런데 이러한 답변은 30%를 차지한 '빠르면 빠를수록 좋다'는 답변의 두 배가 넘는 것이었습니다.

1) 〈보기〉에 표시된 표현의 용법을 알아보자.
   - -는 질문에 -다는 답변이 -%로 가장 많다
   - -다는 답변이 -다는 답변의 (두) 배가 넘다
   - -가 -를 크게 앞지르다
   - 이러한 의견은 (젊은 층)에서 상대적으로 더 많다
   - (성별)에 상관없이 골고루 호응을 얻다
   - (그 원인으로는) -가 -%, -가 -%, 그리고 -가 -%의 순이다

2) 다음의 여론 조사 결과를 〈보기〉의 흐름으로 발표해 보자.

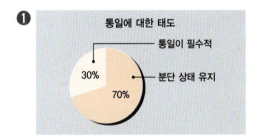

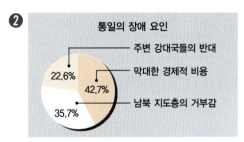

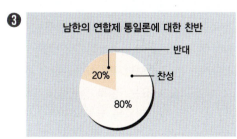

활동

🎧 듣기 1

다음은 북한 사회에 대한 강의 중 일부이다. 잘 듣고 질문에 답해 보자.

● 북한 사람들의 생활은 남한 사람들의 생활과 비교해서 어떻게 다를 것 같은가?

● 다음을 잘 듣고 질문에 답해 보자.
  1) 강사는 북한의 변화를 몇 가지로 소개하고 있는가?
  2) 강사는 북한에 대한 정보를 어떻게 얻었는가?
  3) 강사는 북한에 대한 정보를 접할 때 주의해야 할 점은 무엇이라고 하였는가?

● 여러분이 알고 있는 북한 사회의 변화가 있다면 이야기해 보자.

📖 읽고 말하기

다음은 탈북자들의 고민에 대해 쓴 신문 기사의 일부이다. 잘 읽고 질문에 답해 보자.

● 북한을 탈출하여 남한에 정착한 탈북자들은 어떤 어려움을 겪을지 이야기해 보자.

● 추측한 내용이 맞는지 확인하며 기사를 읽어 보자.

> ㉠ "", 탈북 청년들의 고민
>
> "북한식 어투는 첫 음절부터 높였다가 점차 내리는데, 서울 어투는 첫 음절은 중간 톤으로, 둘째 음절은 약간 높였다가 점차 내리며 끝에서는 애교스럽게 끌어 줍니다." 언어적 이질감 때문에 친구 사귀기도 어렵고 조심스러웠던 한 탈북 청년이 나름대로 궁리 끝에 만들어 낸 서울 말투의 공식이란다.
>
> 탈북자 출신 청년 단체인 비전NK청년연합의 오세형 대표는 25일 남북평화재단이 주최한 '제5회 통일마당'에서 "액센트가 강한 북한식 발음을 서울 표준어로 바꾸는 것이 이렇게 어려우리라고는 생각도 못 했다"며 여러 탈북 청년들이 털어놓은 고민들을 소개했다.
>
> 명함 사진을 찍으려고 했으나 '스튜디오'라는 간판을 보면서도 사진관인지 몰라 3시간이나 거리를 헤맸던 탈북 청년도 있다고 소개한 오 대표는 "탈북 청년들이 지나치게 많은 외래어에서 충격을 받는다"며 "통일된 후 이런 광고판들을 북한 주민들이 접하면 문화적인 충격이 클 것"이라고 걱정했다.
>
> 그는 '새터민 청년들이 체험하는 남북 문화 이질성과 해소 방안'이라는 주제 발표에서 탈북 청년들이 정착 과정에서 겪는 어려움이 가장 큰 분야로 언어 외에 패션, 음식, 여가 생활 등을 꼽았다.

한 탈북 여대생은 "한두 살 아래인 대학생들이 엉덩이만 가린 짧은 청치마, 찢어진 청바지, 가슴이 보일락 말락 한 웃옷을 입고 자유를 뽐내고 다니는데, 여자인 나도 처음에는 쳐다보기 민망할 때가 많았다"고 말했고, 또 다른 탈북 여대생은 "무슨 음식을 좋아하느냐는 질문에 개고기를 좋아한다고 답했더니 남한 친구들이 이상한 눈초리로 빤히 쳐다보더라"고 털어놨다고 오 대표는 전했다.

그는 "탈북한 사람들은 사선을 넘는 극한 상황을 경험했기 때문에 심리가 불안하며 장기간의 탈북 과정에서 육체적, 정신적 건강이 나빠진 것은 물론 적절한 수학기를 거치지 못해 교육 수준의 차이가 날 수밖에 없다"면서 '남북 간 문화 격차의 조속한 해소'를 통일을 위한 중요 과제로 꼽았다.

그는 ▲북한 주민들에게 남한의 문화를 알려 줄 수 있는 교류 확대 ▲북한학이 아닌 통일학 교육 ▲탈북자들을 위한 다양한 공동체 구축 ▲탈북 청년들을 위한 문화 센터 설립 ▲탈북 대학생들의 영어 공부를 도와주는 근로 장학생 제도 마련 ▲취업 성공을 위한 인턴십 프로그램 및 창업 지원 등이 시급하다고 덧붙였다.

- 기사를 읽고 다음 질문에 대답해 보자.
  1) 탈북 청년들이 언어적 측면에서 가장 큰 충격을 받은 것은?
  2) 탈북 청년들이 정착 과정에서 언어 외에 어려움을 겪는 분야로 꼽은 것은 무엇인가?

- ㉠에 적절한 제목을 넣어 보자.

- 탈북 청년들의 고민을 해결할 수 있는 구체적인 방안에 대해 다음 중 한 분야를 선택해 이야기해 보자.
  - 교육   - 취업   - 문화   - 생활

- 각 분야별 해결 방안을 발표하고 서로 질문을 통해 방안을 좀더 구체화해 보자.

문법 더하기

- **-리라고는**

  동사, 형용사, '명사+이다' 뒤에 붙어 화자의 추측과 다른 결과가 있음을 나타낸다. 뒤에는 주로 '생각도 못 하다', '상상도 못 하다'가 온다.

  (1) 가: 어르신, 북에 계신 할머니가 너무 그리우시죠?
  나: 그렇지. 처음 아들을 데리고 남으로 내려올 때만 하더라도 헤어짐이 이렇게 길어지리라고는 생각도 못 했지. 이럴 줄 알았으면 어떻게서든 데리고 오는 건데.
  (2) 가: 홍보과에 새로 들어온 신입 사원 말이에요. 벌써 애가 둘이나 된대요.
  나: 그래? 너무 어려 보여서 결혼을 했으리라고는 상상도 못 했네.

📖 읽기

다음은 통일의 필요성에 대한 글이다. 잘 읽고 질문에 답해 보자.

- 남한과 북한이 통일을 해야 하는 이유에 대해 이야기해 보자.

- 다음 글은 통일의 필요성을 몇 가지 차원에서 제시하고 있는지 확인하면서 읽어 보자.

> 우리에게 통일이 왜 필요한 것인가. 이는 통일과 관련된 가장 근본적이고 원초적인 질문이다. 왜냐하면 통일이 필요하지 않다면 통일 문제를 고민하거나 논의할 필요가 없으며, 정책을 입안해서 추진할 이유도 없기 때문이다. 통일을 실현시키기 위해서는 우리 스스로 이러한 질문에 대해 적극적으로 고민하는 자세가 요구된다. 통일의 필요성에 대한 여러 가지 논의들을 살펴보면 다음과 같다.
>
> 먼저 당위론적 차원의 논리이다. 우리 민족은 천 년 이상 하나의 나라를 지키면서 살아왔기 때문에 민족의 통일은 너무나도 당연하다고 보는 논리이다. 지난 60여 년 동안 우리는 분단으로 인해 민족 구성원들이 서로 불신하고 반목과 갈등을 반복하면서 살아온 것이 사실이다. 당위론은 우리 민족이 통일을 이룩하여 분단으로 인해 굴절된 역사를 바로잡고, 민족의 역량을 극대화하는 새롭고 조화로운 민족 공동체를 건설해야 한다는 측면에서 논리적 타당성이 있다.
>
> 다음은 통일에 따른 편익을 강조하는 논리이다. 남북이 하나로 통합될 경우 한반도 및 동북아 불안 요소 제거, 내수 시장의 확대 및 단일 경제권 형성, 국내적 이념 갈등의 감소 등 다양한 정치, 경제 및 사회적 이익이 창출되는 반면, 남북 간의 갈등과 대결로 인해 지불해야 하는 여러 가지 비용은 줄어들기 때문에 통일이 필요하다고 보는 논리이다. 이 논리는 통일이 가져다 줄 실질적 이익을 강조하고 있어 탈냉전 이후 통일 필요성의 논리로서 상당한 설득력을 갖고 있다.
>
> 그밖에 남북 구성원 모두의 자유와 복지, 인간의 존엄과 가치 존중 측면에서 접근하는 논리가 있다. 이는 남북 이산가족과 북한 이탈 주민의 고통 해소, 북한 주민의 삶의 개선 차원에서 접근하는 논리이다. 여기서 북한 주민의 삶의 개선은 북한 주민도 우리와 마찬가지로 자유와 복지, 인간의 존엄과 가치 존중이라는 혜택을 누릴 수 있게 하기 위해 필요하다는 것이다.
>
> 위에서 살펴본 논리들은 모두 통일의 필요성을 설명하는 논리로서 나름대로 타당성을 제공하고 있다. 따라서 우리는 한반도 통일의 필요성을 당위적, 공리적, 인도적 차원에서뿐 아니라 개인적, 국가적 및 세계적 차원에서 종합적으로 접근하여 국내외적인 설득과 지지 도출을 위해 힘써야 할 것이다.

- 다시 읽으며 통일의 필요성을 이야기해 보자.
  - 당위적 차원의 논리   - 공리적 차원의 논리   - 인도적 차원의 논리

- 남한과 북한이 통일을 하게 되면 구체적으로 어떤 일들이 가능할지 이야기해 보자.
  예) 육로로 유럽까지 기차 여행을 할 수 있다.

🎤 말하고 쓰기

남북통일의 필요성에 대해 자신의 의견을 밝히는 글을 써 보자.

- 여러분은 남북통일에 대해 어떤 의견을 가지고 있는가? 그런 의견을 가지게 된 이유는 무엇인지 이야기해 보자.

- 남북통일이 필요한 이유를 다음의 세 가지 측면에서 이야기해 보자.
  - 인도적 측면
  - 경제적 측면
  - 국제 관계의 측면

- 이야기한 내용을 바탕으로 남북통일의 필요성에 대한 글을 써 보자. 단, 아래 조건을 모두 만족시킬 것.

  > - 위의 세 가지 측면 중 두 가지 측면을 포함할 것.
  > - 각각의 측면에 대해 두 가지 이상의 근거를 제시할 것. 이때, 설문 조사의 결과나 전문가 인터뷰 결과 등을 포함해도 좋음.
  > - 600~800자 분량으로 쓸 것.

- 자신이 쓴 글을 다른 사람과 바꿔 읽고 서로 의견을 이야기해 보자.

🎧 듣기 2

다음은 한 학생이 자신들의 조에서 인터뷰한 결과를 수업 중에 발표하는 내용이다. 잘 듣고 질문에 답해 보자.

- 인터뷰 결과 발표를 들을 때 무엇에 주목해야 하는지 이야기해 보자.

- 다음 발표를 듣고 질문에 답해 보자.
  1) 무엇에 대한 발표인가?

  2) 발표자는 첫 번째 인터뷰 내용을 무엇이라고 정리하고 있는가?

  3) 발표자는 두 번째 인터뷰 내용을 무엇이라고 정리하고 있는가?

  4) 발표자가 합리적이라고 생각하는 통일 방안은 무엇인가?

- 여러분이 생각하는 남북한의 통일 방식에 대해 이야기해 보자.

 **문화** "꼬부랑 국수 좀 주시라요."

● 아래의 빈칸에 알맞은 남한말과 북한말을 써 보자.

남한말	북한말	남한말	북한말
	벌차기	라면	
주스			가무 이야기
	가락지빵	원피스	

● 여러분은 북한의 언어에 대해 얼마나 알고 있는가? 남한의 언어와 비교할 때 어떤 차이점이 있을 것이라고 예상하는가?

● 다음은 남북한 언어의 차이점을 소개한 글이다. 잘 읽고 남북한의 언어에 대해 이해해 보자.

남과 북이 분단되어 반세기 이상의 시간이 지나면서 여러 분야에서 이질화 현상이 심각해졌다. 특히 언어의 차이가 심해져 실제 남북의 사람들이 의사소통에 불편을 느끼는 정도가 되었다.

남북한 언어의 차이는 남북 언어 정책의 차이와 교류 단절에서 비롯되었다. 구체적으로 그 차이를 살펴보면 다음과 같다. 먼저 남한에서는 두음 법칙을 적용하여 '여자', '노동'이라고 쓰는 반면 북한에서는 '녀자', '로동'이라고 쓴다. 인물화, 견인차, 사람 그림, 끌차에서처럼 남한에서는 한자어를 많이 사용하는 데 반해 북한에서는 고유어를 선호한다. 또한 남한에서는 외래어를 쓰는 경우가 많지만 북한에서는 최대한 고유어로 바꿔 쓰려고 한다. 예를 들어 남한에서는 '볼펜', '노크'라는 영어 단어를 그대로 쓰지만, 북한에서는 '원주필', '손기척' 등으로 순화해서 사용하고 있다.

● 위에서 말한 내용 외에 남북한 언어가 가지는 차이점이 더 있는지 찾아보고 그 예를 들어 보자.

정답: 축구, 가, 과일단물, 도시락, 꼬부랑 국수, 춤과 노래, 달린옷

자기 평가

● 남한과 북한의 차이를 표현하는 어휘를 익혔는가? 잘함 ●—●—●—● 못함

● 남북 관계, 남북통일에 대해 듣고 말할 수 있는가? 잘함 ●—●—●—● 못함

● 남북통일의 필요성에 대한 글을 읽고 쓸 수 있는가? 잘함 ●—●—●—● 못함

어휘 늘리기

관용어 1   화해 · 갈등

- 화해 · 갈등과 관련된 관용어로는 무엇이 있는가?

- 다음 관용어의 의미로 맞는 것을 연결해 보자.

  ❶ 같은 배를 타다   •   • ⓐ 두 사람이 한 입장에 놓여 있다

  ❷ 고개를 돌리다   •   • ⓑ 의견이나 주장이 심하게 다르다

  ❸ 골이 깊어지다   •   • ⓒ 둘의 관계가 아주 나빠지거나 멀어지다

  ❹ 극과 극을 달리다   •   • ⓓ 친해지거나 도와주기 위해 나서다

  ❺ 손을 내밀다   •   • ⓔ 어떤 사람이나 상황 따위를 외면하다

- 다음 예문을 보고 관용어의 쓰임을 확인해 보자.
  (1) 가: 통일을 이루기 위해 가장 필요한 것이 뭐라고 생각하세요?
      나: 글쎄요. 제 생각엔 무엇보다도 남한과 북한이 같은 배를 탔다고 생각하는 동지 의식을
          가지는 것이라고 생각해요.
  (2) 가: 한국전쟁에 참전했던 UN군들을 위한 한국 무용 공연이 지난주에 열렸다면서요?
      나: 네. 한국이 전쟁으로 위기에 처했을 때 국제 사회가 고개를 돌리지 않고
          적극적으로 손을 내밀어 주었던 것에 대한 고마운 마음을 표현하기 위한 거였대요.
  (3) 가: 저 두 사람은 아주 친했는데 요즘은 사이가 나빠졌나 봐요.
      나: 맞아요. 두 사람이 사업 문제로 크게 다투다가 감정의 골이 깊어졌다네요.
  (4) 가: 두 사람의 관계는 좀 나아졌어요?
      나: 서로의 의견이 극과 극을 달리고 있어 관계가 좋아지기는 글렀어요.

제4과 교육 문제

학습 목표
여러 교육 문제에 대해 문제를 제기하고 자신의 의견을 주장할 수 있다.

주제	교육 문제
기능	교육과 관련된 문제 제기하기, 반박하기
활동	우열반 운영에 대한 토론을 듣고 이어서 토론하기 교육 문제를 다룬 한국 영화 소개 글 읽기 성공적인 학교 교육에 대한 인터뷰 기사 읽기 영어 조기 교육에 대한 논평 듣기 자기 나라의 교육 문제에 대해 발표하고 논설문 쓰기
어휘 1	교육 문제, 교육의 목표와 결과, 바람직한 교육의 방향, 교육에 대한 격언이나 속담
어휘 2	관용어 2 '귀'
문법	-니 -니, -건마는
발음	겹받침 'ㄶ', 'ㅀ'
문화	한국인의 교육열

제4과 교육 문제

도입

1. 위의 사진이 무엇을 표현하는 것인지 이야기해 보자.

2. 여러분이 알고 있는 한국의 교육 문제로는 무엇이 있는가? 그 문제에 대해서 어떻게 생각하는가?

대화 & 이야기 1

민수: 야, 사람이 오는 것도 모르고 뭘 그렇게 열심히 보고 있어?

수현: 어, 민수야, 왔어? 이것 좀 봐. 한 대학교에서 신입생들을 대상으로 기초 실력을 측정했는데, 예전에 비해 논리적 사고력하고 창의성이 형편없이 낮게 나왔대.

민수: 그래? 지금 대학생들은 어릴 때부터 학원이니 과외니 여기저기 다니면서 누구보다도 열심히 공부했다고 알고 있는데.

수현: 열심히 하기야 했지. 그렇지만 입시에 필요한 공부만 했지, 진정으로 사고력을 기르고 창의성을 기르는 공부는 못했잖아.

민수: 하긴 그래. 부모도, 교사도, 학생도 모두 좋은 학교에 들어가는 것만 중요하다고 생각하지, 정작 필요한 교육은 안 시키니까. 다들 입시, 입시 하면서 말이야.

수현: 맞아. 정말 입시 위주의 교육이 문제야. 게다가 더 큰 문제는 학생들이 이런 입시 위주의 교육 속에서 자신의 미래를 제대로 설계하지 못한다는 거야. 당장 좋은 학교에 입학하는 것만 바랄 뿐 장차 뭐가 되고 싶은지에 대해서는 생각할 여유가 없는 거지.

민수: 자기가 하고 싶은 일에 대해서 생각할 여유가 없다? 듣고 보니 그건 정말 심각하다. 사람마다 하고 싶은 일이 다 다른데 모두들 같은 데를 향해서 달리고만 있는 거잖아.

수현: 그렇지. 학생들의 다양성을 존중하고 적성과 소질을 살릴 수 있는 그런 교육이 이루어져야 하는데 말이야.

- 두 사람은 어떤 문제에 대해 의견을 말하고 있는가?

- 두 사람은 어떤 교육이 필요하다고 생각하고 있는가?

문법 더하기

- -니 -니

    동사, 형용사, '명사+이다'에 붙어 이런저런 말들이 있음을 나타낸다.
    (1) 가: 큰아버지, 영민이 방학인데 저렇게 놀게만 두지 말고 학원이라도 좀 보내요.
        나: 국어니 수학이니 공부도 중요하지만, 방학은 방학답게 보내야지.
    (2) 가: 연세가 꽤 많으신데도 이렇게 건강을 유지하고 계신 비결이 무엇입니까?
        나: 뭐니 뭐니 해도 매사에 긍정적인 마음을 가지는 것이 비결이라면 비결이랄까요?

말하기 연습 1

1 교육 문제에 대해 이야기해 보자.

> 보기
> 가: 다들 좋은 학교에 들어가는 것만 중요하게 생각해서 입시에 필요한 공부만 시키는 것 같아.
> 나: 맞아. 입시 위주의 교육이 정말 문제지. 그러니까 요즘 아이들이 사고력이나 창의성이 떨어지는 거야.

1) 〈보기〉에 표시된 표현의 의미를 추측해 보자.

2) 다음 표현의 의미를 알아보고 설명에 해당하는 표현을 써 보자.

과열 경쟁	교권 추락	교육 불평등
열악한 교육 환경	입시 위주의 교육	주입식 교육
지나친 사교육	학력 저하	획일화된 교육

❶ 학생 모두에게 같은 방식으로 가르친다. (　　　　)
❷ 학교 공부가 아닌 과외, 학원에 의존한다. (　　　　)
❸ 좋은 성적을 얻기 위한 학생 간의 경쟁이 지나치다. (　　　　)
❹ 학생 또는 학부모가 교사의 권위를 인정하지 않는다. (　　　　)
❺ 전반적으로 학습에 필요한 기초적인 능력이 낮아졌다. (　　　　)
❻ 좋은 학교에 진학하는 데에 필요한 과목만 공부시킨다. (　　　　)
❼ 제대로 공부를 할 수 있는 시설과 여건이 갖추어져 있지 않다. (　　　　)
❽ 부모의 경제력이나 살고 있는 지역에 따라 교육을 받을 수 있는 기회가 다르다.
　　(　　　　)
❾ 학생에게 스스로 생각할 기회를 주지 않고 무조건 외우게 하는 방식으로 가르친다.
　　(　　　　)

3) 아래에 제시된 교육 문제에 대해 〈보기〉를 참고해 이야기해 보자.
　❶ 학력 저하　　　　　　❷ 지나친 사교육
　❸ 획일화된 교육　　　　❹ 열악한 교육 환경

4) 여러분 나라의 교육 문제는 무엇이 있는지 이야기해 보자.

2 교육의 목표와 결과에 대해 이야기해 보자.

>
> 가: 입시 위주의 교육은 학생에게 내용을 생각해 볼 수 있는 기회를 충분히 주지 않는다는 문제가 있어요.
> 나: 맞아요. 어차피 시험만 잘 보면 되니까 사고력을 기르는 교육은 시키지 못하는 거예요.

1) 〈보기〉에 표시된 표현의 의미를 추측해 보자.

2) 다음 표현의 의미를 알아보고 아래의 표에 넣어 보자.

감수성을 높이다	독립심을 키우다	사고력을 기르다
사회성을 기르다	상상력을 키우다	올바른 인성을 기르다
자율성을 기르다	잠재된 능력을 계발하다	창의성을 키우다

자유롭게 상상하여 그림을 그리게 한다	
아이가 스스로 계획을 세우고 실천하게 한다	
친구들과 함께해야 하는 숙제를 내 준다	
칭찬과 격려를 통해 틀린 수학 문제를 다시 한 번 풀게 한다	

3) 다음의 교육 방식은 어떤 문제를 가지고 있을지 〈보기〉를 참고해 이야기해 보자.

❶ 하루 일과를 정해서 아이에게 이를 지키기를 강요하는 것

❷ 아이의 성적을 위해서 동아리 활동을 하지 못하도록 하는 것

❸ 학원이나 과외를 너무 많이 다니게 하는 것

4) 여러분은 위에서 다룬 교육의 목표 중에서 가장 중요한 것이 무엇이라고 생각하는가?

3 다음과 같이 교육과 관련된 문제에 대해 문제를 제기해 보자.

> 가: 입시 위주의 교육은 정말 문제야. 모두 좋은 학교에 들어가는 것만 중요하다고 생각하지, 정작 필요한 교육은 시키지 않잖아.
> 나: 맞아. 다들 입시, 입시 하면서, 진정으로 사고력을 기르고 창의성을 키우는 공부는 하지 못하는 것 같아.

1) 〈보기〉에 표시된 표현의 용법을 알아보자.
   - -만 -지, -는 -지 않다

2) 다음의 교육 문제는 어떤 문제가 있다고 생각하는가? 〈보기〉와 같은 흐름으로 이야기해 보자.
   ❶ 주입식 교육 : 무조건 외우게 하다, 생각할 기회를 주다
   ❷ 교권 추락 : 교사를 지식의 전달자로 여기다, 존경하는 마음을 갖다
   ❸ 과열 경쟁 : 이기는 것을 중요하게 생각하다, 협동의 중요성을 배우다

3) 여러분 나라의 교육 문제에 대해 이야기해 보자.

4 바람직한 교육의 방향에 대해 이야기해 보자.

> 보기
> 가: 학생마다 잘할 수 있거나 하고 싶은 게 다를 텐데, 정작 그것이 무엇인지조차 고민할 여유가 없다는 것은 정말 문제야.
> 나: 맞아. 학생들의 다양성을 존중하고 적성과 소질을 살릴 수 있는 그런 교육이 무엇보다도 필요한 것 같아.

1) 〈보기〉에 표시된 표현의 의미를 추측해 보자.

2) 다음 표현의 의미를 알아보고 사람들이 어떤 교육을 주장하고 있는지 이야기해 보자.

| 눈높이를 맞추다 | 능동적 참여를 유도하다 | 다양성을 존중하다 | 동기를 유발하다 |
| 수준을 고려하다 | 적성과 소질을 살리다 | 호기심을 자극하다 | 흥미를 고려하다 |

❶  아이들은 누구나 다 잘하는 것이 있습니다. 어떤 아이는 수학을 잘하고, 어떤 아이는 미술을 잘하지요. 그러므로 아이가 잘하는 것을 파악해 이를 살리도록 하는 것이 중요합니다.

❷  무엇이든 재미있어야 잘 배울 수 있습니다. 같은 내용도 딱딱하고 지루하게 가르치는 것보다는 재미있는 방식으로 가르치는 것이 더 효과적입니다.
어려운 수학도 게임이나 퍼즐을 활용하면 아이들이 적극적으로 참여하고 학습 효과도 커집니다.

❸  학생 중에는 잘하는 학생도 있지만 그렇지 않은 학생도 있습니다. 잘하는 학생에게는 어려운 내용을 가르쳐 빨리 배울 수 있도록 하고, 잘하지 못하는 학생은 쉬운 내용을 가르쳐 기초를 쌓을 수 있도록 해야 합니다.

3) 여러분이 생각하는 가장 바람직한 교육은 어떤 것인가?

대화 & 이야기 2

사회자: 자, 그럼 토론을 시작하겠습니다. 우리 조에서는 지난 시간에 교수님께서 주신 주제 중에서도 많은 논란이 되고 있는 조기 유학에 대해서 토론을 하기로 했었죠? 다들 열심히 준비해 오셨을 거라고 생각합니다. 그럼, 진희 씨부터 먼저 이야기해 주시지요.

진 희: 저는 조기 유학을 잘 활용한다면 국제화 시대에 맞는 훌륭한 인재를 많이 키울 수 있다고 생각합니다. 일찍부터 외국에서 다양한 경험을 하고 국제적인 감각을 쌓을 수 있다는 점은 조기 유학을 통해 얻을 수 있는 큰 소득입니다. 배움에도 때가 있다는 말이 있듯이 많은 것을 배울 수 있는 시기에 풍부한 경험을 쌓고 국제적인 감각을 키우는 것이 좋지 않을까요?

이르완: 물론 어릴 때에 많은 경험을 하는 것은 중요합니다. 그렇지만 외국으로 유학을 간다고 해서 무조건 좋은 경험을 할 수 있는 건 아닙니다. 준비가 되지 않은 상태에서는 좋은 경험이 아니라 충격이 될 수도 있다는 것이죠. 실제로 어린 나이에 심한 문화 충격을 받는다거나 보호자가 없는 상황에서 일탈 행동을 한다거나 하는 등의 여러 부작용이 일어날 수 있습니다. 이런 문제 때문에 교육 전문가들도 주의를 당부하고 있는데 그 의견에 귀를 기울여야 한다고 봅니다.

진 희: 이르완 씨의 말도 좋은 지적이라고 생각합니다. 그렇지만 그런 부작용은 일부의 문제일 뿐이라고 생각합니다. 물론 부작용을 조심해야 하겠지만 조기 유학 자체를 나쁘게 볼 수는 없다고 봅니다.

이르완: 제 말을 조금 잘못 이해하신 것 같은데요. 저는 조기 유학 자체가 나쁘다고 한 게 아닙니다. 다만 조기 유학을 통해 얻는 것보다는 잃는 것이 더 많다는 걸 강조하고 싶었을 뿐입니다.

- 무엇에 대해 토론하고 있는가?

- 진희와 이르완은 각각 어떤 의견을 갖고 있는가? 그 근거는 무엇인가?

발 음

겹받침 'ㄶ', 'ㅀ'

아무것도 잃고 싶지 않다.
　　　　　[일코]　　[안타]

겹받침 'ㄶ'과 'ㅀ'은 뒤에 모음이나 'ㄴ'으로 시작하는 어미가 오면 '많아요[마나요]', '않는다[안는다]'처럼 'ㅎ'이 탈락된다. 그러나 '-고, -지, -다'처럼 평음으로 시작하는 어미가 오면, 'ㅎ'과 뒤의 자음이 합쳐져 '-코, -치, -타'와 같이 격음으로 발음된다.

▶ 연습해 보세요.
(1) 성적 따위에 연연하지 않고 자신의 목표를 향해 나아가는 자세가 필요하다.
(2) 가: 그렇게 혼자서 앓지 말고 사랑한다고 고백해 봐.
　　나: 싫다고 하면 어떡해?

말하기 연습 2

1 교육에 대한 격언이나 속담에 대해 이야기해 보자.

> 보기
> 가: 저는 조기 유학을 보내는 것이 좋다고 생각합니다.
> 나: 맞습니다. 배움에도 때가 있다고 하지 않습니까? 많은 것을 배워야 할 나이니까 외국에서 다양한 경험을 하는 것도 좋다고 생각합니다.

1) 〈보기〉에 표시된 표현의 의미를 추측해 보자.

2) 다음 격언이나 속담의 의미를 알아보고 아래의 주장과 관련되는 말을 이야기해 보자.

> 교육은 나라의 미래이다
> 물고기를 잡아 주기보다 잡는 법을 가르쳐 주어야 한다
> 배움에도 때가 있다
> 백 번 듣는 것보다 한 번 보는 것이 낫다
> 행복은 성적순이 아니다
>
> 교육은 백년지대계이다
> 배움에는 끝이 없다
> 배워서 남 주랴
> 아는 것이 힘이다

❶ 적당한 시기에 공부를 해야 큰 효과를 볼 수 있다.
❷ 많은 지식과 정보를 가진 사람이 능력 있는 사람이다.
❸ 공부를 잘했던 사람이 모두 다 행복하게 사는 것은 아니다.
❹ 아이가 독립적으로 스스로 문제를 해결할 수 있도록 교육해야 한다.
❺ 한 국가나 사회가 앞으로 발전하려면 교육을 중요하게 생각해야 한다.
❻ 말로 설명해 주는 것보다는 직접 사진이나 실물을 보여주는 것이 더 효과적이다.

3) 〈보기〉를 참고해 다음을 주장해 보자.
❶ 체험 학습이 중요하다
❷ 교육비 예산을 대폭 늘려야 한다
❸ 아이의 행동에 일일이 간섭해서는 안 된다
❹ 시험 성적이 조금 떨어졌다고 실망할 필요가 없다

4) 여러분 나라에도 교육에 관한 격언이나 속담이 있는가?

제4과 교육 문제 **79**

교육 문제로 인해 나타날 수 있는 부작용에 대해 이야기해 보자.

> 보기
> 가: 조기 유학을 시키면 어떤 문제가 생길 수 있을까요?
> 나: 외국 문화에 적응하지 못해서 문화 충격을 받는다거나 보호자가 없는 상황에서 일탈 행동을 한다거나 하는 등 여러 부작용이 일어날 수 있습니다.

1) 〈보기〉에 표시된 표현의 용법을 알아보자.
   - -다거나 -다거나 하는 등 -ㄹ 수 있다

2) 다음의 교육 문제로 인해 나타날 수 있는 부작용에 대해 〈보기〉와 같은 흐름으로 이야기해 보자.
   1. 주입식 교육: 사고력을 기르지 못하다, 창의성이 떨어지다
   2. 지나친 사교육: 학교 공부에 흥미가 떨어지다, 자율성을 기르지 못하다
   3. 우열반 운영: 학생들 간에 위화감을 조성하다, 과열 경쟁을 유도하다
   4. 조기 외국어 교육: 모국어를 충분히 배우지 못하다, 외국어에 대한 흥미가 떨어지다

3) 다음의 교육 문제로 인해 나타날 수 있는 부작용에 대해 이야기해 보자.
   1. 체벌   2. 과열 경쟁   3. 획일화된 교육   4. 입시 위주의 교육

 교육 문제에 대한 상대방의 의견에 반박해 보자.

> 보기
> 가: 저는 조기 유학을 통해 외국에서 많은 경험을 하고 많은 것을 배우는 것이 중요하다고 봅니다.
> 나: 물론 많은 경험을 하게 하는 것은 중요합니다. 그렇지만 외국으로 유학을 간다고 해서 무조건 좋은 경험을 할 수 있는 것은 아닙니다. 준비가 되지 않은 상태에서는 오히려 좋은 경험이 아니라 충격이 될 수도 있는 것이죠.

1) 〈보기〉에 표시된 표현의 용법을 알아보자.
   - -다고 해서 -ㄴ 것은 아니다
   - (오히려) -ㄴ 것이지요

2) 다음과 같이 생각하는 상대에게 〈보기〉와 같은 흐름으로 반박해 보자.
   1. 어릴수록 외국어를 빨리 배운다.
   2. 사교육을 많이 받으면 학생의 성적이 좋아진다.
   3. 수준에 따라 학생들을 나눠 교육시키면 효과적이다.

활동

🎧 듣고 말하기

우열반 운영에 관한 토론을 듣고, 우열반 운영에 대해 토론해 보자.

- 여러분은 학생의 수준에 따라 우열반을 나누는 교육 방식에 대해 어떻게 생각하는가?

- 우열반 운영에 관한 토론을 듣고 질문에 답해 보자.
    1) 우열반 운영에 대한 토론 참여자들의 의견과 근거를 아래의 표에 정리해 보자.

	의견	근거
김 선생님	찬 　 반	
송 선생님	찬 　 반	

    2) 다시 들으면서, 여러분이 송 선생이라면 김 선생의 마지막 의견에 어떻게 반박할 수 있을지 이야기해 보자.

- 여러분은 우열반 운영의 장점과 단점이 무엇이라고 생각하는가?

- 여러분은 우열반 운영에 대해 찬성하는가, 반대하는가? 위에서 생각해 본 장점과 단점을 바탕으로 우열반 운영에 대한 입장과 근거를 정해 보자.

의견	근거
찬 　 반	

- 나와 반대되는 의견을 가진 사람은 어떤 근거를 가지고 있을지 생각해 보자. 그리고 그 사람의 생각에 어떻게 반박할지에 대해서도 생각해 보자.

- 위의 내용을 가지고 조를 나눠 우열반 운영에 대해 토론해 보자.

- 한국어 교실을 우열반으로 나눈다면 그에 대해 찬성하는지, 반대하는지 좀 더 이야기를 나누어 보자.

읽기 1

교육 문제를 소재로 한 영화를 소개하는 글을 읽고 질문에 답해 보자.

- 교육 문제를 소재로 한 영화에서 주로 다룰 만한 것은 무엇이 있을지 이야기해 보자.

- 다음 영화들이 다루고 있는 교육 문제는 무엇인지 확인하면서 글을 읽어 보자.

한국은 교육열이 높은 나라로 유명하다. 높은 교육열은 한국이 어려운 상황 속에서도 고도의 성장을 이룩하는 데에 밑거름이 되었다. 그러나 높은 교육열만큼이나 교육과 관련한 문제들도 적지 않다. 이러한 상황은 영화에도 반영되어 교육 문제를 다룬 영화들이 하나의 독립된 장르를 형성하기에 이르렀다.

행복은 성적순이 아니잖아요 (1989년 작)
주인공 은주는 전교 1등을 놓치지 않는 모범생이다. 그러나 성적에 대한 부모님의 집착으로 1등을 놓치면 안 된다는 강박 관념에 시달리는 마음 여린 여고생이다. 한편 같은 반 남학생 봉구는 순수한 마음으로 그녀를 짝사랑하고 은주 역시 그러한 봉구에게 끌린다. 은주는 잠시나마 현실을 잊고 풋풋하고 순수한 사랑을 한다.
그러나 은주의 성적이 전교 7등으로 떨어지자 부모님은 은주에게 실망감을 드러내고 은주는 스트레스를 견디지 못하고 자살을 하고 만다. 경쟁에 짓눌려 꿈을 잃어 가는 십대의 모습을 자살이라는 무거운 소재를 통해 그려낸 이 영화는 교육 문제를 본격적으로 다룬 최초의 영화로 기록되고 있다.

㉠ _____ (1998년 작)
학교에서 따돌림을 당하던 진주는 친구들의 장난으로 미술실에 갇혀 죽음을 맞는다. 그러나 진주의 억울한 영혼은 학교를 떠나지 못하고 떠돈다. 그 후 이 학교에서는 원인을 알 수 없는 의문의 죽음이 줄을 이어 발생한다.
학교 폭력과 왕따 문제를 다룬 이 영화는 당시 입시 위주의 교육 속에서 과열 경쟁에 시달리며 바로 옆에 있던 친구에 대해서도 따뜻한 관심을 기울이지 못하던 비인간적인 학교 분위기를 잘 그려 냈다는 평가를 받았다. 이후 네 편의 후속 작품이 이어지면서 학교를 중심으로 하는 교육 문제를 계속해서 다루고 있다.

울학교 이티 (2008년 작)
천성근은 한국 최고의 진학률을 자랑하는 서울의 한 사립 고등학교의 체육 교사이다. 낙천적인 성격으로 누구보다도 즐겁게 교사로서의 생활을 즐기며 일한다. 그러던 어느 날 천성근에게 시련이 찾아왔다. 치열해지는 입시 전쟁에 대비한다는 명목으로 학교에 체육 과목을 축소하고 대신 영어 과목을 늘리기로 한 것. 교사를 천직이라 생각하며 일해 왔건만 하루아침에 학교에서 잘릴 위기에 놓인 것이다.

그러나 천성근은 10년 전, 짝사랑했던 여자에게 잘 보이기 위해 따 두었던 영어 교사 자격증을 생각해 내고, 학교를 떠날 수 없다는 일념으로 영어 교사가 되기 위해 밤낮없이 공부한다. 이 영화는 이 과정에서 일어나는 사건들을 코믹하게 그려 내고 있지만 그 속에는 입시 위주의 교육 현실에 대한 날카로운 비판이 담겨 있다.

1) 위의 글을 읽고 각 영화의 줄거리와 다루고 있는 교육 문제에 대해 이야기해 보자.
   - 첫 번째 영화
   - 두 번째 영화
   - 세 번째 영화

2) 위의 세 영화에서 다루고 있는 교육 문제의 차이점과 공통점은 무엇인지 이야기해 보자.

3) 위의 ㉠에 들어갈 영화의 제목을 붙인다면 어떤 제목을 정하겠는가? 내용을 다시 읽고 제목을 정해 보자.

- 여러분 나라에도 교육 문제를 다루고 있는 영화가 있는가? 그 영화를 소개해 보자.

- -건마는

동사, 형용사, '명사+이다' 뒤에 붙어 앞의 상태나 상황으로 어떠한 상태나 상황이 기대되는데도 그렇지 못함을 나타낸다. 보통 '-건만'으로 축약되어 사용하는 경우가 많다.

(1) 가: 작은 학교라도 최선을 다해 운영해 왔건만 결국은 학교 문을 닫게 되었습니다.
    나: 학교는 폐교되지만, 교장 선생님의 열정을 잊지 못할 거예요.
(2) 가: 정성을 다해 간호를 했건만 왜 병세가 나아지지 않는 걸까요?
    나: 아직 실망하기에는 일러요. 차차 차도가 있을 거예요.

📖 읽기 2

다음의 인터뷰 기사를 읽고 질문에 답해 보자.

● 여러분은 '참교육'이라는 말을 들어 본 적이 있는가? 다음 단어들을 보면서 참교육의 의미가 무엇인지 생각해 보자.

> 참교육   참말   참뜻   참모습   참되다

● 여러분이 생각하는 참교육은 어떤 모습인지 이야기해 보자.

● 위에서 이야기한 참교육을 생각하면서 아래의 인터뷰 기사를 읽어 보자.

학생·교사·학부모의 참교육 공동체, 참빛 초등학교

경기도 남한산 품에 포근히 안겨 있는 참빛 초등학교를 찾았다. 밝은 얼굴로 기자를 맞이하는 정안길 선생님의 얼굴에는 인자함이 가득하다. 성공적인 학교의 모델로 손꼽히는 참빛 초등학교. 그들이 추구하는 교육은 무엇인지 알아본다.

기　자: 어떻게 이런 교육을 시작하게 되었는지?

정 교사: 2000년이었죠. 당시 이 학교는 학생 수가 적어서 폐교가 예정되어 있었습니다. 이에 안타까움을 느낀 학부모들과 교사들이 모여서 어떻게 하면 학생들이 찾아오는 학교를 만들 수 있을까를 고민하게 되었습니다. 그러면서 새로운 학교를 만들어 보기로 마음을 모은 거죠.

기　자: 참빛 초등학교는 다른 학교와는 차별화된 교육을 실시하고 있다고 알려져 있는데, 다른 점은?

정 교사: 우리 학교의 하루 일과를 보면 다른 학교와의 차이점을 잘 알 수 있지요. 학생들의 첫 일과는 숲 산책입니다. 산책을 마치고 돌아온 아이들은 교사와 함께 차를 마시면서 스스로 하루 일과를 준비합니다. 그렇지만 무엇보다도 큰 차이는 바로 수업 시간이죠. 우리 학교의 수업 시간은 80분입니다. 휴식 시간은 30분이고요. 일반적인 학교는 40분 동안 수업하고 10분을 쉽니다. 40분 수업에서는 선생님이 개념을 전달하기에도 바쁘니까 학생들의 이해 여부를 확인하는 것은 물론 배운 것을 바탕으로 토론이나 활동을 하는 것이 불가능합니다. 또 쉬는 시간에도 10분이라는 짧은 시간이 주어지기 때문에 다들 화장실 갔다 오기 바쁘고, 그러다 보니 충분히 휴식하고 놀 수 있는 시간이 되지 못하는 것이죠. 그렇지만 우리 학교는 수업 시간과 휴식 시간이 기니까 학생들이 어떻게 공부할지, 또 어떻게 놀지를 스스로 설계하고 실천하는 모습을 볼 수 있습니다.

기　자: 학교를 이런 방식으로 운영하기까지 어려운 점도 많았을 텐데.

정 교사: 네, 처음에는 어려움이 많았죠. 학부모들이 생소한 수업 방식에 거부감을 보이기도 했습니다. 그렇지만 실제 수업에 참관해 아이들의 변화하는 모습을 보면서 학부모들도 달라지기 시작했습니다. 이제는 학부모들이 적극적으로 학교 교육을 지원해 주고 있습니다. 우리 학교의 학부모 참여는 전국 최고 수준이죠.

기   자: 실제로 학생과 학부모는 얼마나 만족하는지?

정 교사: 무엇보다도 학생들이 학교 가는 것을 즐거워하니까 부모님들도 매우 만족해하고 있습니다. 아이들의 표정이 밝아졌다면서 저에게 고맙다고 하는 부모님들의 이야기를 들으면 보람을 느낍니다. 그리고 학생들의 학업 능력이 향상되었다는 것도 덤으로 얻은 수확이지요. 교육의 본질을 고민해 온 우리 학교의 학부모들은 더 이상 아이의 성적에 집착하지 않습니다. 그렇지만 ㉠역설적으로 바로 그 때문에 아이들이 자율적으로 공부하면서 학업에 흥미를 가질 수 있게 된 것입니다.

　　인터뷰를 마치고 나오면서, 산속에 아름답게 자리 잡은 학교의 모습을 돌아보았다. ㉡우리가 바라는 참교육은 무엇일까? 학생, 교사 그리고 부모가 학교의 주인인 저곳에 바로 그 답이 있지 않을까 하는 생각을 해 보았다.

● 다시 읽고 질문에 답해 보자.

1) 이 기사에서 이야기하는 참교육은 어떤 교육인가? 여러분이 생각하는 참교육과 어떻게 다른지 이야기해 보자.

2) 참빛 초등학교의 독특한 교육 방식이 무엇인지 일반 초등학교와 비교해서 이야기해 보자.

3) ㉠의 '역설적으로'의 의미는 무엇인가?

4) 밑줄 친 ㉡의 내용을 한 문장으로 다시 써 보자.

　　우리가 바라는 참교육은 _____.

● 여러분은 참빛 초등학교의 교육 방식에 대해 어떻게 생각하는가?

🎧 듣기

다음은 영어 조기 교육에 대한 논평이다. 잘 듣고 질문에 답해 보자.

- 여러분은 외국어 조기 교육에 대해 어떻게 생각하는가?

- 뉴스 논평을 잘 듣고 다음 질문에 답해 보자.

   1) 지금 논평에서 다루고 있는 정부의 정책은 무엇인가?

   2) 논설위원은 이 문제에 대해 어떤 입장을 가지고 있는가?

   3) 아래에서 남자의 주장을 뒷받침하는 근거를 모두 골라 보자.

   ❶ 7~8세 아이들은 언어를 빨리 배울 수 있다.
   ❷ 아이들은 모국어를 잘 배우지 못할 수 있다.
   ❸ 영어 사교육을 받는 사람들이 늘어날 것이다.
   ❹ 국제화 사회이므로 외국어 능력이 중요해지고 있다.

- 다시 들으면서 뉴스 논평이 어떤 구조로 이루어져 있는지 정리해 보자.

- 여러분들은 외국어 교육을 시작하기에 적절한 시기는 언제라고 생각하는가? 구체적인 근거를 들며 자신의 의견을 이야기해 보자.

🎙 말하고 쓰기

여러분 나라에서 논란이 되고 있는 교육 문제는 무엇인가? 그 문제에 대해 발표하고, 자신의 의견을 주장하는 논설문을 써 보자.

- 여러분 나라에서 논란이 되고 있는 교육 문제에 대해 조사해 보자.

   – 교육 문제:

   – 그 문제로 인해 나타나는 부작용:

   – 그 문제에 대한 의견

   　긍정적 의견:

   　부정적 의견:

- 위의 내용을 바탕으로 여러분 나라의 교육 문제에 대해 발표해 보자.

- 친구의 발표를 들으면서 궁금한 점을 메모하고 질문해 보자.

- 위에서 발표한 주제에 대해 여러분의 의견을 생각해 보자.

  1) 여러분은 이 논제에 대해 찬성하는가, 아니면 반대하는가? 그 근거는 무엇인가?

  2) 여러분과 반대 입장에서 생각하는 사람들은 어떤 근거를 가지고 있을지 생각해 보고, 이에 대해 어떻게 반박할지 생각해 보자.

- 아래의 〈보기〉를 참고해 여러분 나라의 교육 문제에 대한 논설문을 써 보자.

  > 보기
  >
  > 과도한 사교육의 부작용을 막기 위해서 정부에서는 밤 10시 이후의 학원 영업을 금지하는 방안을 추진하고 있다. 이러한 정부의 정책에 대해 찬반 논란이 뜨겁다.
  > 이 정책에 찬성하는 사람들은 심야 영업 금지 정책이 사교육을 줄이는 데에 효과가 있을 것이라고 주장한다. 그러나 학원 심야 영업을 금지한다고 해서 사교육이 줄어들지는 않을 것이다. 오히려 이러한 정책으로 인해 학원의 불법 행위가 더 심해질 수 있다. 실제로 벌써부터 학원가에서는 밤에도 몰래 수업을 할 수 있는 장소를 구하려는 움직임이 있다는 이야기가 심심치 않게 들려오고 있다. 또한 이렇듯 비밀스럽게 진행되는 수업을 어떤 방법으로 단속할 것인지에 대한 것도 또 다른 논란거리이다. 학원이 아닌 학생의 집이나 선생님의 집에서 밤늦게 이루어지는 수업까지 찾아내는 것은 불가능하기 때문이다. 그리고 이로 인해 오히려 사교육비가 더 비싸져 학부모들의 부담이 더 커지는 결과를 초래할 수도 있을 것이다.
  > 과도한 사교육 문제의 근본적인 원인은 부실한 공교육과 지나친 입시 경쟁이다. 이를 해결하지 않고 학원만을 단속하는 것은 심각한 부작용으로 이어질 수 있다.

- 친구가 쓴 글을 읽어 보고 주장과 근거가 잘 드러나 있는지 이야기해 보자.

문화 한국인의 교육열

- 한국 사람들이 교육에 대해 쏟는 관심은 어느 정도인지 알고 있는가? 여러분이 듣거나 본 상황이 있다면 예를 들어 이야기해 보자.

- 아래 사진으로 알 수 있는 한국의 교육적 상황은 무엇인지 이야기해 보자.

- 다음을 읽고 한국 사람들의 교육열에 대해 이해해 보자.

　한국은 교육열이 높은 나라로 유명하다. 한국의 부모들은 자녀의 교육을 위해서라면 어떤 희생도 아끼지 않겠다는 마음을 가지고 있다. 이러한 교육열은 한국 전쟁의 여파로 모두가 찢어지게 가난했던 시절, 사랑하는 자녀들만이라도 지긋지긋한 가난에서 벗어날 수 있게 해야 한다는 열망에서 비롯되었다. 자녀들이 자신들처럼 가난하게 살지 않게 하려면, 수준 높은 교육을 받고 성공하는 방법밖에 없다고 생각했던 것이다. 이러한 교육열 때문에 자녀의 뒷바라지를 위해서 전 재산이나 다름없던 소를 팔아 대학 등록금을 마련했다는 눈물겨운 이야기는 어디에서나 들을 수 있었다. 한국의 이러한 뜨거운 교육열은 현재까지도 이어져 '기러기 아빠', '족집게 강사'와 같은 현상으로 나타나고 있다.

　높은 교육열로 인해 한국은 짧은 기간 안에 우수한 인재를 확보할 수 있었고, 그것이 한국의 고도 경제 성장의 기반이 되었다는 긍정적인 측면이 있다. 그러나 입시 위주의 교육, 지나친 사교육, 고학력 현상, 학벌주의 등은 높은 교육열로 인해 나타나는 어두운 단면이기도 하다.

- 여러분 나라의 부모들이 자녀 교육에 대해 가지는 태도는 어떠한가? 그것을 설명할 수 있는 상황이 있다면 구체적으로 예를 들어 이야기해 보자.

자기 평가

- 교육 문제와 관련된 표현을 익혔는가?　　　　　　　　　　　　　　　　잘함 ●—●—●—● 못함
- 교육과 관련된 문제를 제기하고 상대의 의견에 반박할 수 있는가?　　　잘함 ●—●—●—● 못함
- 이상적인 교육에 대한 글을 읽고 교육 문제에 대해 논설문을 쓸 수 있는가?　잘함 ●—●—●—● 못함

어휘 늘리기

관용어 2 귀

● 아래의 문장에서 밑줄 친 '귀를 기울이다'는 어떤 의미인지 생각해 보자.

> 조기 교육의 부작용에 대한 교육 전문가들의 의견에 <u>귀를 기울여야</u> 한다.

● 다음 관용어의 의미로 맞는 것을 연결해 보자.

① 귀가 가렵다 •   • ⓐ 같은 말을 많이 들어서 듣기 싫다
② 귀를 기울이다 •   • ⓑ 다른 사람의 말에 쉽게 마음이 흔들리다
③ 귀가 따갑다 •   • ⓒ 다른 사람의 의견에 관심을 가지고 듣다
④ 귀가 번쩍 뜨이다 •   • ⓓ 듣고 있는 제안이나 소식이 마음에 쏙 들다
⑤ 귀가 얇다 •   • ⓔ 다른 사람이 나에 대한 이야기를 하는 것 같다
⑥ 귀를 의심하다 •   • ⓕ 잘못 들은 것이 아닌가 할 정도로 들은 것을 믿기 힘들다

● 다음 예문을 보고 관용어의 쓰임을 확인해 보자.

(1) 가: 우리 애는 공부 좀 하란 말 귀가 따갑도록 해도 말을 안 듣네요.
    나: 아무리 잔소리해 봐야 소용이 있겠어요? 때가 되면 자기가 다 알아서 하겠지요.
(2) 가: 강의 내용이 어찌나 알차던지, 하나도 놓치고 싶지 않아서 귀 기울여 들었어요.
    나: 그렇게 좋았어요? 저도 가서 같이 들었으면 좋았을 텐데요.
(3) 가: 축하해요. 이번에 출품한 작품이 대상을 받게 되었다고 들었어요.
    나: 고마워요. 기대도 안 했는데 너무나 뜻밖의 소식이라서 저도 제 귀를 의심하게 되더라고요.
(4) 가: 미래전자에서 신입 사원을 뽑는대요.
    나: 그래요? 그거 귀가 번쩍 뜨이네요.

제5과 한국의 소설

학습 목표
한국의 대표적 소설을 읽고 감상할 수 있다.

주제	「봄·봄」, 「누가 해변에서 함부로 불꽃놀이를 하는가」
기능	소설 감상하기, 소설 줄거리 이야기하기
활동	등장인물들 간의 갈등 구조 분석하기
	등장인물이 되어 심경 쓰기
	속편 내용 상상해 이야기하기
	작품에 대해 20자평 쓰기
	생략된 내용 상상해 쓰기
문화	시대별 화제작으로 본 한국 사회

제5과 한국의 소설

도입

1. 이곳은 어디인가? 사람들은 지금 무엇을 하고 있는가?

2. 한국의 소설을 읽어 본 적이 있는가? 여러분이 읽었거나 알고 있는 한국의 소설에 대해 이야기해 보자.

작품 1

🌱 생각해 보기

- 소설 「봄·봄」의 제목에서 느껴지는 소설의 분위기는 어떤가? 작가는 왜 「봄·봄」이라는 제목을 붙였을까? 제목을 보고 떠오르는 느낌을 이야기해 보자.

- 다음은 소설 「봄·봄」에 등장하는 주인공을 그린 것이다. 각 인물의 성격과 등장인물들 사이의 관계는 어떨 것 같은지 추측해 보자.

장인

나(26세)

점순(16세)

- 다음은 소설 「봄·봄」의 주요 장면이다. 그림을 보고 줄거리를 상상해서 이야기해 보자.

작품 즐기기

● 여러분이 예상한 줄거리와 실제의 줄거리를 비교하면서 소설「봄·봄」을 읽어 보자.

봄·봄

"장인님! 인젠 저……."

내가 이렇게 뒤통수를 긁고 나이가 찼으니 성례를 시켜줘야 하지 않겠느냐고 하면 대답이 늘

"이 자식아! 성례구 뭐구 미처 자라야지……." 하고 만다. 이 자라야 한다는 것은 내가 아니라 장차 내 아내가 될 점순이의 키 말이다.

내가 여기에 와서 돈 한 푼 안 받고 일하기를 삼 년하고 꼬박이 일곱 달 동안을 했다. 그런데도 미처 못 자랐다니까 이 키는 언제야 자라는 겐지 짜장 영문 모른다. 일을 좀 더 잘해야 한다든지 혹은 밥을 (많이 먹는다고 노상 걱정이니까) 좀 덜 먹어야 한다든지 하면 나도 얼마든지 할 말이 많다. 하지만 점순이가 안죽 어리니까 더 자라야 한다는 여기에는 어쩨볼 수 없이 그만 벙벙하고 만다.

이래서 나는 애최 계약이 잘못된 걸 알았다. 이태면 이태, 삼 년이면 삼 년, 기한을 딱 작정하고 일을 해야 원 할 것이다. 덮어놓고 딸이 자라는 대로 성례를 시켜주마, 했으니 누가 늘 지키고 섰는 것도 아니고 그 키가 언제 자라는지 알 수 있는가. 그리고 난 사람의 키가 무럭무럭 자라는 줄만 알았지 붙배기 키에 모로만 벌어지는 몸도 있는 것을 누가 알았으랴. 때가 되면 장인님이 어련하랴 싶어서 군소리 없이 꾸벅꾸벅 일만 해왔다. 그럼 말이다, 장인님이 제가 다 알아차려서

"어참 너 일 많이 했다. 고만 장가들어라." 하고 살림도 내주고 해야 나도 좋을 것이 아니냐. 시치미를 딱 떼고 도리어 그런 소리가 나올까 봐서 지레 펄펄 뛰고 이 야단이다. 명색이 좋아 데릴사위지 일하기에 싱겁기도 할뿐더러 이건 참 아무것도 아니다.

숙맥이 그걸 모르고 점순이의 키 자라기만 까맣게 기다리지 않았나.

언젠가는 하도 갑갑해서 자를 가지고 덤벼들어서 그 키를 한번 재볼까, 했다마는 우리는 장인님이 내외를 해야 한다고 해서 마주 서 이야기도 한마디 하는 법 없다. 우물길에서 어쩌다 마주칠 적이면 겨우 눈어림으로 재보고 하는 것인데 그럴 적마다 나는 저만침 가서,

"제―미 키두!" 하고 논둑에다 침을 퉤, 뱉는다. 아무리 잘 봐야 내 겨드랑(다른 사람보다 좀 크긴 하지만) 밑에서 넘을락 말락 밤낮 요 모양이다. 개돼지는 푹푹 크는데 왜 이리도 사람은 안 크는지, 한동안 머리가 아프도록 궁리도 해보았다. 아하, 물동이를 자꾸 이니까 뼈다귀가 움츠러드나 보다 하고 내가 넌짓넌짓이 그 물을 대신 길어도 주었다. 뿐만 아니라 나무를 하러 가면 서낭당에 돌을 올려놓고

"점순이의 키 좀 크게 해줍소사. 그러면 담엔 떡 갖다 놓고 고사드립죠니까." 하고 치성도 한두 번 드린 것이 아니다. 어떻게 돼먹은 킨지 이래도 막무가내니……

그래 내 어저께 싸운 것이지 결코 장인님이 밉다든가 해서가 아니다.

모를 붓다가 가만히 생각을 해보니까 또 싱겁다. 이 벼가 자라서 점순이가 먹고 좀 큰다면 모르지만 그렇지도 못한 걸 내 심어서 뭘 하는 거냐. 해마다 앞으로 축 거불지는 장인님의 아랫배(가 너무 먹은 걸 모르고 내병이라나 그 배)를 불리기 위하여 심곤 조금도 싶지 않다.

"아이구 배야!"

난 물 붓다 말고 배를 쓰다듬으면서 그대로 논둑으로 기어올랐다. 그리고 겨드랑에 꼈던 벼 담긴 키를 그냥 땅바닥에 털썩, 떨어치며 나도 털썩 주저앉았다. 일이 암만 바빠도 나 배 아프면 고만이니까. 아픈 사람이 누가 일을 하느냐. 파릇파릇 돋아 오른 풀 한 숲을 뜯어 들고 다리의 거머리를 쓱쓱 문태며* 장인님의 얼굴을 쳐다보았다.

논 가운데서 장인님도 이상한 눈을 해가지고 한참을 날 노려보더니

"너 이 자식, 왜 또 이래 응?"

"배가 좀 아파서유!" 하고 풀 위에 슬며시 쓰러지니까 장인님은 약이 올랐다. 저도 논에서 철벙철벙 둑으로 올라오더니 잡은참 내 멱살을 움켜잡고 뺨을 치는 것이 아닌가…….

"이 자식아, 일허다 말면 누굴 망해놀 셈속이냐 이 대가릴 까놀 자식?"

우리 장인님은 약이 오르면 이렇게 손버릇이 아주 못됐다. 또 사위에게 이 자식 저 자식 하는 이놈의 장인님은 어디 있느냐. 오죽해야 우리 동리에서 누굴 물론하고 그에게 욕을 안 먹는 사람은 명이 짜르다 한다. 조그만 아이들까지도 그를 돌아세워 놓고 욕필이(본이름이 봉필이니까) 욕필이, 하고 손가락질을 할 만치 두루 인심을 잃었다. 하나 인심을 정말 잃었다면 욕보다 읍의 배 참봉 댁 마름으로 더 잃었다. 번이 마름이란 욕 잘 하고 사람 잘 치고 그리고 생김 생기길 호박개** 같아야 쓰는 거지만 장인님은 외양이 똑 됐다. 작인이 닭 마리나 좀 보내지 않는다든가 애벌논*** 때 품을 좀 안 준다든가 하면 그해 가을에는 영락없이 땅이 뚝뚝 떨어진다. 그러면 미리부터 돈도 먹이고 술도 먹이고 안달재신****으로 돌아치던 놈이 그 땅을 슬쩍 돌아앉는다. 이 바람에 장인님 집 빈 외양간에는 눈깔 커다란 황소 한 놈이 절로 엉금엉금 기어들고 동리 사람들은 그 욕을 다 먹어가면서도 그래도 굽신굽신하는 게 아닌가…….

그러나 내겐 장인님이 감히 큰소리할 계제가 못 된다.

뒷생각은 못 하고 뺨 한 개를 딱 때려놓고는 장인님은 무색해서 덤덤히 쓴침만 삼킨다. 난 그 속을 퍽 잘 안다. 조금 있으면 갈도 꺾어야 하고 모도 내야 하고, 한창 바쁜 때인데 나 일 안 하고 우리 집으로 그냥 가면 고만이니까. 작년 이맘때도 트집을 좀 하니까 늦잠 잔다고 돌멩이를 집어던져서 자는 놈의 발목을 뻐게 해놨다. 사날씩이나 건승 끙, 끙, 앓았더니 종당에는 거반 울상이 되지 않았는가…….

"얘, 그만 일어나 일 좀 해라, 그래야 올 갈에 벼 잘 되면 너 장가들지 않니."

그래 귀가 번쩍 띄어서 그날로 일어나서 남이 이틀 품 들일 논을 혼자 삶아놓으니까

---

* '문대다, 문지르다'의 방언.
** 뼈대가 굵고 털이 북슬북슬한 개.
*** 여러 번의 김매기 중 첫 김매기를 한 논.
**** 몹시 속을 끓으며 여기저기로 다니는 사람.

장인님도 눈깔이 커다랗게 놀랐다. 그럼 정말로 가을에 와서 혼인을 시켜줘야 원 경우가 옳지 않겠나. 볏섬을 척척 들여쌓아도 다른 소리는 없고 물동이를 이고 들어오는 점순이를 담배통으로 가리키며

"이 자식아 미처 커야지. 조걸 데리구 무슨 혼인을 한다고 그러니 온!" 하고 남 낯짝만 붉게 해주고 고만이다. 골김에 그저 이놈의 장인님, 하고 댓돌에다 메꽂고 우리 고향으로 내뺄까 하다가 꾹꾹 참고 말았다.

참말이지 난 이 꼴 하고는 집으로 차마 못 간다. 장가를 들러 갔다가 오죽 못났어야 그대로 쫓겨 왔느냐고 손가락질을 받을 테니까…….

논둑에서 벌떡 일어나 한풀 죽은 장인님 앞으로 다가서며

"난 갈 테야유, 그동안 사경 쳐 내슈 뭐."

"너 사위로 왔지 어디 머슴 살러 왔니?"

"그러면 얼찐 성례를 해줘야 안 하지유. 밤낮 부려만 먹구 해준다 해준다……."

"글쎄 내가 안 하는 거냐? 그년이 안 크니까." 하고 어름어름 담배만 담으면서 늘 하는 소리를 또 늘어놓는다.

이렇게 따져나가면 언제든지 늘 나만 밑지고 만다. 이번엔 안 된다, 하고 대뜸 구장님한테로 담판 가자고 소맷자락을 내끌었다.

"아 이 자식이 왜 이래 어른을."

안 간다고 뻗디디고 이렇게 호령은 제 맘대로 하지만 장인님 제가 내 기운은 못 당한다. 막 부려먹고 딸은 안 주고 게다 땅땅 치는 건 다 뭐야…….

그러나 내 사실 참 장인님이 미워서 그런 것은 아니다.

그 전날 왜 내가 새고개 맞은 봉우리 화전밭을 혼자 갈고 있지 않았느냐. 밭 가생이로 돌 적마다 야릇한 꽃내가 물컥물컥 코를 찌르고 머리 위에서 벌들은 가끔 붕, 붕, 소리를 친다. 바위틈에서 샘물 소리밖에 안 들리는 산골짜기니까 맑은 하늘의 봄볕은 이불 속같이 따스하고 꼭 꿈꾸는 것 같다. 나는 몸이 나른하고 몸살(을 아직 모르지만 병)이 나려고 그러는지 가슴이 울렁울렁하고 이랬다.

"어러이! 말이! 맘 마 마……."

이렇게 노래를 하며 소를 부리면 여느 때 같으면 어깨가 으쓱으쓱한다. 웬일인지 밭 반도 갈지 않아서 온몸의 맥이 풀리고 대구 짜증만 난다. 공연히 소만 들입다 두들기며……. "안야! 안야! 이 망할 자식의 소(장인님의 소니까) 대리를 꺾어들라."

그러나 내 속은 정말 '안야' 때문이 아니라 점심을 이고 온 점순이의 키를 보고 울화가 났던 것이다.

점순이는 뭐 그리 썩 예쁜 계집애는 못 된다. 그렇다고 또 개떡이냐 하면 그런 것도 아니고 꼭 내 아내가 돼야 할 만치 그저 툽툽하게 생긴 얼굴이다. 나보다 십 년이 아래니까 올해 열여섯인데 몸은 남보다 두 살이나 덜 자랐다. 남은 잘도 헌칠히들 크건만 이건 위 아래가 몽툭한 것이 내 눈에는 헐없이 감참외 같다. 참외 중에는 감참외가 제일 맛 좋고 예쁘니까 말이다. 둥글고 커단 눈은 서글서글하니 좋고 좀 지쳐 찢어졌지만 입은 밥술이나 톡톡히 먹음직하니 좋다. 아따 밥만 많이 먹게 되면 팔자는 고만 아니냐. 한데 한

가지 파가 있다면 가끔가다 몸이(장인님은 이걸 채신이 없이 들깔분다고 하지만) 너무 빨리빨리 논다. 그래서 밥을 나르다가 때 없이 풀밭에서 깨박을 쳐서* 흙투성이 밥을 곧잘 먹인다. 안 먹으면 무안해할까 봐서 이걸 씹고 앉았노라면 으적으적 소리만 나고 돌을 먹는 겐지 밥을 먹는 겐지…….

그러나 이날은 웬일인지 성한 밥 채로 밭머리에 곱게 내려놓았다. 그리고 또 내외를 해야 하니까 저만큼 떨어져 이쪽으로 등을 향하고 웅크리고 앉아서 그릇 나기를 기다린다. 내가 다 먹고 물러섰을 때 그릇을 와서 챙기는데 그런데 난 깜짝 놀라지 않았느냐. 고개를 푹 숙이고 밥함지에 그릇을 포개면서 날더러 들으라는지 혹은 제 소린지

"밤낮 일만 하다 말 텐가!" 하고 혼자서 쫑알거린다. 고대 잘 내외하다가 이게 무슨 소린가, 하고 난 정신이 얼떨떨했다. 그러면서도 한편 무슨 좋은 수나 있는가 싶어서 나도 공중을 대고 혼자말로

"그럼 어떡해?" 하니까,

"성례시켜 달라지 뭘 어떡해……." 하고 되알지게 쏘아붙이고 얼굴이 발개져서 산으로 그저 도망질을 친다.

나는 잠시 동안 어떻게 되는 심판인지 맥을 몰라서 그 뒷모양만 덤덤히 바라보았다. 봄이 되면 온갖 초목이 물이 오르고 싹이 트고 한다. 사람도 아마 그런가 보다, 하고 며칠 내에 부쩍(속으로) 자란 듯싶은 점순이가 여간 반가운 것이 아니다.

이런 걸 멀쩡하게 안죽 어리다구 하니까…….

우리가 구장님을 찾아갔을 때 그는 싸리문 밖에 있는 돼지우리에서 죽을 퍼주고 있었다. 서울엘 좀 갔다 오더니 사람은 점잖아야 한다고 웃쉼**이(얼른 보면 지붕 위에 앉은 제비 꼬랑지 같다) 양쪽으로 뾰족이 뻗치고 그걸 에헴, 하고 늘 쓰다듬는 손버릇이 있다. 우리를 멀뚱히 쳐다보고 미리 알아챘는지

"왜 일들 허다 말구 그래?" 하더니 손을 올려서 그 에헴을 한번 훅딱 했다.

"구장님! 우리 장인님과 츰에 계약하기를…….."

먼저 덤비는 장인님을 뒤로 떠다밀고 내가 허둥지둥 달려들다가 가만히 생각하고

"아니 우리 빙장님과 츰에" 하고 첫 번부터 다시 말을 고쳤다. 장인님은 빙장님, 해야 좋아하고 밖에 나와서 장인님, 하면 괜스레 골을 내려고 든다. 뱀두 뱀이래야 좋으냐구, 창피스러우니 남 듣는 데는 제발 빙장님, 빙모님, 하라구 일상 당조짐을 받아오면서 난 그것도 자꾸 잊는다. 당장도 장인님, 하다 옆에서 내 발등을 꾹 밟고 곁눈질을 흘기는 바람에야 겨우 알았지만…….

구장님도 내 이야기를 자세히 듣더니 퍽 딱한 모양이었다. 하기야 구장님뿐만 아니라 누구든지 다 그럴 게다. 길게 길러둔 새끼손톱으로 코를 후벼서 저리 탁 튀기며

"그럼 봉필 씨! 얼른 성롄 시켜주구려, 그렇게까지 제가 하구 싶다는 걸……." 하고 내 짐작대로 말했다. 그러나 이 말에 장인님은 삿대질로 눈을 부라리고

"아 성례구 뭐구 계집애년이 미처 자라야 할 게 아닌가?" 하니까 고만 멀쑥룩해서 입

---

* 갯박치다. 세차게 메어치거나 넘어뜨리다.
** 윗수염.

맛만 쩍쩍 다실 뿐이 아닌가…….

"그것두 그래!"

"그래, 거진 사 년 동안에도 안 자랐다니 그 킨 은제 자라지유? 다 그만두구 사경 내슈……."

"글쎄 이 자식아! 내가 크질 말라구 그랬니 왜 날 보구 떼냐?"

"빙모님은 참새만 한 것이 그럼 어떻게 앨 낳지유?"(사실 장모님은 점순이보다도 귀때기 하나가 작다.)

장인님은 이 말을 듣고 껄껄 웃더니(그러나 암만해도 돌 씹은 상이다) 코를 푸는 척하고 날 은근히 곯리려고 팔꿈치로 옆갈비께를 퍽 치는 것이다. 더럽다, 나도 종아리의 파리를 쫓는 척하고 허리를 구부리며 어깨로 그 궁둥이를 콱 떼밀었다. 장인님은 앞으로 우찔근 하고 싸리문께로 쓰러질 듯하다 몸을 바로 고치더니 눈총을 몹시 쏘았다. 이런 쌍년의 자식 하곤 싶으나 남의 앞이라서 차마 못 하고 섰는 그 꼴이 보기에 퍽 쟁그러웠다*.

그러나 이 말에는 별반 신통한 귀정을 얻지 못하고 도로 논으로 돌아와서 모를 부었다. 왜냐면 장인님이 뭐라고 귓속말로 수군수군하고 간 뒤다, 구장님이 날 위해서 조용히 데리고 아래와 같이 일러주었기 때문이다. (뭉태의 말은 구장님이 장인님에게 땅 두 마지기 얻어 부치니까 그래 꾀었다고 하지만 난 그렇게 생각 않는다.)

"자네 말두 하기야 옳지, 암 나이 찼으니까 아들이 급하다는 게 잘못된 말은 아니야. 허지만 농사가 한창 바쁠 때 일을 안 한다든가 집으로 달아난다든가 하면 손해죄루 그것두 징역을 가거든! (여기에 그만 정신이 번쩍 났다.) 왜 요전에 삼포말**서 산에 불 좀 놓았다구 징역 간 거 못 봤나, 제 산에 불을 놓아두 징역을 가는 이땐데 남의 농사를 버려 주니 죄가 얼마나 더 중한가. 그리고 자넨 정장을(사경 받으러 정장 가겠다 했다) 간 대지만 그러면 괜시리 죄를 들쓰고 들어가는 걸세. 또 결혼두 그렇지, 법률에 성년이란 게 있는데 스물하나가 돼야지 비로소 결혼을 할 수 있는 걸세. 자넨 물론 아들이 늦일 걸 염려하지만 점순이루 말하면 인제 겨우 열여섯이 아닌가. 그렇지만 아까 빙장님의 말씀이 올갈에는 열일을 제치고라두 성례를 시켜주겠다 하시니 좀 고마울 겐가, 빨리 가서 모 붓던 거나 마저 붓게, 군소리 말구 어서 가……."

그래서 오늘 아침까지 끽소리 없이 왔다.

장인님과 내가 싸운 것은 지금 생각하면 뜻밖의 일이라 안 할 수 없다. 장인님으로 말하면 요즈막 작인들에게 행세를 좀 하고 싶다고 해서 '돈 있으면 양반이지 별게 있느냐!' 하고 일부러 아랫배를 툭 내밀고 걸음도 뒤틀리게 걷고 하는 이 판이다. 이까짓 나쯤 뚜들기다 남의 땅을 가지고 모처럼 닦아놓았던 가문을 망친다든지 할 어른이 아니다. 또 나로 논지면 아무쪼록 잘 빼서 점순이에게 얼른 장가를 들어야 하지 않느냐…….

이렇게 말하자면 결국 어젯밤 뭉태네 집에 마실 간 것이 썩 나빴다. 낮에 구장님 앞에서 장인님과 내가 싸운 것을 어떻게 알았는지 대구 빈정거리는 것이 아닌가.

---

* 징그럽다. 하는 행동이 괴상하며 얄밉다.
** 춘천에 있는 마을 이름.

"그래 맞구두 그걸 가만둬?"

"그럼 어떡하니?"

"임마 봉필일 모판에다 거꾸루 박아놓지 뭘 어떡해?" 하고 괜히 내 대신 화를 내가지고 주먹질을 하다 등잔까지 쳤다. 놈이 본시 괄괄은 하지만 그래놓고 날더러 석유값을 물라고 막 지다위*를 붙는다. 난 어안이 벙벙해서 잠자코 앉았으니까 저만 연신 지껄이는 소리가······.

"밤낮 일만 해주구 있을 테냐."

"영득이는 일 년을 살구두 장갈 들었는데 넌 사 년이나 살구두 더 살아야 해."

"네가 세 번째 사원 줄이나 아니, 세 번째 사위."

"남의 일이라두 분하다 이 자식아, 우물에 가 빠져 죽어."

나중에는 겨우 손톱으로 목을 따라고까지 하고 제 아들같이 함부로 훅닥이었다**. 별의별 소리를 다 해서 그대로 옮길 수는 없으나 그 줄거리는 이렇다······.

우리 장인님이 딸이 셋이 있는데 맏딸은 재작년 가을에 시집을 갔다. 정말은 시집을 간 것이 아니라 그 딸도 데릴사위를 해가지고 있다가 내보냈다. 그런데 딸이 열 살 때부터 열아홉, 즉 십 년 동안에 데릴사위를 갈아들이기를, 동리에선 사위 부자라고 이름이 났지마는 열 네 놈이란 참 너무 많다. 장인님이 아들은 없고 딸만 있는 고로 그담 딸을 데릴사위를 해올 때까지는 부려먹지 않으면 안 된다. 물론 머슴을 두면 좋지만 그건 돈이 드니까, 일 잘하는 놈을 고르느라고 연팡*** 바꿔 들였다. 또 한편 놈들이 욕만 줄창 퍼붓고 심히도 부려먹으니까 밸이 상해서 달아나기도 했겠지. 점순이는 둘째 딸인데 내가 일테면 그 세 번째 데릴사위로 들어온 셈이다. 내 담으로 네 번째 놈이 들어올 것을 내가 일도 참 잘하고 그리고 사람이 좀 어수룩하니까 장인님이 잔뜩 붙들고 놓질 않는다. 셋째 딸이 인제 여섯 살, 적어두 열 살은 돼야 데릴사위를 할 테므로 그동안은 죽도록 부려먹어야 된다. 그러니 인제는 속 좀 차리고 장가를 들여달라고 떼를 쓰고 나자빠져라, 이것이다.

나는 건으로 엉, 엉, 하며 귓등으로 들었다. 뭉태는 땅을 얻어 부치다가 떨어진 뒤로는 장인님만 보면 공연히 못 먹어서 으릉거린다. 그것도 장인님이 저 달라고 할 적에 제 집에서 위한다는 그 감투(예전에 원님이 쓰던 것이라나, 옆구리에 뽕뽕 좀먹은 걸레)를 선뜻 주었더라면 그럴 리도 없었던 걸······.

그러나 나는 뭉태란 놈의 말을 전수이**** 곧이듣지 않았다. 꼭 곧이들었다면 간밤에 와서 장인님과 싸웠지 무사히 있었을 리가 없지 않은가. 그러면 딸에게까지 인심을 잃은 장인님이 혼자 나빴다.

실토이지 나는 점순이가 아침상을 가지고 나올 때까지는 오늘은 또 얼마나 밥을 담았나, 하고 이것만 생각했다. 상에는 된장찌개하고 간장 한 종지 조밥 한 그릇 그리고 밥보다 더 수부룩하게 담은 산나물이 한 대접, 이렇다. 나물은 점순이가 틈틈이 해오니까

---

* 떼를 쓰거나 책임을 다른 사람에게 전가하는 일. 남에게 의지하거나 떼를 씀.
** 세차게 다그쳤다.
*** 연방.
**** 모두 다.

두 대접이고 네 대접이고 멋대로 먹어도 좋으나 밥은 장인님이 한 사발 외엔 더 주지 말라고 해서 안 된다. 그런데 점순이가 그 상을 내 앞에 내려놓으며 제 말로 지껄이는 소리가

"구장님한테 갔다 그냥 온담그래!" 하고 엊그제 산에서와 같이 되우 쫑알거린다. 딴은 내가 더 단단히 덤비지 않고 만 것이 좀 어리석었다. 속으로 그랬다. 나도 저쪽 벽을 향하여 외면하면서 내 말로

"안 된다는 걸 그럼 어떡헌담!" 하니까

"쇰을 잡아채지 그냥 둬, 이 바보야!" 하고 또 얼굴이 빨개지면서 성을 내며 안으로 샐쭉하니 튀들어가지 않느냐. 이때 아무도 본 사람이 없었게 망정이지 보았다면 내 얼굴이 어미 잃은 황새 새끼처럼 가엾다 했을 것이다

사실 이때만치 슬펐던 일이 또 있었는지 모른다. 다른 사람은 암만 못생겼다 해도 괜찮지만 내 아내 될 점순이가 병신으로 본다면 참 신세는 따분하다. 밥을 먹은 뒤 지게를 지고 일터로 가려 하다 도로 벗어 던지고 바깥마당 공석 위에 드러누워서 나는 차라리 죽느니만 같지 못하다 생각했다.

내가 일 안 하면 장인님 저는 나이가 먹어 못하고 결국 농사 못 짓고 만다. 뒷짐으로 트림을 끌꺽, 하고 대문 밖으로 나오다 날 보고서

"이 자식아! 너 왜 또 이러니?"

"관객*이 났어유, 아이구 배야!"

"기껀 밥 처먹고 나서 무슨 관격이야, 남의 농사 버려주면 이 자식아 징역 간다 봐라!"

"가두 좋아유, 아이구 배야!"

참말 난 일 안 해서 징역 가도 좋다 생각했다. 일후 아들을 낳아도 그 앞에서 바보 바보 이렇게 별명을 들을 테니까 오늘은 열 쪽이 난대도 결정을 내고 싶었다.

장인님이 일어나라고 해도 내가 안 일어나니까 눈에 독이 올라서 저편으로 힝하게 가더니 지게막대기를 들고 왔다. 그리고 그걸로 내 허리를 마치 돌 떠넘기듯이 쿡 찍어서 넘기고 넘기고 했다. 밥을 잔뜩 먹고 딱딱한 배가 그럴 적마다 퉁겨지면서 밸창이 꼿꼿한 것이 여간 켕기지 않았다. 그래도 안 일어나니까 이번엔 배를 지게막대기로 위에서 쿡쿡 찌르고 발길로 옆구리를 차고 했다. 장인님은 원체 심정이 궂어서 그러지만 나도 저만 못하지 않게 배를 채었다. 아픈 것을 눈을 꽉 감고 넌 해라 난 재미난 듯이 있었으나 볼기짝을 후려갈길 적에는 나도 모르는 결에 벌떡 일어나서 그 수염을 잡아챘다마는 내 골이 난 것이 아니라 정말은 아까부터 부엌 뒤 울타리 구멍으로 점순이가 우리들의 꼴을 몰래 엿보고 있었기 때문이다. 가뜩이나 말 한마디 톡톡히 못 한다고 바보라는데 매까지 잠자코 맞는 걸 보면 짜장 바보로 알 게 아닌가. 또 점순이도 미워하는 이까짓 놈의 장인님 나곤 아무것도 안 되니까 막 때려도 좋지만 사정 보아서 수염만 채고(제 원대로 했으니까 이때 점순이는 퍽 기뻤겠지) 저기까지 잘 들리도록

---

* 관격. 먹은 음식이 갑자기 체하여 가슴 속이 막히고 위로는 계속 토하며 아래로는 대소변이 통하지 않는 위급한 증상.

"이걸 까셀라 부다!" 하고 소리를 쳤다.

장인님은 더 약이 바짝 올라서 잡은참 지게막대기로 내 어깨를 그냥 내려 갈겼다. 정신이 다 아찔하다. 다시 고개를 들었을 때 그때엔 나도 온몸에 약이 올랐다. 이 녀석의 장인님을, 하고 눈에서 불이 퍽 나서 그 아래 밭 있는 넝* 아래로 그대로 떼밀어 굴려 버렸다. 조금 있다가 장인님이 씩, 씩, 하고 한번 해보려고 기어오르는 걸 얼른 또 떼밀어 굴려버렸다.

기어오르면 굴리고 굴리면 기어오르고 이러길 한 너덧 번을 하며 그럴 적마다

"부려만 먹구 왜 성례 안 하지유!"

나는 이렇게 호령했다. 하지만 장인님이 선뜻 오냐 낼이라두 성례시켜 주마, 했으면 나도 성가신 걸 그만두었을지 모른다. 나야 이러면 때린 건 아니니까 나중에 장인 쳤다는 누명도 안 들을 터이고 얼마든지 해도 좋다.

한번은 장인님이 헐떡헐떡 기어서 올라오더니 내 바짓가랑이를 요렇게 노리고서 단박 움켜잡고 매달렸다. 악, 소리를 치고 나는 그만 세상이 다 팽그르 도는 것이

"빙장님! 빙장님! 빙장님!"

"이 자식! 잡아먹어라. 잡아먹어!"

"아! 아! 할아버지! 살려 줍쇼 할아버지!" 하고 두 팔을 허둥지둥 내절 적에는 이마에 진땀이 쭉 내솟고 인젠 참으로 죽나 부다, 했다. 그래도 장인님은 놓질 않더니 내가 기어이 땅바닥에 쓰러져서 거진 까무러치게 되니까 놓는다. 더럽다 더럽다. 이게 장인님인가, 나는 한참을 못 일어나고 쩔쩔맸다. 그러다 얼굴을 드니(눈에 참 아무것도 보이지 않았다) 사지가 부르르 떨리면서 나도 엉금엉금 기어가 장인님의 바짓가랑이를 꽉 움키고 잡아나꿨다.

내가 머리가 터지도록 매를 얻어맞은 것이 이 때문이다. 그러나 여기가 또한 우리 장인님이 유달리 착한 곳이다. 여느 사람이면 사경을 주어서라도 당장 내쫓았지 터진 머리를 불솜으로 손수 지져주고, 호주머니에 희연 한 봉을 넣어주고 그리고

"올갈엔 꼭 성롄를 시켜주마. 암말 말구 가서 뒷골의 콩밭이나 얼른 갈아라." 하고 등을 뚜덕여줄 사람이 누구냐.

나는 장인님이 너무나 고마워서 어느덧 눈물까지 났다. 점순이를 남기고 인젠 내쫓기려니, 하다 뜻밖의 말을 듣고

"빙장님! 인제 다시는 안 그러겠어유……."

이렇게 맹세를 하며 부랴사랴 지게를 지고 일터로 갔다.

그러나 이때는 그걸 모르고 장인님을 원수로만 여겨서 잔뜩 잡아당겼다.

"아! 아! 이놈아! 놔라, 놔, 놔……."

장인님은 헛손질을 하며 솔개미에 챈 닭의 소리를 연해 질렀다. 놓긴 왜, 이왕이면 호되게 혼을 내주리라, 생각하고 짓궂이 더 댕겼다마는 장인님이 땅에 쓰러져서 눈에 눈물이 피잉 도는 것을 알고 좀 겁도 났다.

---

* 둔덕.

"할아버지! 놔라, 놔, 놔, 놔놔." 그래도 안 되니까

"얘 점순아! 점순아!"

이 악장*에 안에 있었던 장모님과 점순이가 헐레벌떡하고 단숨에 뛰어나왔다.

나의 생각에 장모님은 제 남편이니까 역성을 할는지도 모른다. 그러나 점순이는 내 편을 들어서 속으로 고소해서 하겠지……. 대체 이게 웬 속인지(지금까지도 난 영문을 모른다) 아버질 혼내주기는 제가 내래 놓고 이제 와서는 달려들며

"에그머니! 이 망할 게 아버지 죽이네!" 하고 내 귀를 뒤로 잡아당기며 마냥 우는 것이 아니냐. 그만 여기에 기운이 탁 꺾이어 나는 얼빠진 등신이 되고 말았다. 장모님도 덤벼들어 한쪽 귀마저 뒤로 잡아채면서 또 우는 것이다.

이렇게 꼼짝 못하게 해놓고 장인님은 지게막대기를 들어서 사뭇 내려조겼다. 그러나 나는 구태여 피할랴지도 않고 암만해도 그 속 알 수 없는 점순이의 얼굴만 멀거니 들여다보았다.

"이 자식! 장인 입에서 할아버지 소리가 나오도록 해?"

* 악을 쓰며 싸우는 것.

● 다음을 생각하며 소설을 감상해 보자.

1) 소설을 읽고 난 느낌을 이야기해 보자.

2) 소설 「봄·봄」의 등장인물들은 서로에게 어떤 감정을 가지고 있는지 이야기해 보자.

3) 「봄·봄」은 등장인물의 감정이나 심리 묘사가 상세하지 않다. 여러분이 소설 속 등장인물 중의 한 명이었다면 소설의 각 장면에서 무엇을 느끼고, 어떤 생각을 했을 것 같은가? 「봄·봄」의 등장인물 중 한 명을 선택해 자신이 그 인물이라고 생각하고 심경을 표현하는 글을 일기 형식으로 써 보자.

작품으로 놀기

- 「봄·봄」은 갈등이 해소되지 않은 채 끝을 맺고 있다. 만약 여러분이 작가라면 어떤 결말을 맺을지 이야기해 보자.

- 친구들이 이야기한 내용 중 가장 그럴 듯한 결말은 무엇인가?

- 「봄·봄」을 원작으로 제작된 텔레비전 단막극 '봄, 봄봄'을 보고 등장인물의 욕망을 현대적으로는 어떻게 해석하고 있는지 이야기해 보자.

작가 소개

- **김유정(金裕貞, 1907~1937)**
  소설가. 1907년 강원도 춘천 실레 마을에서 대지주의 아들로 태어났으나 어려서 일찍 부모를 잃고, 방탕한 형으로 인해 집안이 몰락하여 경제적으로 어려운 삶을 살았다. 찰리 채플린 같은 코미디 배우를 좋아하는 영화광이었으며, 짝사랑했던 명창 박녹주로 인해 판소리에도 관심을 기울였다. 1933년 「산골나그네」와 「총각과 맹꽁이」를 발표하면서 활동을 시작. 어둡고 삭막한 농촌 현실과 그 속에서 살아갈 수밖에 없는 농민들의 곤궁한 삶을 해학적 시각으로 표현하였다. 대표작으로는 「동백꽃」, 「만무방」, 「금(金) 따는 콩밭」 등이 있다.

작품 2

🌱 생각해 보기

- 여러분은 소설을 평가할 때 보통 무엇을 기준으로 '읽을 만한 소설'이라고 하는가? 아래에 표시해 본 후, 다른 사람들과 함께 소설을 평가하는 기준에 대해 이야기해 보자.

  ☐ 기발한 소재 혹은 독특한 상상력
  ☐ 탄탄하고 치밀한 구성 혹은 손을 떼기 힘든 극적 전개
  ☐ 소설의 주제와 나의 가치관과의 유사성
  ☐ 독창적인 문체 혹은 감칠맛 나는 표현
  ☐ 기타 _____

- 다음은 김애란의 소설에 대한 작가 자신의 말과 문학계의 평가이다. 잘 읽고 김애란 소설은 어떤 특징이 있을지 이야기해 보자.

"제 소설 쓰기는 메시지의 전달보다는 메시지의 발견에 있어요. 마지막 장면에서 '바로 이걸 보려고 여기까지 왔구나' 하는 생각을 하지요. 서로 상반된 두 개의 내용이 서로 만날 때 제가 찾고자 하는 메시지가 발견되는 것 같아요. 하지만 무엇보다도 활력 있는 작품을 쓰고 싶어요."

> 김애란은 세 번 독자를 매료시킨다. 한 번은 그 활달한 상상력에, 한 번은 재치 넘치는 언어 감각에, 또 한 번은 세상살이를 꿰뚫어 보는 날카로운 시선에…….
> 이 세 층위가 한데 엉기며 시너지 효과를 빚어내는 것이 김애란 소설이다. 그 중 세 번째 층위가 유난하다. 그 시선이 비루한 동시에 숭고한 우리네 삶을 다시금 곱씹게 한다.

작품 즐기기

● 다음은 김애란 소설집 『달려라, 아비』에 수록된 「누가 해변에서 함부로 불꽃놀이를 하는가」의 일부이다. 김애란 소설의 특징을 생각하며 아래 소설을 읽어 보자.

누가 해변에서 함부로 불꽃놀이를 하는가

바람이 많이 불던 밤이었다. 바람이 많이 불어서, 무엇이든 묻고 싶은 밤. 뭐라도 묻지 않으면 누군가 굉장히 어려운 질문을 해올 것 같은-그날은 그런 바람이 불던 밤이었다.

나는 재래식 화장실에 앉아 식은땀을 흘리고 있었다. 다리 밑, 까마득한 어둠 사이로 휘이-바람이 지나갔다. 피로에 지친 여자의 미간처럼 좁은 등압선을 가진 바람이었다. 사람들은 그 바람이 북태평양에서 오는 바람이라고 했다.

나는 두 다리로, 네모난 어둠을 간신히 딛고 있었다. 발에는 최근 아버지가 생일선물로 사준 새 신을 신고 있었다. 발바닥이 땅에 닿을 때마다, 반투명한 밑창에서 번쩍번쩍 빛이 나는 운동화였다. 전구 나간 화장실 안, 어둠 속에서 빛나는 것이라곤 오직 그 푸른빛밖에 없었다. 운동화 주위로 날벌레가 모여 들었다. 휘이-바람이 불었다. 나는 내 사타구니 아래로 '북태평양'이 지나가는 것 같아 괜히 똥구멍이 시큰했다. 나는 그렇게 계속 쭈그리고 앉아 아버지와의 점심을 생각하고 있었다.

그날 오후, 나는 아버지와 함께 어느 식당에 앉아 있었다. 간판이라고는 나무판 위에 '복집'이라고 씌어 있는 것이 전부인 허름한 가게였다. 아버지는 계속 그 집이 얼마나 유명한가에 대해 열심히 설명했지만, 손님이라고는 아버지와 나 둘밖에 없었다. 머리에 파마용 비닐을 뒤집어쓴 아주머니가 냄비를 들고 들어왔다. 아버지는 간장종지에 고추냉이를 풀었다. 우리는 마주보고 앉아 묵묵히 물 끓는 소리를 경청했다. 가족끼리 나누는 불친절이 이상하게 편안함을 주었고, 그것을 충분히 느끼라는 듯 국물은 최선을 다해 끓고 있었다. 아버지는 소매를 걷고 국자를 들었다. 국물 위로 배를 뒤집으며 동동 떠오르는 복어를 건져주며 아버지는 말했다.

"비싼 거다. 많이 먹어라."

냄비를 다 비울 때까지 우리는 서로 단 한 마디도 하지 않고, 비지땀을 흘려가며 복어를 뜯었다. 식사 안에 깃들인 어떤 순수한 집중이 부유하는 먼지들과 함께 빛나던 오후. 아버지는 물수건으로 얼굴을 닦아낸 뒤 마침내 입을 열었다.

"복어에는 말이다."

아버지가 입술에 침을 묻혔다.

"사람을 죽이는 독이 들어 있다."

"……"

"그 독은 굉장히 무서운데 가열하거나 햇볕을 쬐도 없어지지 않는다. 그래서 복어를 먹으면 짧게는 몇초, 길게는 하루 만에 죽을 수 있다."

나는 후식으로 나온 야쿠르트 꽁무니를 빨며 아버지를 멀뚱 쳐다봤다.

"그래서요?"
아버지가 말했다.
"너는 오늘 밤 자면 안된다. 자면 죽는다."
짧은 정적이 흘렀다.
"뭐라고요?"
"죽는다고."
나는 아버지를 멍하니 바라보았다.
"아버지는요?"
"나는 어른이라 괜찮다."
나는 몸을 꼰 채 식탁 위에 수줍게 서 있는 아버지의 야쿠르트를 바라봤다. 아버지는 주방에 커피를 시켰다.
"근데 왜 나한테 이걸 먹였어요?"
아버지가 잠깐 고민하는 듯하더니 대답했다.
"네가…… 어른이 되어야 하기 때문이다. 아버지도 어릴 때 이걸 먹고 견뎌서 살아남았다."
"정말이요?"
"그럼."
아버지는 덧붙여 말했다.
"옆집 준구네 삼촌도……이걸 먹고 죽었다."
나는 준구네 삼촌이 사고로 죽었다는 말은 들었지만, 그것이 복어 때문인지는 몰랐다. 나는 진지하게 물었다.
"아버지, 전 이제 어떡하죠?"
아버지가 말했다.
"너는 오늘 밤 자면 안된다. 자면 죽는다."

복집을 나서는 아버지의 발걸음은 느긋했다. 나는 야광 운동화를 꺾어신고 아버지를 허둥지둥 쫓아갔다. 그러곤 걷는 내내, 아버지의 얼굴을 살폈다. 잘생기진 않았지만 거짓말을 할 사람의 얼굴은 아니었다. 아버지는 동네 사람들에게 사소한 참견과 인사를 건넸다. 그중에는 준구 엄마도 있었는데, 우리에게 "밤에 태풍이 온다고 하니 장독을 덮고 빨래를 걷어라"라고 충고했다. 나는 아버지를 따라가며 오늘밤, 아버지에게 뭔가 물어야 하지 않을까 생각했다. 무엇인지는 모르겠지만 무엇이라도. 그러나 그 순간, 내가 아버지를 따라 졸래졸래 골목으로 사라지는 동안, 줄곧 내 발꿈치를 따라오는 하나의 환한 빛이 있었다는 사실을 나는 까맣게 잊고 있었다. 그러니 그때 누군가 나를 보았다면, 이제 막 아비를 따라 비행을 나서는 한마리 반디 같다고 했을지도 몰랐다.

집으로 돌아온 나는 준구 엄마 말대로 장독 뚜껑을 덮고 빨래를 걷었다. 혹 다음날 내가 잘못된다손 치더라도, 아버지가 여전히 새 옷을 입고, 된장을 먹을 수 있게 하기 위해서였다. 사실 예전에 나는 죽으려고 한 적이 한번 있었다. 아버지가 내게 시험지를 집어던지며 "이것도 점수냐, 머리는 얻다 쓰려고 달고 다니냐. 이럴 거면 당장 학교 때려

치워라"라고 소리질렀을 때였다. 정말이지 그날 나는 살고 싶지 않았다. 그래서 숙제도 하지 않고 이불 위에 누워 그것을 꺼냈다. 그것은 포장용 김 안에 들어 있는 작고 흰 봉투였다. 봉투에는 '먹지 마시오'라는 문구가 씌어 있었다. 그것은 언제나 나로 하여금 뭔가 많은 생각을 하게 하는 문장이었다. 두근거리는 가슴으로 봉투를 찢자, 투명한 모래 알갱이 같은 것이 쏟아져나왔다. 나는 그 알갱이를 혀끝에 두세 알 묻힌 뒤 침을 삼켰다. 아무 맛도 나지 않았다. 나는 담담하게 이불을 뒤집어쓰고 눈을 감았다. 그리고 다음날 눈을 떴을 때 아버지는 "왜 지금 일어났냐, 학교는 어쩌려고 그러냐, 공부도 못하는 게 잠만 많이 처잔다"며 고래고래 소리를 질렀다.

정말 폭풍이 오려는지 날이 흐렸다. 화장실에서 나온 나는 방 안에 웅크리고 앉아 아버지를 기다렸다. 복어 때문에 자꾸 속이 메슥거리고 배가 알싸했다. 그런데도 화장실에만 가면 소식이 없었다. 변비가 있는 것도 아닌데 이상했다. 텔레비전에서는 나이 많은 기상캐스터가 알 수 없는 그림과 기호를 가리키며 뭔가 열심히 설명하고 있었다. 고기압, 북태평양, 기류, 전선 뭐 그런 말들이었다. 나는 지구본을 즐겨봤던 탓에, 북태평양이 무엇인지 알고 있었다. 그것은 이곳에서 어마어마하게 먼 곳에 있는 어마어마하게 큰 바다였다. 나는 내가 맞고 있는 이 바람이 그렇게 먼 곳에서 오는 바람이라는 게 믿기지 않았다.

아버지는 꽤 늦는 모양이었다. 나는 '아버지가 오면 가장 먼저 머리를 깎아달라고 해야지' 생각했다. 그런 뒤 이런저런 얘기를 시켜봐야지. 그러면 잠도 덜 오고, 무섭지 않을 것이다.

아버지는 내가 태어났을 때부터 지금까지 내 머리를 잘라줬다. 딱히 기술이 좋은 건 아니었는데, 아버지가 이발하는 걸 매우 좋아했다. 아버지는 서툰 솜씨로 끙끙대며, 한 시간이 넘게 내 머리를 자르곤 했다. 덕분에 나는 몇년째 똑같은 모양의 머리를 하고 다녀야 했다. 아버지는 "부자끼리 정답고 얼마나 좋으냐"고 했지만 사실 돈을 아끼려고 그랬던 것 같다. 아버지는 공책만한 거울이 달린 벽 앞에 나를 앉혀두고 정성스레 이발을 했다. 그러면서 자신이 군대에서 이발병이었다며 늘 자랑하곤 했다. 나는 군대도 다녀오지 않은 아버지가 어떻게 이발병을 할 수 있었는지 의아했지만, 군말없이 아버지에게 머리를 맡겼다. 머리를 깎는 동안 아버지가 들려주는 이야기가 좋았기 때문이다.

아버지는 열 시가 넘어서야 집에 왔다. 나는 아버지의 다리에 껌처럼 붙어 머리를 잘라달라 졸랐다. 아버지는 나를 이상하게 내려보더니, "자꾸 짜증나게 왜 그러냐"고 했다. 나는 "부자끼리 정답고 얼마나 좋냐"고 했다. 아버지는 잠시 갈등하다가 점퍼를 옷걸이에 건 뒤, "알았다"고 했다.

*

"아버지, 나는 어떻게 태어났나요?"
"움직이지 마라."
차가운 가윗날이 귀끝을 스쳤다.
"그런 건."
아버지가 말했다.

"엄마에게나 물어보는 거다."

나는 의자에 앉아 조그만 거울을 바라봤다. 신문지를 뒤집어쓴 채 고개를 숙이고 있는 내가 보였다. 작고 네모난 빗이 두피를 훑고 지나갔다. 아버지의 모습은 언뜻언뜻 비쳤다. 가위 쥔 손등이나, 팔뚝, 옆구리만 비치는 식이었다. 나는 얼굴이 보이지 않는 아버지의 목소리를 들으며 노래하듯 물었다. 아버지, 아버지, 나는 어떻게. 집안 곳곳에서 바람 새는 소리가 들렸다. 먼 곳에서도 그보다 더 먼 곳에서도. 묻지 못하는 안부가 전해지는 그곳에서도. 바람이 불었다. 아버지, 아버지, 나는 어떻게.

"하지만, 엄마는…… 죽었잖아요."

아버지가 말했다.

"그랬지."

웅웅. 바깥에선 계속 바람이 불었다.

"궁금해요, 아버지. 나는, 어떻게."

아버지가 한숨을 쉬었다.

"말해줘도, 믿지 않을 거다."

"믿을게요, 아버지."

후드득. 신문 위로 머리카락이 쏟아졌다.

"고개 좀 숙여봐라."

아버지의 손등이 내 뒤통수를 지그시 눌렀다. 아버지의 한 손에는 작은 그릇이 들려 있었다. 그릇 안에는 비누 거품이 그득했다. 아버지는 두툼하고 부드러운 솔에 거품을 묻힌 다음, 내 뒷덜미에 담뿍 발랐다. 간지러운 느낌 때문에 고추 끝이 찡했다. 아버지가 속삭였다.

"이건."

아버지가 말했다.

"아직 아무에게도 말하지 않은 거다. 그러니까……"

"비밀요?"

"그래, 비밀."

나는 고개를 끄덕였다. 아버지는 한손에 면도칼을 쥔 채 이야기를 시작했다.

"그러니까 내가 스무 살 때였지……"

날카로운 면도날이 천천히 목 위를 미끄러져나갔다. 그래서 아버지의 이야기를 듣는 내내 내 몸에는 오소소 소름이 돋았다.

아버지의 여름은 어느 바다에서 시작된다. 아버지는 더벅머리에 빨간 사각팬츠를 입은 채 웃고 있다. 나는 그 웃음이 다신 볼 수 없는 사진처럼 느껴져 마음이 아프다.

(중략)

그리하여 불꽃들이 민들레씨처럼 밤하늘로 퍼져나갔을 때. 아버지의 반짝이는 씨앗들이 고독한 우주로 멀리멀리 방사(放赦)되었을 때.

"바로 그때 네가 태어난 거다."

면도를 마친 아버지가 말했다. 나는 꼼짝 않고 앉아 있다가 아버지를 향해 말했다.
"거짓말."

*

거울 속, 아버지의 손가락이 보였다. 아버지는 손끝으로 내 머리를 가만히 고정시킨 채 비례를 맞춰보고 있었다. 아버지는 내 오른쪽 머리를 더 잘라냈다. 신문지 구멍 사이로 들어온 머리카락 때문에 목 주위가 따끔거렸다. 그리고 문득, 엷은 졸음이 몰려왔다.
"그래서요?"
아버지가 말했다.
"뭐가 말이냐?"
"그래서 나는 어떻게 태어났어요?"
"방금 말해줬잖니."
"불꽃요?"
"그래."
나의 볼은 복어처럼 퉁퉁 부어올랐다.
"그게 정말 아버지의 씨앗이면, 나머지 자식들은 지금 다 어디 있어요?"
아버지가 말했다.
"코펜하겐."
"네?"
"코펜하겐에 있다. 스칸디나비아반도에도 있고, 부에노스아이레스에도 있고, 스톡홀름에도 있고, 평양에도 있고, 이스탄불에도 있다."
나는 지구본을 즐겨봤던 탓에 아버지가 말한 곳을 다 알고 있었다.
"그런 거 말고 진짜 얘길 해주세요. 아까 말한 첫날밤 같은 거요. 아버지, 나는 진짜 얘기가 듣고 싶어요."
아버지는 아무렇지 않게 대답했다.
"알았다."
나는 아버지가 순순히 대답하는 것이 이상했지만, 이야기를 경청하기 위해 바르게 앉았다.
"이것도 아직 아무에게도 말하지 않은 거다. 그러니까."
"비밀요?"
"그래, 비밀. 그리고 진짜."
아버지가 내 앞머리를 빗어내렸다. 나는 눈을 감았다. 어둠 속, 가위질 소리가 눈치없이 경쾌했다.
"그러니까 그후 몇달이 지나서였지……"
얼굴 위로 머리카락이 쏟아졌다. 나는 꿈을 꾸지 않기 위해 감은 눈을 더욱 꼬옥 감았다.
빈대떡집이다. 좁고 어두운 가게 안에 테이블 몇개가 옹기종기 모여 있다. 벽 위쪽에선 먼지낀 환풍기가 부지런히 돌아간다. 아버지는 그곳에 앉아 아까부터 자신의 두 손을 물끄러미 바라보고 있다. 무엇을 해야 할지 모르는 손. 아버지의 젊은 손. 나는 아버지의 손에서 그리움을 본다. 아직도 아버지의 발끝에는 아버지를 향해 달려왔던 파도소리가 파랗게 배어 있는데 그녀는, 오지 않을 모양이다.

(중략)

두 사람은 다시 어색해진다. 그리고 이런 때면 꼭 할말이 없다. 그들은 서로 얼굴을 바라본다. 아버지가 주춤한다. 배고픈 듯 활짝 벌어진 동공. 아버지가 어머니를 바라본다. 어머니도 아버지를 바라본다. 그리고 이제, 입맞출 시간이다. 두 사람의 마음이 닿을락말락한다. 그런데 아버지, 아까 먹은 깍두기가 생각난다. 한갑 넘게 피운 담배도 막걸리도 모든 것이 신경 쓰인다.

"잠깐만요."

아버지가 말한다.

"잠깐만 여기 있어요. 금방 올게요."

어머니가 불안한 듯 아버지를 바라본다.

"잠깐이면 돼요."

아버지는 헐레벌떡 수돗가에 도착한다. 수도꼭지를 돌려 두손 가득 찬물을 받는다. 자신의 손금이 투명하게 비치는 손바닥 안으로 고개를 박는다. 그러고는 몇번이나 입 안을 헹군다. 아버지는 손바닥을 코앞에 갖다댄다. 고개를 갸웃거리지만 여전히 안심할 수 없다. 그때 마침, 아버지가 뭔가 발견한다. 파란색 비놀리아 비누다. 아버지는 급한 마음에 손가락으로 비누를 찍어낸다. 물에 녹아 물컹해진 비누는 손쉽게 담뿍 묻어나온다. 아버지는 손가락을 앞니에 마구 비빈다. 비누는 아버지의 이빨 사이로 녹아든다. 아버지는 입을 크게 벌리고 어금니도 허둥지둥 닦는다. 우웩―곧바로 구역질이 나온다. 아버지는 다시 입 안을 헹군다. 아무리 해도, 비누맛이 영 가시질 않는다. 메스껍고, 비위가 상한다. 비누냄새 때문에 머리가 깨질 듯이 아프다. 마치 자신의 뇌가 온통 비누로 만들어진 기분이다. 아버지는 휘청거리는 다리를 붙잡고 다시 어머니에게 달려간다.

"오래 기다렸어요?"

"어디 갔다와요?"

"아무것도 아니에요."

아버지는 머리가 지끈거린다. 그러나 어머니의 얼굴을 본 순간, 맨발로 뜨거운 모래를 밟았을 때처럼 온몸이 저릿해진다. 아버지는 자기도 모르게 입술에 침을 바른다. 세상에서 가장 중요한 거짓말이라도 할 것처럼, 아버지가 입술에 침을 바른다. 아버지가 어머니의 어깨를 잡는다. 어머니가 눈을 감는다. 그리고 두 사람의 얼굴이 점점 가까워진다. 두 입술이 닿기 전. 세계의. 고요함. 그리고 오래도록 기다려온 입맞춤. 말캉 두 사람의 입술이 겹친다. 순간 아버지의 머리 위로 수천 개의 비눗방울들이 한꺼번에 올라온다. 나풀나풀. 우주로 방사되는 아버지의 꿈. 그리하여 투명한 비눗방울들이 낮꿈처럼 흩날렸을 때. 싱그러운 비놀리아 향기가 밤하늘 위로 톡톡 파랗게 퍼져나갔을 때.

"바로 그때 네가 태어난 거다."

나는 마구 콩닥이는 가슴을 안고 소리쳤다.
"정말요?"
아버지가 담담하게 말했다.
"거짓말이다."

*

아버지는 마른 수건으로 내 어깨에 묻은 머리카락을 탁탁 털어냈다. 나는 졸린 눈을 치켜세우며 하품을 했다. 지구는 한쪽으로 돌고 바람은 여러 방향에서 부는 밤이었다. 아버지는 말이 없었다. 나는 노래하듯 물었다. 아버지, 아버지, 나는 어떻게. 먼 곳에서 파도소리가 들려왔다. 내가 알고 있는 파도소리였다. 아버지, 진짜 이야기를 해주세요. 복어 독이 점점 퍼지나봐요. 목이 마르고 눈알이 아파요. 어지럽기도 하구요. 아버지, 나는 이제 알아야겠어요.

"졸리니?"
"아니에요, 아버지."
"끝났으니 그만 자자."
아버지가 신문지를 걷어냈다.
"안돼요. 나는 오늘밤 자면 안돼요. 자면 죽어요."
아버지가 말했다.
"자도 괜찮아."
"그걸 어떻게 믿어요?"
"맘대로 해라."
"엄마가 살아 있었음,"
아버지가 멈칫했다. 나는 이때다 싶어 떼를 썼다.
"그렇게 말하지 않았을 거예요."
"……"
"아버지, 더 이상 안 물어볼게요. 마지막으로 한번만요, 네?"
아버지는 두 손으로 내 어깨를 짚었다. 아버지는 한참 동안 말이 없었다. 나는 아버지가 화가 난 게 아닐까 싶어 걱정이 됐다. 아버지는 진지한 목소리로 말했다.
"알았다. 대신 너는 이 이야기를 다시는 해달라고 하면 안 된다, 알겠니?"
나는 힘주어 고개를 주억거렸다.
"지금부터 하는 이야기는 모두 사실이다. 네 엄마를 두고 맹세할 수 있다. 그렇다고 조금 전에 했던 얘기가 모두 거짓말이라는 것은 아니다."
나는 이번에도 고개를 끄덕였다. 아버지가 깊은 숨을 쉬었다.
"내가 너희 엄마를 만난 것은 춘천역 휴게소에서였다. 그때 나는 군화끈을 고쳐매며 기차를 기다리고 있었다. 청량리 행 세시발이었지."
'이제 곧 이야기가 끝나려나보다. 그리고 이 밤도 어쩌면 이제 끝날 것이다. 나는 죽지 않고 살아 언젠가 이 이야기를 사람들에게 들려줘야지'하고 생각한다.
꾸벅, 나는 고개를 가누다 놀란다. 아득히 아버지의 목소리가 들려온다. 이제부터 정말인데 졸음이 밀려온다. 꾸벅. 나는 다시 고개를 떨군다. 아버지, 아버지, 나는 어떻게. 어디선가 바람이 말한다. 지금 이건 네가 묻고 있는 말들이 아니라고. 나는 어디론가 둥실둥실 날아간다. 아버지의 이야기를 들어야 하는데. 지금 듣지 못하면 다시는 들을 수 없는데. 목소리는 멀어져간다. 저기 옛날옛날의 오래된 하늘 위로 펑! 펑! 불꽃놀이가 터진다. 점멸하는 불빛들. 나는 하늘 위에 높이 떠 우리 집을 내려다본다. 저 멀리 스칸디나비아반도의 내 형제가 보인다. 그는 산 위에 올라 한쪽 손을 높이 흔들고 있다. 그가 나에게 알은체를 한다. "어이-" 나는 그의 목소리를 들으려 한다. 잘 들리지 않는다. 그가 다시 외친다. "어이!" 쩌렁쩌렁, 반도의 산맥을 타고 울려퍼지는 너의 목소리. 나는 용기내어 말해본다. "뭐라구요?" 그가 말한다. "우리 땅은 간빙기라 일 년에 이 센티씩 떠오르고 있어요!" 나는 좀더 큰 소리로 묻는다. "뭐라구요?" 그는 손을 흔들며 온 힘을 다해, 마치 그러지 않으면 안되는 듯, 내게 외친다. "돌아서며 묻지 못하는 안부 너머에 있는 안부들까지, 모두 안녕하세요." 나는 그 자리에 서서 스칸디나비아반도의 형제에게 아주 작은 목소리로 대답한다. "……고마워요."

바람이 잘 새는 어느 집. 졸고 있는 한 아이를 본다. 좁은 등압선을 가진 바람이 몰고 오는 이야기에 귀기울이고 있는 저 아이를. 아버지의 목소리가 들리지 않기 때문에 이제 아이는 스스로 이야기하려 한다. 아버지가 어머니를 만나는 이야기를.

어머니가 말한다. 당신이 보고 싶어질 때마다 온몸이 가려워지곤 했어요. 아버지가 말한다. 재밌는 거 보여줄까요? 아이가 하늘 위로 수백개의 숟가락을 집어던진다. 빙글빙글 돌며 비상하는 숟가락들이 폭죽처럼 반짝거린다. 아버지가 어머니를 껴안는다. 어머니의 몸이 숟가락처럼 구부러진다. 어머니가 말한다. 거짓말. 아니에요. 정말이에요. 아이가 말한다. 맞아요. 정말이에요. 아버지가 어머니를 바라본다. 잠깐만 기다려요. 아버지가 말한다. 걱정 마요, 어머니는 저기 있을 거예요. 안녕하세요. 잘 지내시는지요. 아이는 점점 작아져 씨앗처럼 움츠러든다. 끔뻑이는 복어들의 눈빛. 복어들의 헤엄. 북태평양의 바람. 그러니까 이건, 비밀이라고. 멀리 동이 터오고 있지만 누구도 정말이냐고 묻지 않고 누구도 거짓말이라고 대답하지 않는다. 나는 아버지가 나를 아랫목에 누이는 기척을 어렴풋 느낀다. 나는 입을 열지 않고 중얼거린다. 이건 모두 꿈일지도 모르지만 나에게 오기 위해 북태평양에서 수천만 킬로미터를 날아온 바람처럼, 어쩐지 나는 그 꿈과 꼭 만나야만 할 것 같다고.

● 다음을 생각하며 소설을 감상해 보자.

1) 소설을 읽고 난 후의 느낌을 자유롭게 이야기해 보자.

2) 소설을 읽으며 기발한 표현이라고 생각했던 부분은 어디인가? 그리고 가장 공감이 갔던 표현은 무엇인가?

3) 여러분은 위의 소설을 어떻게 평가하겠는가? 여러분이 평론가가 되었다고 생각하고 20자평을 써 보자.

김애란의 '누가 해변에서 함부로 불꽃놀이를 하는가'는 _____
_____ 소설이다.

4) 소설에 등장하는 아버지와 아들의 성격 혹은 태도는 어떠한가? 그리고 그것이 가장 잘 드러나는 부분은 어디인가?

작품으로 놀기

- '중략' 부분에는 어떤 내용이 들어가야 할지 이야기해 보자.

    1) 소설의 마지막 두 단락을 다시 읽어 보자. 그리고 생략된 부분의 내용을 짐작하는 데에 단서가 될 만한 단어나 사건을 표시해 보자. 표시한 부분을 바탕으로 생략된 부분을 상상하여 써 보자.

    2) 여러분이 쓴 부분을 발표해 보자. 가장 재미있게 쓴 사람은 누구인가?

- 소설 전문을 찾아 읽고 감상을 이야기해 보자.

- 이 소설은 '아버지와 아들의 이야기' 그리고 '아버지와 어머니의 이야기'로 구성되어 있다. 두 이야기 중의 한 가지를 선택해 방송극으로 만들어 보자.

- 이 소설은 단편 영화나 애니메이션으로 제작되기도 했다. 인터넷에서 이런 작품을 찾아서 감상하고 여러분이 만든 방송극과 비교해 보자.

작가 소개

- **김애란(金愛爛, 1980~)**

    소설가. 1980년 인천에서 태어나 한국예술종합학교 연극원 극작과를 졸업했다. 단편 「노크하지 않는 집」으로 제1회 대산대학문학상 소설 부문을 수상했고, 같은 작품을 2003년 계간 『창작과 비평』 봄호에 발표하며 작품 활동을 시작했다. 2005년 대산창작기금을 받았고, 제38회 한국일보문학상을 수상했다. 작품집으로는 『달려라, 아비』, 『침이 고인다』가 있다.

문화 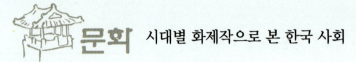 시대별 화제작으로 본 한국 사회

● 여러분은 현재 한국에서 화제가 되고 있는 책을 알고 있는가? 한국 사회에 대한 이해를 바탕으로 한국의 시대별 화제작이 무엇이었을지 이야기해 보자.

● 다음은 한국의 시대별 화제작이다. 잘 읽고 이해해 보자.

■ 1960년대, 인간의 근원을 고찰하다

1960년대 한국은 전쟁의 상처를 치유하고 정치적 혼란을 극복하는 것이 중요한 과제로 떠올랐다. 이러한 분위기 속에서 작가들은 문학을 통해 새로운 역사를 세우는 것에 대한 고민을 털어놓기 시작한다. 당시 사랑을 받은 작품에는 인간적 욕망과 고뇌를 극복하고 깨달음을 얻는 과정을 보여 주는 김일엽의 수필집 『청춘을 불사르고』, 자기 세계를 뚫고 나오는 아픔을 그린 헤르만 헤세의 『데미안』, 한국 사회의 핵심적 문제를 파헤친 추리 소설 조해일의 『갈 수 없는 나라』 등이 있다.

■ 1970년대, 평범한 사람들의 고뇌가 그려지다

1970년대의 한국 사회는 경제 번영을 향해 한걸음씩 내딛기 시작했고 '잘 사는 것'에 대한 보다 깊은 의문을 제기하기에 이른다. 이 시기의 대표적 작품은 한국 사회의 노동 현실을 해부한 조세희의 『난장이가 쏘아올린 작은 공』이다. 이 소설을 기점으로 한국 사회에서 살아가는 평범한 사람들의 고뇌가 문학을 통해 본격적으로 드러나기 시작했다.

■ 1980년대, 사상과 인간 문제를 묻다

독재 정권 하에서 억압되었던 민중 심리는 1987년 6월 항쟁을 통해 분출되기 시작한다. 70년대에 태동하기 시작한 민중 문학이 80년대에 들어 전성기를 맞이하게 된다. 당시의 대표작으로는 이문열의 『젊은날의 초상』, 『사람의 아들』, 조정래의 『태백산맥』, 이태의 『남부군』등의 작품이 있는데 이들 대부분은 민족사의 굴레 속에서 고민하는 젊은 지성의 모습을 담고 있다.

■ 1990년대, 점차 고개 드는 자기 계발서

1990년대는 책보다는 TV로 사람들의 관심이 옮아간 시기였다. 이 시기의 새로운 경향은 자기 계발서가 고개를 들기 시작했다는 점이다. 『소설 동의보감』, 『영원한 제국』 등의 소설이 인기를 끌기도 하였지만 『20대에 하지 않으면 안 될 50가지』, 『성공하는 사람들의 7가지 습관』 등 경쟁의 시대에서 살아남기 위한 자기 계발서가 인기를 누리게 된다.

■ 2000년대, 부자가 되고 싶은 사람들

2000년대에 이르면서 자기 계발서가 본격적으로 가속도를 내는 한편 재테크 책과 주식 관련 서적, 성공담, 경매 서적 등 주로 목돈을 마련하고 큰돈을 벌 수 있는 방법을 제공하는 책이 『부자 아빠, 가난한 아빠』를 필두로 날개 돋친 듯 팔리기 시작한다.

● 여러분 나라의 시대별 화제작은 무엇인가? 그것은 어떤 시대적 특징을 반영하고 있는지 이야기해 보자.

자기 평가

● 한국의 소설을 읽고 그 감상을 이야기할 수 있습니까?   잘함 ●―●―●―● 못함

● 소설의 줄거리에 이어 상상해서 이야기할 수 있습니까?   잘함 ●―●―●―● 못함

MEMO

제6과 민주화와 산업화

학습 목표
한국의 민주화와 산업화 과정을 통해 한국 현대사를 이해할 수 있으며, 자기 나라의 역사적 사건과 인물을 소개할 수 있다.

주제	한국의 민주화와 산업화
기능	역사적 사건의 전개 과정 이야기하기, 변화 과정 설명하기, 사건의 의의 설명하기
활동	한국의 경제 발전에 대한 대화 듣기 4.19 혁명에 대한 강의 듣기 한국의 역대 대통령에 대한 소개 글을 읽고 자기 나라의 지도자에 대해 소개하기 한국 현대사의 주요 사건에 대해 인터뷰하기 자기 나라의 역사적 사건에 대해 쓰기 한국의 수도권 인구 집중 과정에 대한 글 읽기
어휘 1	산업의 종류, 경제 상황의 변화, 경제적 사건, 정치적 사건
어휘 2	사자성어 2 '역사적 상황'
문법	-ㅁ에도 불구하고, -ㄹ 바에야
발음	상대방 말을 반복할 때의 억양, 두 단어처럼 발음하는 한 단어
문화	그때 그 시절

제6과 민주화와 산업화

도입

1. 1950년대와 최근의 한강 사진을 통해 알 수 있는 것은 무엇인가?

2. 1950년대부터 현재까지 한국은 어떠한 역사적 변화를 거쳐 왔는지 아는 대로 이야기해 보자.

대화 & 이야기 1

흐 엉: 와! 저기 배 좀 보세요. 정말 웅장하네요. 한국의 조선 기술이 발달했다는 얘기는 많이 들었지만, 실제로 보니까 감탄이 절로 나와요.

파블로: 정말 대단한데요. 근데 선생님, 이런 기술력을 가지려면 꽤 오랜 시간이 필요했을 것 같은데요. 언제부터 한국의 조선업이 이렇게 성장하기 시작했나요?

선생님: 한국 조선업이 발전하기 시작한 건 1970년대부터였어요. 알다시피 60년대까지만 해도 한국은 경제가 굉장히 어려웠잖아요.

파블로: 네, 전쟁의 여파로 어려움을 많이 겪었다는 건 저도 들어서 알아요.

선생님: 네, 맞아요. 그런 경제적 빈곤에서 벗어나려고 1962년부터 정부가 경제 발전을 위한 정책을 펼치기 시작했거든요. 특히 72년을 기점으로 조선이나 철강 같은 중공업 분야에다가 집중적으로 투자를 하면서 조선업과 철강 산업이 크게 발전하게 되었죠. 그리고 그게 한국의 경제 발전을 이끄는 역할을 했고요.

흐 엉: 결국은 정부의 계획이 성공한 셈이네요. 훌륭한 정책 덕분에 '한강의 기적'을 이룬 거라고 할 수 있겠군요.

선생님: 음……. 네, 그것도 맞아요. 그렇지만 한 가지 빠진 것이 있지요. 정부의 정책도 정책이지만, 온 국민이 똘똘 뭉쳐서 노력하지 않았다면 이렇게 빨리 발전할 수 없었을 거예요.

파블로: 온 국민이 똘똘 뭉쳐서 노력했다, 바로 그것이 한국이 97년 경제 위기를 겪었음에도 불구하고 그걸 잘 극복할 수 있었던 원동력이 된 거군요.

- 세 사람이 이야기를 나누고 있는 곳은 어디인가?

- 1970년대 이후 한국 경제가 발전한 이유는 무엇인가?

발음

상대방 말을 반복할 때의 억양

가: 그건 다 공동체 의식 때문이지요.
나: 공동체 의식 때문이다, 그렇겠네요.

대화를 하는 중에 앞사람이 한 말을 반복할 때가 있는데, 상대방에게 되묻거나 상대방의 의견을 받아들인다는 것을 나타낸다. 이때 전자의 경우에는 문장 끝을 올린다. 그리고 후자의 경우에는 끝을 내리는 억양으로 조금 길게 끌면서 말한다.

▶ 연습해 보세요.
(1) 가: 미안. 약속 시간을 몰라서 늦었어.
    나: 약속 시간을 몰랐다, 그게 핑계가 된다고 생각해? 어제도 메시지 보냈잖아.
(2) 가: 우리가 이긴 건 모두 감독님의 뛰어난 작전 덕분이야.
    나: 뛰어난 작전 덕분이다, 뭐 그렇게 볼 수도 있겠지.

말하기 연습 1

1 산업의 종류에 대해 이야기해 보자.

> 가: 한국의 대표적인 산업은 뭐예요?
> 나: 자동차나 선박을 만드는 중공업도 많이 발달해 있지만, 컴퓨터나 휴대 전화 등 각종 전자 기계에 들어가는 반도체 산업도 세계적으로 유명해요.

1) 〈보기〉에 표시된 어휘의 의미를 추측해 보자.

2) 다음 어휘의 의미를 알아보고 아래의 생산물과 관련된 것을 써 보자.

• 농업	수산업	축산업	임업	광업
경공업	중공업	서비스업	상업	
• 제조업	조선업	건설업	금융업	유통업
운수업	관광 산업	IT 산업	반도체 산업	

❶ 목재   (   )
❷ 금, 석탄   (   )
❸ 소, 돼지   (   )
❹ 채소, 쌀   (   )
❺ 생선, 해초   (   )
❻ 옷감, 가방   (   )
❼ 자동차, 배   (   )
❽ 백화점, 음식점 (   )

3) 여러분 나라의 대표적인 산업은 무엇인지 〈보기〉를 참고해 이야기해 보자.

2 경제 상황의 변화에 대해 이야기해 보자.

 가: 6, 70년대 이후 한국의 경공업은 어떻게 변화해 왔나요?
나: 6, 70년대에는 크게 성장하였지만, 90년대 이후에는 점차 쇠퇴했어요.

1) 〈보기〉에 표시된 표현의 의미를 추측해 보자.

2) 다음의 표현의 의미를 알아보고 아래 표에 넣어 보자.

개발하다	발전하다	성장하다	쇠퇴하다
침체되다	불황기를 맞다	호황기를 맞다	활기를 띠다
선진국 대열에 합류하다	국민소득 일만 불 시대를 열다	수출 백억 불을 달성하다	

긍정적인 것	부정적인 것

3) 다음에 대해 〈보기〉를 참고해 이야기해 보자.

제6과 민주화와 산업화 121

3. 경제적인 사건에 대해 이야기해 보자.

> 보기
> 가: 한국이 97년에 경제 위기를 맞았을 때 어땠나요?
> 나: 그때는 정말 심각했죠. 부도난 회사들도 많고 실업자가 갑자기 늘어났어요.

1) 〈보기〉에 표시된 표현의 의미를 추측해 보자.

2) 다음 표현의 의미를 알아보고 이 중 다음의 진술과 관련된 것을 찾아보자.

고용 위기를 맞다	경제 위기를 맞다/극복하다	무역 협정을 맺다
수출 부진을 겪다	시장을 개방하다	유가가 폭등하다
원자재 가격이 폭등하다	화폐를 개혁하다	화폐 가치가 폭락하다

❶  우리 공장은 제품 값이 싸기로 유명합니다. 그렇지만 요즘 기름 값이 갑자기 올라서 물건 값을 올리지 않을 수 없어요. 게다가 우리 회사는 재료를 외국에서 수입하는데 그것도 가격이 많이 올랐다고요. 가격이 오르다 보니까 요새는 수출도 잘 안 됩니다.

❷ 저는 지난 1997년에 사업에 실패할 뻔했어요. 당시에 한국의 금융 회사들이 부도가 많이 났는데, 그 사건 때문에 회사들이 줄줄이 망했어요. 얼마나 심각했던지 실업자가 늘어나고 거리엔 노숙자가 넘쳐났죠. 지금도 그때만 생각하면 아찔해요.

❸ 예전에는 외국 농산물 수입을 금지했죠. 그런데 칠레나 미국과 같은 나라하고 농산물의 수입과 수출을 자유롭게 하기로 하고 나선 수입 농산물이 많이 들어왔지요. 그래서 요즘 많이 힘들어요.

❹ 지금은 돈을 '원' 단위로 세지만, 예전엔 '환'이라는 단위도 있었지. 10환이면 1원 정도였는데, 물가가 자꾸 오르니까 사람들이 '환'을 안 쓰더라고. 그래서 정부에서 아예 '환'을 없애 버렸어.

3) 다음과 같은 사건은 사람들에게 어떤 영향을 주는지 〈보기〉를 참고해 이야기해 보자.
   ❶ 자유 무역 협정을 맺다 ❷ 유가가 폭등하다
   ❸ 경제 위기를 맞다 ❹ 화폐를 개혁하다

4 경제적인 변화 과정에 대해 이야기해 보자.

가: 한국의 조선업은 어떤 과정을 거쳐 발전해 왔어요?
나: 조선업은 1972년을 기점으로 정부가 중공업에 투자를 하면서 급속도로 발전하게 되었어요. 유가가 폭등하는 등 여러 어려움을 겪었음에도 불구하고 지속적으로 성장해 왔어요.

1) 〈보기〉에 표시된 표현의 용법을 알아보자.
   - -를 기점으로 -면서 -게 되다
   - -ㅁ에도 불구하고

2) 다음에 대해 〈보기〉와 같은 흐름으로 이야기해 보자.

   ❶ 한국 경제의 발전
      1962년 : 정부가 경제개발 정책을 펼치기 시작하다
      상황 : 전쟁으로 인해 폐허가 되다

   ❷ 금융 위기의 극복
      2000년 : IMF 구제 금융에서 벗어남을 선언하다
      상황 : 1997년 경제 위기의 충격을 받은 지 얼마 지나지 않다

3) 여러분 나라의 경제는 어떤 변화의 과정을 겪었는지 이야기해 보자.

- -ㅁ에도 불구하고

명사나 동사, 형용사, '명사+이다'에 붙어 앞의 상태나 상황에서 자연스럽게 연상되는 결과와는 다른 결과가 나오게 되었음을 나타낸다.

(1) 가: 수출이 증가했음에도 불구하고 작년에 비해 수익이 줄어든 이유는 뭡니까?
    나: 수출량은 많았지만 원자재 가격이 크게 상승하였기 때문에 수익은 오히려 줄어들었습니다.
(2) 가: 사람들은 품질에는 큰 차이가 없음에도 불구하고 유명한 상품만 찾는 것 같아요.
    나: 비싼 만큼 제값을 한다고 생각하기 때문이겠지요.

대화 & 이야기 2

진행자: 오늘은 87년 6월 항쟁 기념일입니다. 기념일을 맞아 한국 현대사를 연구하신 김정규 박사님을 모시고 이야기 들어 보겠습니다. 김 박사님, 6월 항쟁이 일어난 지도 꽤 오랜 시간이 흘렀는데요. 이 6월 항쟁을 경험하지 못한 젊은이들을 위해서 간략한 설명 좀 부탁드립니다.

전문가: 네. 1980년대의 정치적 상황은 정말 암울했었습니다. 오랫동안 독재 정권 하에서 억눌려 왔던 국민들의 분노가 극에 달해 있었죠. 자유를 갈망하던 대학생들을 중심으로 반독재 운동도 활발하게 진행되고 있었고요. 그러던 1987년 1월, 한 대학생이 경찰의 고문으로 사망하는 사건이 발생합니다. 이 사건으로 국민들의 분노가 들끓어 시위가 더욱 확산되었는데, 그 와중에 6월 9일 시위 도중, 또 한 학생이 사망하는 사건이 발생하게 됩니다. 바로 이 일로 국민들의 분노가 결국 폭발한 것이죠.

진행자: 네. 청년들의 안타까운 죽음이 6월 항쟁의 기폭제가 된 거라고 할 수 있겠네요.

전문가: 맞습니다. 그 사건을 계기로 회사원, 상인 할 것 없이 시위에 동참하면서 급기야 전 국민적 반독재 운동으로 발전하게 되었습니다. 이렇게 시위가 걷잡을 수 없이 커지자, 결국 정부가 국민들의 요구를 받아들이게 되고, 그렇게 함으로써 사건이 마무리되었습니다.

진행자: 네. 그런데 6월 항쟁은 한국의 현대사에서 가장 의미 있는 사건 중의 하나로 꼽히는데요, 그 이유는 무엇입니까?

전문가: 이 사건으로 약 20년 간 계속되었던 독재 정치가 막을 내리게 되었기 때문입니다. 6월 항쟁 이후 독재에서 벗어나 보다 자유롭고 민주적인 사회 분위기가 시작되었다는 데에 큰 의의가 있다고 볼 수 있습니다.

- 무엇에 대한 대담인가? 이 대담이 기획된 계기는 무엇인가?

- 이 사건은 어떤 과정으로 전개되었는가? 또한 이 사건의 의의는 무엇인가?

 발 음

두 단어처럼 발음하는 한 단어

| 범국민적 반독재 운동 |
| [범/궁민적] [반/독째] |

'반'이나 '비', '범' 등과 같은 한자어 접두사와 결합해서 만들어진 단어는 형태적으로는 한 단어이지만 의미를 보다 잘 전달하기 위해서 두 단어처럼 발음하는 경우가 많다.

▶ 연습해 보세요.
(1) 공식 석상에서 그런 말과 행동을 하다니 정말 그 사람은 반사회적이고 비상식적이군요.
(2) 이번 일에는 범민족적 차원의 협력이 필요하다.

말하기 연습 2

1 정치적 사건에 대해 이야기해 보자.

> 보기
> 가: 87년의 6월 항쟁은 어떻게 일어나게 되었습니까?
> 나: 독재 정치에 반대하는 국민들의 시위가 일어나고, 그 시위가 확산되면서 시작되었습니다.

1) 〈보기〉에 표시된 표현의 의미를 추측해 보자.

2) 다음 표현의 의미를 알아보고 아래의 상황에서 일어날 수 있는 정치적 사건을 모두 이야기해 보자.

독립운동을 하다	식민 통치로부터 독립하다	정부를 수립하다
선거를 실시하다	정권을 잡다	정권이 교체되다
(시위, 항쟁, 혁명)이 일어나다	쿠데타를 일으키다	암살을 당하다
전쟁이 일어나다	회담을 하다	조약을 체결하다
선언을 하다		

야당의 대통령 선거 승리	국가 간의 외교적 문제 발생	부정 선거를 통한 대통령 당선	식민 지배

3) 다음의 정치적 사건에 대해 〈보기〉를 참고해 이야기해 보자.

❶ 끊임없이 독립운동이 일어나다 → 식민 통치로부터 독립하다

❷ 반대 세력에 위협이 되다 → 암살을 당하다

❸ 환경 문제에 대한 양 국가의 협력이 필요해지다 → 회담을 하다

❹ 여당에 대한 국민들의 불신이 커지다 → 정권이 교체되다

4) 여러분 나라에서 있었던 정치적 사건에 대해 이야기해 보자.

2 정치적 사건의 전개 과정에 대해 이야기해 보자.

> 보기
> 가: 6월 항쟁은 무엇을 계기로 시작되었고 어떻게 전개되었습니까?
> 나: 6월 항쟁은 한 대학생이 사망한 사건을 계기로 전 국민적인 반독재 운동으로 발전하게 되면서 시작되었습니다. 이 사건으로 국민들의 시위가 커지자, 대통령이 국민들의 요구를 받아들임으로써 사건이 끝나게 되었습니다.

1) 〈보기〉에 표시된 표현의 용법을 알아보자.
   - -를 계기로 -게 되다
   - -자, -ㅁ으로써 -게 되다

2) 다음의 정치적 사건에 대해 〈보기〉와 같은 흐름으로 이야기해 보자.
   ① 4.19 혁명 : 3.15 부정 선거 → 국민들이 대통령을 불신하다 → 전국적으로 시위가 이어지다 → 대통령이 물러나다
   ② 제2차 세계대전 : 독일의 폴란드 공격 → 영국과 프랑스가 전쟁에 개입하다 → 연합군의 승리가 확실해지다 → 독일과 일본이 항복하다
   ③ 동·서독의 통일 : 서독 브란트 총리의 동방 정책 → 협력과 교류가 활발해지다 → 화해의 분위기가 무르익다 → 통일 조약을 체결하다

3 정치적 사건의 의의에 대해 이야기해 보자.

> 보기
> 가: 이 항쟁의 의의는 무엇이라고 생각하십니까?
> 나: 무엇보다도 국민의 손으로 민주주의를 이루어 냈다는 데에 그 의의가 있습니다.

1) 〈보기〉에 표시된 표현의 용법을 알아보자.
   - -다는 데에 의의가 있다

2) 다음 정치적 사건의 의의에 대해 〈보기〉와 같은 흐름으로 이야기해 보자.
   ① 혁명 : 민주주의가 싹트는 계기가 되다
   ② 헌법 제정 : 국가의 법적인 기초를 닦다
   ③ 동·서독 통일 : 냉전 시대 종결의 신호탄이 되다
   ④ 남북 정상 회담 : 양 국가 간의 본격적인 교류와 협력이 시작되다

3) 여러분 나라의 정치적 사건의 전개 과정과 그 의의에 대해 이야기해 보자.

활동

🎧 듣기 1

다음은 한국 경제의 발전과 관련된 두 사람의 대화이다. 잘 듣고 질문에 답해 보자.

- 1960, 70년대 이후 한국 경제는 어떻게 발전해 왔는지 이야기해 보자.

- 두 사람의 대화를 잘 듣고 다음 질문에 답해 보자.

    1) 두 사람이 대화하고 있는 곳은 어디인가? 그리고 이곳의 현재 모습과 6, 70년대의 모습은 어떻게 다른가?

    2) 이 대화를 통해 알 수 있는 사실이 아닌 것은 무엇인가?
    - ❶ 중공업은 한국의 경제 발전에 큰 역할을 했다.
    - ❷ 한국은 옷을 만들 수 있는 자연 자원이 풍부하다.
    - ❸ 한국은 저렴한 가격의 물건을 외국으로 수출하였다.
    - ❹ 옷 공장에서 일했던 노동자들은 열악한 환경에서 일했다.

- 여러분 나라에서 경제사적으로 의미 있는 장소에 대해 이야기해 보자.

🎧 듣기 2

다음은 한국 현대사에 대한 강의 내용이다. 잘 듣고 질문에 답해 보자.

- 역사적인 사건에 대한 강의에는 어떤 내용이 있을지 생각해 보자.

- 강의를 들으면서 내용을 정리해 보자.

    1) 이 강의에서 말하는 사건은 무엇인가? 그 사건은 언제 일어났는가?

    2) 그 사건이 일어났던 시기의 상황은 어떠했는가?

    3) 사건의 전개 과정은 어떠했는가?

    4) 이 사건을 '미완의 혁명'이라고 부르는 이유는 무엇인가? 그리고 이 사건의 의의는 무엇인가?

- 메모한 내용을 참고하여 이 사건에 대해 설명해 보자.

읽고 말하기

한국의 대통령에 대한 글을 읽고 여러분 나라의 지도자에 대해 소개해 보자.

● 다음 인물에 대해 알고 있는 것을 이야기해 보자.

● 다음은 한국의 역대 대통령에 대해 소개하는 글이다. 잘 읽고 질문에 답해 보자.

이승만 대통령(1~3대, 1948~1960)

이승만은 대한민국의 독립운동가이자 교육가, 언론인, 정치인이었으며 대한민국 임시 정부의 초대 대통령이었다. 1945년 독립 이후 대한민국 정부를 세우는 데에 온 힘을 다했으며, 그 공을 인정받아 1948년 대한민국 정부의 초대 대통령으로 선출되었다. 그러나 오랜 기간의 독재로 국민들의 비난을 샀으며, 결국 부정 선거를 계기로 4.19 혁명이 일어나 대통령직에서 물러났다.

박정희 대통령(5~9대, 1963~1979)

박정희 대통령은 재임 기간 동안 국가적인 경제 개발 정책을 펼쳐 '한강의 기적'이라 불릴 만한 놀라운 경제 발전을 이끌어 내었다. 그리하여 한국이 선진국으로 발돋움할 수 있는 기반을 만들었다는 평가를 받기도 하였으나 독재 정치로 민주주의의 발전을 더디게 만들었다는 비판을 받기도 한다. 박정희 대통령에 대한 이와 같은 양면적인 평가는 한국 현대사에서 여전히 논란이 되고 있다.

김영삼 대통령(14대, 1993~1998)

박정희 대통령, 전두환 대통령의 독재 정치 시절, 민주화 운동을 주도한 야당의 지도자였다. 민주주의를 내걸고 정부를 꾸려 갔으며, 뿌리 깊은 비리를 없애기 위해 금융실명제를 도입하기도 했다. 한국의 독재 정치를 끝낸 인물로 긍정적으로 평가하는 경우도 있으나, 정권 말기에는 IMF 금융 위기를 초래하였다는 이유로 비판적인 평가를 받았다.

김대중 대통령(15대, 1998~2003)

독재 정치 시절 김영삼 전 대통령과 함께 민주화 운동을 이끈 인물이다. 재임 기간 동안 북한에 대한 '햇볕 정책'으로 남북정상회담을 성사시키고, 경제·문화·민간 부문에서 평화적인 교류를 이끌어 내어, 한국인 최초로 노벨 평화상을 수상하기도 하였다. 이러한 대북 정책을 북한에 대한 '퍼주기 식'의 정책이라고 비판하는 사람들도 있으나, 한반도에 평화를 정착시켰다는 점은 큰 업적으로 평가되고 있다.

노무현 대통령(16대, 2003~2008)

변호사로 활동하던 중 인권 관련 사건을 맡은 것을 계기로 인권 변호사로서 민주화 운동에 참여하였다. 이후 정치인으로서의 길을 걸어 16대 대통령에 당선되었다. 재임 기간 김대중 대통령과 뜻을 같이 하여 북한에 대한 평화 정책을 이어 갔으며, 수도권 인구 집중을 해소하기 위해 행정 수도 이전을 추진하였다. 보수주의자들과의 충돌로 인해 개혁적인 정책을 제대로 실현하지 못했다는 평가를 받는다. 그러나 탈권위주의를 몸소 실천했던 그는 역사상 가장 서민적인 대통령으로 국민들에게 기억되고 있다.

- 한국의 역대 대통령과 관련된 중요한 업적이나 정책, 평가를 정리해 보자.

- 한국의 역대 대통령 중 관심이 가는 대통령을 선택하여 더 자세하게 조사해 보자.

- 여러분 나라의 지도자에 대해 소개할 내용을 생각해 보자.
  1) 여러분 나라의 지도자 중 누구에 대해 소개하겠는가? 그 이유는 무엇인가?

  2) 다음 표를 채우면서 소개할 내용을 정리해 보자.

이름	
재임 기간	
업적 및 사건	
평가	

- 위의 내용을 바탕으로 여러분 나라의 대통령이나 지도자를 소개해 보자.

- 소개를 들으면서 궁금한 점을 질문해 보자.

🎤 말하기

한국의 현대 정치에서 가장 중요한 사건이 무엇인지 한국 사람들을 인터뷰해 보자.

- 누구를 대상으로 인터뷰할지, 무엇을 질문할지 생각해 보자.

- 다음 항목을 중심으로 인터뷰를 해 보자.
  - 중요한 사건 :

  - 그 사건의 개요 :

  - 그 사건이 중요하다고 생각한 이유 :

  - 그 외에 알고 싶은 것 :

- 인터뷰한 내용을 바탕으로 짝과 함께 이야기해 보자.

- 인터뷰로 알 수 없었던 내용이 있었다면 책이나 인터넷을 통해 더 조사해 보자.

📝 쓰기

여러분 나라의 역사적 사건을 설명하는 글을 써 보자.

- 여러분 나라에서 일어난 역사적 사건에 관해 쓸 내용을 생각해 보자.
  1) 어떤 사건에 대해서 쓸지 결정해 보자.

  2) 그 사건에 대해서 다음과 같은 점을 중심으로 조사해 보자.
     - 시기
     - 배경 및 계기
     - 전개 과정
     - 역사적 의의

- 위에서 조사한 내용을 가지고 어떤 순서로 글을 쓸지 간단히 개요를 짜 보자.

- 개요를 중심으로 사건을 소개하는 글을 써 보자.

- 쓴 글을 친구와 바꿔 읽고 서로 궁금한 것을 질문해 보자.

📖 읽기

다음은 한국의 인구 집중에 대한 글이다. 잘 읽고 질문에 답해 보자.

● 급속한 산업화로 인해 나타날 수 있는 현상들은 어떤 것이 있을지 이야기해 보자.

● 이야기한 내용을 생각해 보면서 다음을 잘 읽어 보자.

　　1955년의 인구 조사 결과에 의하면 서울의 인구는 150만 명을 약간 넘는 수준이었으나, 2007년을 기점으로 서울의 인구는 1천만 명을 돌파하게 되었다. 60년이 안 되는 기간 동안 850만 명이 넘는 인구가 서울로 유입된 것이다. 현재 서울의 인구는 전체 대한민국 인구의 25%, 국민 4명 중 1명이 서울에 살고 있다는 얘기가 된다. 또한 서울 주변의 수도권 인구까지 따져 보면 전국 인구의 반 정도가 수도권에 살고 있는 셈이다.

　　이렇듯 한국의 수도권 인구는 과잉 집중 현상을 보이고 있다. 이러한 인구 집중은 한국의 급속한 경제 발전과 ㉠궤를 같이 하며 빠른 속도로 이루어졌다. 특히 1960년대부터 산업화와 함께 농촌 지역에서 살고 있던 젊은이들이 도시로 삶의 터전을 옮기는 ⓐ'이촌향도(離村向都)' 현상이 뚜렷하게 나타났다. 제조업의 성장으로 도시에 일자리가 늘어나자, 발전이 더딘 농촌에서 살 바에야 고생스럽더라도 도시로 가겠다는 생각을 가진 젊은이들이 몰려들게 된 것이다. 특히 수도인 서울에는 공장과 각종 기반 시설이 크게 성장하여 인구 집중이 더욱 가속화되었다. 도시의 상황과는 반대로 농촌에는 노인들만 남게 되어 노동 인구가 줄어들고 농업이 ㉡내리막길을 걷게 되었다.

　　한편 기존 도시의 크기와 시설로는 새롭게 유입된 인구를 모두 수용하기 힘들게 되었다. 이에 주택, 건물, 교통 등 모든 측면에서 도시 개발이 시작되었다. 우선, 인구의 과잉 집중으로 심각한 주택 부족 현상이 나타나게 되자, 정부는 이를 해결하기 위해 서울 변두리에 주거지를 마련하여 개발하였다. 개발의 여파로 부동산 가격이 ㉢하루가 다르게 높아져, 자고 일어나니 부자가 되어 있더라는 말도 ㉣심심치 않게 들리기도 했다.

　　좁은 땅을 효율적으로 쓰기 위해 고층 건물이 늘어나게 되었다. 1966년까지 18개에 불과하던 서울의 10층 이상 건물이 1970년에 122개로 늘어난 것만 보아도 이러한 변화가 얼마나 빠르게 진행되었는지를 잘 알 수 있다. 80년대 이후에는 도로와 대중교통이 발달하여 서울 주변의 지역에서도 출퇴근이 가능하게 되었다. 이에 성남, 부천, 안양과 같은 위성 도시가 성장하여 서울의 인구가 다소 이동하였으며, 인천, 수원, 과천, 광명 등의 수도권 지역도 함께 성장하였다.

　　이러한 과잉 인구 집중 현상은 교통 문제, 주택 문제, 환경 문제, 농촌 소외 현상, 지역별 불균형 발전 등의 다양한 사회 문제를 낳고 있다. 고도 성장 과정에서 발생한 이러한 문제를 해결하는 것은 한국 사회의 중대한 과제로 남아 있다.

- 읽은 내용을 바탕으로 다음 질문에 답해 보자.

  1) 한국의 인구 집중 현상이 어느 정도인지 알 수 있는 부분은 어디인가? 다시 한 번 읽고 인구 집중 정도를 알 수 있는 내용들을 찾아보자.

  2) 도시로 인구가 집중하여 나타난 변화에는 무엇이 있는지 찾아서 이야기해 보자.

  3) ⓐ'이촌향도' 현상의 의미가 무엇인지 찾아서 이야기해 보자.

  4) 밑줄 친 표현들의 의미를 생각해 보고 알고 있는 다른 말로 바꾸어 보자.
     ㉠ 궤를 같이 하다
     ㉡ 내리막길을 걷다
     ㉢ 하루가 다르게
     ㉣ 심심치 않게

- 수도권에 인구가 집중하면서 생기는 문제는 구체적으로 무엇이며 그 해결 방법은 무엇일지 생각해 보자.

문법 더하기

- **-ㄹ 바에야**

  동사 뒤에 붙어 앞에 나오는 행동을 하는 것보다는 뒤에 나오는 행동을 하는 것이 낫다는 의미를 표현한다.

  (1) 가: 한국 사회가 민주화되기까지는 많은 어려움이 있었을 것 같은데요.
  　　나: 그랬죠. 많은 국민들이 자유를 빼앗긴 채 살 바에야 죽음을 택하겠다는 각오로 희생했기에 가능한 일이었습니다.
  (2) 가: 미영이는 오늘도 또 늦네. 기다리는 것도 이제 지겹다.
  　　나: 여기서 미영이 기다리면서 이렇게 시간을 버릴 바에야 차라리 우리끼리 시작하자.

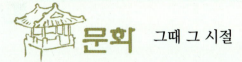 그때 그 시절

- 한국 사람들이 돌아가고 싶어하는 그리운 시기는 언제일 것 같은가?

- 다음은 한국 사람들이 그리워하는 시절에 대한 글이다. 잘 읽고 내용을 이해해 보자.

　　6, 70년대를 떠올리는 중년층 이상의 한국 사람들에게는 묘한 그리움이 묻어 있다. 물도 쉽게 구할 수 없는 달동네나 판자촌에서의 생활, 콩나물 시루 같은 만원 버스를 타고 매일매일 치러야 했던 출퇴근 전쟁, 자정이면 사이렌 소리와 함께 어김없이 시작되는 야간 통금 시간, 길거리에서 느닷없이 이루어지는 두발·복장 단속. 이러한 6, 70년대를 보여주는 시대 상황은 텔레비전 드라마나 영화에서 단골로 등장하는 소재가 되었다.

　　전쟁의 후유증으로 인해 너나 할 것 없이 경제적으로 쪼들리고, 독재 정치로 자유가 억압되던 시절이었는데도 사람들이 '그때 그 시절'을 그리워하는 이유는 무엇일까?

　　사람들은 그 이유를 빈곤과 억압 속에서도 희망이 있었기 때문이라고 한다. 당시의 가난은 헤어 나올 수 없는 무엇인가가 아니었다. 몸서리쳐지게 가난하지만, 꾸준히 노력하면 언젠가는 우리도 잘 살 수 있다는 희망이 어려운 상황 속에서도 피어났던 것이다.

　　이러한 희망은 자유가 억압된 상황을 순순하게 받아들이게 하는 모순적인 이데올로기가 되기도 했다. '우리도 한번 잘 살아 보세'라는 구호 속에 온 국민이 경제 발전을 위해 하나의 힘을 모으기 위해서는 자유나 민주화는 나중으로 미뤄 둘 수 있다는 생각을 갖게 된 것이다.

　　어찌 되었든, 희망의 빈곤으로 대표되는 6, 70년대는 중년층의 어린 시절 추억과 뒤섞여 그리움의 시대로 그려지고 있다.

- 여러분 나라의 6, 70년대 사람들의 생활은 어떠했는가? 사람들은 그 시대에 대해 어떤 느낌을 가지고 있는가?

자기 평가

- 한국의 민주화와 산업화와 관련된 표현을 익혔는가? 　　잘함 ●━━●━━● 못함
- 역사적인 사건의 전개 과정과 의의에 대해 말하고 들을 수 있는가? 　　잘함 ●━━●━━● 못함
- 역사적인 변화 과정에 대해 읽고 쓸 수 있는가? 　　잘함 ●━━●━━● 못함

어휘 늘리기

사자성어 2 '역사적 상황'

● 다음의 신문 기사 제목은 어떤 의미일지 생각해 보자.

> 불황에 원자재 가격 상승까지, 내우외환
> 불황 속 불철주야 해결책 고심
> 물가 안정 없는 경기 회복, 사상누각
> 시급한 부동산 대책 탁상공론만

● 다음 사자성어와 맞는 의미를 연결해 보자.

1. 내우외환(內憂外患)·   · ⓐ 미래를 내다보는 지혜
2. 불철주야(不撤晝夜)·   · ⓑ 불행한 일이 연속으로 일어나다
3. 사상누각(沙上樓閣)·   · ⓒ 현실성이 없는 헛된 이야기만 하다
4. 선견지명(先見之明)·   · ⓓ 나라의 안과 밖에 걱정거리가 존재하다
5. 설상가상(雪上加霜)·   · ⓔ 낮과 밤의 구분이 없이 쉴 새 없이 열심히 하다
6. 탁상공론(卓上空論)·   · ⓕ 모래 위에 세운 집과 같이 기초가 튼튼하지 못하다

● 다음 예문을 보고 사자성어의 쓰임을 확인해 보자.

(1) 가 : 작년에는 불황 때문에 물건도 잘 안 팔리고, 수입해 오는 원자재 가격까지 크게 올라서 이만저만 힘든 게 아니었어요.
   나 : 내우외환으로 힘든 시간을 보내셨겠어요.

(2) 가 : 한국 경제 성장의 비결은 무엇이라고 생각하십니까?
   나 : 모든 것이 다 불철주야로 노력한 국민들 덕이었지요. 국민들의 성실한 노력이 보상받은 것이라고 생각합니다.

(3) 가 : 그동안 우리 사회는 빠른 성장만을 강조하면서, 개인의 자유를 지키는 것에는 소홀했던 것 같습니다.
   나 : 자유는 민주 사회의 기본입니다. 자유가 없는 사회는 사상누각과 같습니다. 이제는 성장보다는 국민의 자유를 위해 노력해야 합니다.

(4) 가 : 이번 선거에서는 탁상공론만 일삼는 정치인들은 뽑지 말아야 해요.
   나 : 네, 맞아요. 현실적으로 전혀 가능하지 않은 얘기만 하는 정치인은 우리 지역의 발전에 기여하지 못하죠.

MEMO

문화　한국의 위대한 발명

제7과 발명과 발견

학습 목표
인간의 삶을 변화시킨 발명과 발견에 대해 이야기하고 이것이 인간의 삶에 끼치는 영향에 대해 이야기할 수 있다.

주제	발명과 발견
기능	발명과 발견의 가치 평가하기, 전망하기, 발명과 발견의 과정 설명하기
활동	발명품의 발명 과정에 대한 다큐멘터리 듣기 발명품에 대한 소개글을 읽고 발명 과정을 소개하는 글 쓰기 발명가의 발명품 소개 방송 듣기 윤리적인 문제를 야기하는 발명품에 대해 말하기 기발한 발명품에 대해 이야기하기 '상상의 힘'에 대한 글 읽기
어휘 1	발명과 발견의 의의, 평가, 발명과 발견으로 인한 미래 사회에 대한 전망
어휘 2	속담 2 '발명과 발견'
문법	-ㄴ들, -ㄹ래야
발음	'-냐?'의 억양
문화	한국의 위대한 발명

제7과 발명과 발견

도입

1. 위의 물건 중에서 어떤 것이 가장 위대한 발명품이라고 생각하는가?

2. 이 발명이 인간의 삶에 어떤 영향을 미쳤다고 생각하는가?

대화 & 이야기 1

미숙: 야, 인터넷은 정말 위대한 발명이야. 그렇지 않니? 인터넷이 없는 세상은 상상조차 할 수 없을 거야.

지훈: 맞아. 인터넷보다 더 위대한 발명이 어디 있겠냐? 전 세계의 모든 사람이 동시에 같은 정보를 공유할 수 있다는 게. 이건 정말 대단한 거지.

미숙: 그럼, 그럼. 그런 인터넷 덕분에 지구촌 가족이라는 말도 가능해진 거고.

지훈: 결국 인터넷이 세계를 하나로 묶는 세계화를 가능하게 한 장본인이라고 할 수 있지.

영재: 그렇긴 하지. 그렇지만 인터넷이 모든 사람들에게 긍정적인 영향을 미치는 건 아닌 것 같아.

미숙: 어째서? 난 인터넷이 모든 사람들에게 공평하게 정보를 나눠 줄 수 있는 수단이라고 생각하는데.

영재: 꼭 그렇지만은 않은 것 같아. 인터넷의 발달로 보다 쉽게 정보를 접하는 사람이 있는가 하면 그렇지 않은 사람도 많잖아. 인터넷 말고 다른 경로를 통해서 정보가 유통되는 것이 줄어들다 보니까 인터넷에 익숙하지 않다거나 인터넷을 사용하기 어려운 사람들은 오히려 정보로부터 소외될 수 있지.

지훈: 난 그건 그다지 문제가 될 것 같진 않은데. 지금의 할아버지, 할머니 세대들은 어려서부터 인터넷을 사용하지 않았기 때문에 인터넷 사용이 어렵지만 요즘 애들을 한번 봐. 요즘 인터넷 못 쓰는 애들이 어디 있냐?

- 이 사람들은 무엇에 대해 이야기하고 있는가?

- 이 사람들의 의견은 어떻게 다른가? 여러분은 어느 쪽에 동의하는가?

발음

'-냐?'의 억양

요즘 인터넷 못 쓰는 애들이 어디 있냐?

반말로는 뭔가를 물어볼 때 '-니?'라고 하는데, 일상생활에서 '-니?' 대신에 '-냐?'도 많이 사용한다. 이때의 억양은 끝음절을 올렸다가 내리는 억양이 되는 경우가 있고, 올리는 억양이 될 때도 있는데, 이때는 길게 끌지 않고 짧게 발음해야 한다.

▶ 연습해 보세요.

(1) 가: 야, 너 또 말도 안 되는 발명한다고 그러고 있는 거냐?
    나: 조금만 있어 봐. 내가 정말 세상을 깜짝 놀라게 해 줄 테니까.

(2) 가: 너 얼굴이 왜 그 모양이냐?
    나: 내 얼굴이 어디가 어때서? 너보다 훨씬 낫구만, 뭘.

말하기 연습 1

1 발명과 발견으로 인해 누릴 수 있는 혜택에 대해 이야기해 보자.

> 보기
> 가: 자동차는 정말 위대한 발명이라고 생각하지 않아요? 자동차가 없는 세상은 상상조차 할 수 없을 거예요.
> 나: 그러게 말이에요. 만약 자동차가 만들어지지 않았더라면 우리의 생활 반경이 무척 좁았을 것이고, 그랬으면 우리는 만나지 못했을지도 몰라요.

1) 〈보기〉에 표시된 표현의 용법을 알아보자.

- -가 없는 세상은 상상조차 할 수 없다
- -지 않았더라면 -지 못했을지도 모르다

2) 다음의 발명이나 발견이 이루어지지 않았다면 이 세상은 어떻게 되었을까? 〈보기〉와 같은 흐름으로 이야기해 보자.

  ❶ 화폐
  ❷ 사진기
  ❸ 컴퓨터
  ❹ 플라스틱

3) 우리 주변의 유용한 물건을 생각해 보고 그 물건이 없었더라면 어떤 일이 벌어졌을지 이야기해 보자.

2 발명이나 발견의 의의에 대해 이야기해 보자.

> 보기
> 가: 인터넷을 쓰기 시작하면서 우리 생활이 정말 크게 달라진 것 같아요.
> 나: 맞아요. 인터넷의 발전이 인간 생활의 발전에 크게 기여했다고 할 수 있지요.

1) 〈보기〉에 표시된 표현의 의미를 추측해 보자.

2) 다음 표현의 의미를 알아보고 아래의 설명에 어울리는 표현을 이야기해 보자.

(식량 부족 문제)를 해결하다	(식량 문제 해결)에 기여하다/이바지하다
(식량 문제 해결)의 새로운 지평을 열다	(식량 문제 해결)의 실마리를 제공하다
(식량 문제 해결)을 가능하게 하다	(식량 문제) 이해의 폭을 넓히다
(식량 문제 해결)의 신기원을 이룩하다	(식량 문제 해결)의 전기를 마련하다

❶ 식량 문제를 없애다 (   )

❷ 식량 문제를 해결하는 데 도움을 주다 (   )

❸ 식량 문제 해결에 새로운 방향을 제시하다 (   )

3) 다음의 발명과 발견이 인간의 삶에 어떤 영향을 끼쳤는지 〈보기〉를 참고해 이야기해 보자.
　❶ 종이
　❷ 복제 양 '돌리'
　❸ 텔레비전
　❹ 휴대 전화

4) 인간의 삶에 큰 영향을 미친 발명과 발견에는 또 무엇이 있는지, 그것의 의의는 무엇인지 이야기해 보자.

3 발명이나 발견을 평가해 보자.

가: 한글은 문자를 고안한 사람이 누구인지 알 수 있는 유일한 문자라고 들었어요.
나: 맞아요. 전 세계의 문자 중에서 창제자가 알려진 건 유례를 찾아볼 수 없다고 하더라고요. 더구나 국왕이 백성들을 위해 손수 문자를 창안한 것은 더욱 놀라운 일이죠.

1) 〈보기〉에 표시된 어휘의 의미를 추측해 보자.

2) 다음 어휘의 의미를 알아보고 비슷한 의미를 가진 표현들을 묶어 보자.

| 기발하다 | 위대하다 | 유례를 찾아볼 수 없다 | 유일무이하다 |
| 으뜸이다 | 전무후무하다 | 획기적이다 | |

3) 〈보기〉의 대화를 참고해 다음의 발명이나 발견을 평가해 보자.
   ❶ 텔레비전
   ❷ 김치
   ❸ 복제 양 '돌리'
   ❹ 손난로

4 발명이나 발견이 초래한 부정적 측면에 대해 이야기해 보자.

가: 인터넷은 모든 사람들과 정보를 공유하는 것을 가능하게 했다는 점에서 참으로 위대한 발명이라고 생각해.
나: 꼭 그렇지만은 않은 것 같아. 인터넷이 아닌 다른 경로를 통해 정보가 유통되는 것이 줄어들다 보니까 인터넷에 익숙하지 않거나 인터넷을 사용하기 어려운 사람들은 오히려 정보로부터 소외될 수 있다고 생각해.

1) 〈보기〉에 표시된 표현의 용법을 알아보자.
   • -다 보니까 오히려 -ㄹ 수 있다/-게 되다

2) 다음의 발명이나 발견이 갖는 부정적인 측면에 대해 〈보기〉와 같은 흐름으로 이야기해 보자.
   ❶ 휴대 전화
   ❷ 다이너마이트
   ❸ 인스턴트 식품
   ❹ 자동차

대화 & 이야기 2

조교: 어, 교수님. 출력 안 하시고 화면으로 그냥 보시는 거예요?

교수: 응, 예전에는 꼭 출력을 해서 봤는데, 요즘은 화면으로 보는 게 더 편해. 이렇게 빨리 익숙해지다니 참 신기하지?

조교: 아, 네. 곰곰이 생각해 보면 짧은 시간 안에 너무나 많은 게 바뀌었어요. 앞으로 우리는 어떤 삶을 살게 될까요? 어떤 발명과 발견이 이루어지느냐에 따라 우리의 삶이 완전히 다른 방식으로 전개될 수 있으니까 한편으로는 설레고 한편으로는 좀 무섭기도 해요.

교수: 그런 면도 있지. 그런데 새로운 발명이 항상 인간의 생활을 바꾸는 건 아닌 것 같아. 예를 들면 화상 전화기 같은 경우를 생각해 봐. 처음에 이 전화기가 나왔을 땐 모든 사람들이 화상 전화기를 쓰게 될 거라고 생각했지만 그렇지 않았잖아.

조교: 듣고 보니 그러네요. 처음에 화상 전화기가 나왔을 때 사람들이 얼마나 신기해했어요? 광고에도 정말 많이 나왔고요. 그런데 그렇게 많이 사용되지는 않는 것 같아요.

교수: 그건 아마도 자신의 사생활을 어느 정도는 보호하고 싶어하는 인간의 심리를 고려하지 못했기 때문이 아닐까? 그렇잖아. 누구나 자신의 사생활이 너무 훤히 드러나는 걸 좋아하지 않을 테니까.

조교: 그리고 보면 기술이 발달한다고 해서 새로운 게 기존의 걸 완전히 대체하는 건 아닌 것 같아요.

교수: 그렇지. 아무리 뛰어난 발명이라고 한들 그것이 사람들의 보편적 심리를 고려하지 않은 것이라면 결국 살아남지 못하게 되겠지.

- 두 사람은 무엇에 대해 이야기하고 있는가?

- 교수는 화상 전화기가 상용화되지 않은 이유가 무엇이라고 했는가?

문법 더하기

- -ㄴ들

동사, 형용사, '명사+이다'에 붙어 앞의 상황이 이루어진다고 하더라도 기대하는 결과가 나오지 않음을 나타낸다.

(1) 가: 지난번에 발명한 배는 가라앉았지만, 이번에는 확실히 뜰 거야. 한번 타 봐.
    나: 네가 뭘 만든들 난 상관 안 할 테니까 제발 나를 실험 대상자로 삼지만 말아 줘.
(2) 가: 오늘 집안 청소를 싹 해 놓으면 엄마 기분이 좀 풀어지실까?
    나: 네가 무슨 짓을 한들 엄마 마음을 풀기 어려울 것 같아.

말하기 연습 2

1 발명과 발견으로 달라질 미래 사회에 대해 전망해 보자.

> **보기**
> 가: 요즘 전자 도서를 이용하는 사람들이 많은데, 이러다가 서점들이 다 문을 닫을 것 같아요.
> 나: 글쎄. 서점에서 책을 직접 보면서 고르는 장점도 있기 때문에 그렇게 단정하기에는 아직 이른 것 같은데.

1) 〈보기〉에 표시된 표현의 의미를 추측해 보자.

2) 다음 표현의 의미를 알아보고 아래의 표에 넣어 보자.

기대를 모으고 있다	귀추가 주목되다	낙관하다
내다보다	단정하기에는 이르다	시기상조이다
예견하다	우려를 낳고 있다	회의적이다

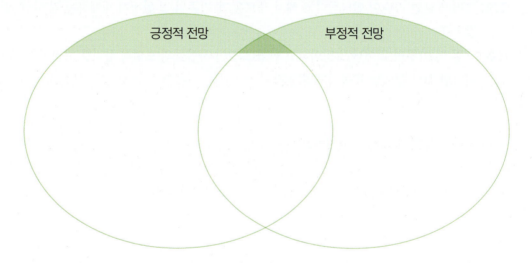

3) 다음의 발명과 발견으로 인해 미래 사회가 어떻게 달라질 것이라고 생각하는지 〈보기〉를 참고해 이야기해 보자.

   ❶ 파출부 로봇
   ❷ 스마트 폰
   ❸ 자동 운전 차량
   ❹ 휴대용 자동 통역기

4) 인간의 삶에 큰 영향을 미칠 것이라고 생각했지만 실제로 그렇지 않았던 발명이나 발견에 대해 이야기해 보자.

발명이나 발견으로 인해 나타날 변화에 대해 전망해 보자.

> 보기
> 가: 앞으로 어떤 발명과 발견이 이루어지느냐에 따라 우리의 삶이 완전히 다른 방식으로 전개될 수 있겠지요?
> 나: 그러니까 한편으로는 설레고 한편으로는 무섭기도 해요.

1) 〈보기〉에 표시된 표현의 용법을 알아보자.
   - -냐에 따라 -ㄹ 수 있다
   - 한편으로는 -고 한편으로는 -기도 하다

2) 과학의 발전으로 인해 나타날 변화에 대해 〈보기〉와 같은 흐름으로 이야기해 보자.
   ① 기술이 발전하다, 인간의 생활
   ② 의학이 발달하다, 인간의 수명
   ③ 배터리를 작게 만들다, 전기 자동차의 상용화
   ④ 환경 파괴를 덜 시키는 제품을 만들다, 제품의 판매량

 발명이나 발견과 관련된 어긋난 전망에 대해 이야기해 보자.

> 보기
> 가: 새로운 발명이 항상 인간의 생활을 바꾸는 건 아닌 것 같아요. 화상 전화기 같은 경우를 생각해 보세요. 처음에 이 전화기가 나왔을 때 사람들이 얼마나 신기해했어요? 모든 사람들이 화상 전화기를 쓸 거라고 생각했지만 그렇지 않았잖습니까?

1) 〈보기〉에 표시된 표현의 용법을 알아보자.
   - -같은 경우를 생각해 보세요.
   - -ㄹ 거라고 생각했지만 -잖습니까?

2) 다음에 대한 잘못된 전망을 〈보기〉와 같은 흐름으로 이야기해 보자.
   ① 단단한 바위를 쉽게 부수는 다이너마이트, 전쟁 무기로 사용되다
   ② 박테리아를 죽이는 항생제, 내성이 있는 슈퍼 박테리아를 만들어 내다
   ③ 프라이팬에 음식물이 눌어붙지 않게 하는 테플론, 탱크의 소재로 사용되다
   ④ 적의 움직임을 살피기 위한 마이크로파, 음식을 데워 먹는 전자레인지에 사용되다

활동

🎧 듣기 1

다음은 발명품의 발명 과정에 대한 다큐멘터리의 일부이다. 잘 듣고 질문에 답해 보자.

- 이 물건의 용도는 무엇인가?

- 이 물건의 발명 과정을 잘 표현한 말은 무엇일까?
  - ☐ 필요는 발명의 어머니
  - ☐ 소 뒷걸음질 치다 쥐 잡기

- 여러분의 생각이 맞는지 확인하며 들어 보자.

- 다시 듣고 질문에 답해 보자.
  1) 이 물건의 발명 과정을 간략히 이야기해 보자.

  2) 이 물건의 발명 과정에서 가장 큰 어려움은 무엇이고, 어떻게 극복되었는지 이야기해 보자.

- 이 이야기를 듣고 어떤 교훈을 생각하게 되었는지 이야기해 보자.

📖 읽고 쓰기

세계의 위대한 발명품에 대한 글을 읽고 여러분 나라의 위대한 발명품의 발명 과정을 조사해서 소개하는 글을 써 보자.

- 세계의 위대한 발명과 발견으로는 어떤 것을 꼽을 수 있을까?

- 다음 중 한 가지를 선택해서 읽고 어떤 과정을 거쳐 발명, 발견이 이루어졌는지 알아보자.

페니실린

항생제의 등장은 세균 감염에 대한 치료법을 완전히 바꾸어 놓은 계기가 되었다. 그런데 그 항생제의 발명은 플레밍이라는 생물학자가 페니실린을 발견하지 않았더라면 불가능했을 일이다. 플레밍은 원래 포도상 구균이라는 세균을 연구하고 있었다. 그러던 어느 날 그는 포도상 구균을 배양하는 접시에 푸른곰팡이가 자라고 있는 것을 발견하였는데, 그 곰팡이 주변의 포도상 구균이 모두 죽어 있는 것을 보고 그 푸른곰팡이에 대해 흥미를 느끼게 되었다. 그 푸른곰팡이를 연구하다가 페니실린이라는 분자를 분리하게 되고, 이것이 세균의 세포벽을 약화시켜 세균을 죽인다는 것을 발견하게 된다. 이를 이용하여 항생제를 개발하게 된 것이다.

종이컵

종이컵은 휴그 무어라는 한 대학생에 의해 발명되었다. 그의 형 로렌스는 생수 자동판매기를 발명하고 이를 판매하였다. 그런데 그 생수 자판기는 처음에는 사람들의 큰 관심을 받았지만, 나중에는 인기가 사그라지게 되었다. 그 이유는 바로 이 생수 자판기에 사용되는 도자기 컵이 쉽게 깨졌기 때문이다. 이를 안타깝게 여긴 휴그 무어는 깨지지 않는 컵을 만들기로 결심하고 그 재료로 종이를 선택하게 된다. 그런데 문제는 종이가 물에 젖으면 쉽게 녹거나 훼손된다는 것. 휴그 무어는 실험에 실험을 거듭한 결과, 물에 강한 태블릿 종이를 찾게 된다. 그리하여 종이컵이 탄생하게 된 것이다.

- 여러분이 읽고 알게 된 발명, 발견의 과정을 간단히 메모 형식으로 정리해 보자.

- 메모한 내용을 친구들에게 이야기해 보자.

- 여러분 나라의 위대한 발명이나 발견에 대해 생각해 보자.
    1) 여러분 나라의 위대한 발명이나 발견은 무엇인가?

    2) 그 발명이나 발견이 사람들의 삶에 어떤 영향을 미쳤는가?

    3) 어떤 과정을 거쳐 발명 혹은 발견되었는가?

- 여러분 나라의 위대한 발명이나 발견을 소개하는 글을 써 보자.

🎧 듣기 2

다음은 발명품을 소개하고 공개적으로 투자자를 유치하는 텔레비전 프로그램의 일부이다. 잘 듣고 질문에 답해 보자.

- 투자자를 유치하는 프로그램에서 개발자가 자신의 발명품을 소개할 때는 주로 어떤 내용을 이야기할까?

- 여러분이 예측한 내용이 맞는지 확인하면서 들어 보자.

- 다시 듣고 질문에 답해 보자.
  1) 어떤 발명품인가?

  2) 이 발명품이 가진 독창적인 측면은 무엇인가?

  3) 이 발명의 계기는 무엇인가?

  4) 이 발명품의 한계로 지적된 것은 무엇이며 그것은 어떻게 극복될 수 있는가?

  5) 개발자가 이 프로그램에 출연한 이유는 무엇인가?

- 진행자와 예비 투자자가 말하는 방식에 주목하며 다시 들어 보자.
  1) 진행자는 개발자의 말에 대해 어떻게 반응하고 있는가?

  2) 예비 투자자가 문제를 제기하는 방식은 어떤가?

- 이 기술이 상용화된다면 여러분들은 이 프로그램을 구매하여 사용하겠는가?

🎤 말하기 1

윤리적인 문제를 야기하는 발명품에 대해 이야기해 보자.

- 윤리적인 문제를 야기할 수 있는 발명품에는 무엇이 있는가?
  예) 감시 카메라(CCTV)

- 그 발명품을 만든 애초의 목적은 무엇이고 그 발명품으로 인해 야기되는 윤리적 문제는 무엇인지 이야기해 보자.
  - 만든 목적　　　　　　　　　　　　　– 야기되는 윤리적 문제

- 그러한 윤리적 문제를 없애거나 줄이기 위한 방안은 무엇일지 이야기해 보자.

말하기 2

기발한 발명품에 대해 이야기해 보자.

- 여러분이 알고 있는 기발한 발명품이 있으면 소개해 보자.

- 다음 발명품 사진을 보고 이야기해 보자.

1) 위의 발명품은 어떨 때 사용하는 것일까?

2) 이것을 발명하게 된 이유는 무엇일까?

3) 위 발명품의 장점은 무엇일까? 그리고 단점이나 한계는 무엇일까?

4) 위 발명품을 어떻게 평가할 수 있을까?

- 위 발명품 중 상품화 가능성이 가장 높다고 생각하는 것을 한 가지 골라 보자.

- 홈쇼핑 진행자라면 이 발명품을 어떻게 판매할지 생각해 보자. 이때 고객의 마음을 사로잡기 위한 구체적인 방법도 포함시키자.

- 홈쇼핑의 진행자가 되어 여러분이 고른 발명품을 소개해 보자.

- 물건을 가장 잘 소개한 사람은 누구인가?

📖 읽기

다음은 사회 발전의 원동력에 대한 글이다. 잘 읽고 질문에 답해 보자.

- 여러분은 끊임없이 사회가 발전할 수 있었던 원동력이 무엇이라고 생각하는가?

- 다음 글을 읽고 여러분의 생각과 같은지 다른지 비교해 보자.

> 기술은 끊임없이 발전하고 그 속에서 인간의 삶도 계속해서 변화해 가고 있다. 이제 우리의 생활은 과학 기술의 발달과 뗄래야 뗄 수 없는 관계가 되었는데, 이러한 발전을 이끌어 온 원동력은 무엇보다도 인간의 호기심과 상상력이었다. 바다에 대한 동경이 없었다면 배는 만들어지지 못했을 것이고, 새처럼 하늘을 나는 꿈을 꾸지 않았다면 오늘날의 비행기는 존재하지 않았을 것이다.
>
> 그런데 이러한 상상의 힘은 현대로 올수록 더욱 커지고 있다. 앨빈 토플러가 그의 저서 『부의 미래』에서 '기술적 발전이 한계에 직면하게 될 미래 사회에서는 새로운 가치가 상상력에 의해 창출될 것'이라고 예견한 것처럼 현대 사회는 단순히 기술적 차이만으로 차별성을 꾀하기 어렵게 되었다. 오늘날은 정보 통신이 발달하여 그런 기술적 차이는 쉽게 극복될 수 있기 때문이다. 따라서 경쟁에서 살아남기 위해서는 무엇인가 창의적인 것이 필요하다. 누가 얼마나 많은 지식을 갖고 있느냐가 아니라 누가 더 기발한 상상을 했느냐에 따라 생존이 결정되는 사회가 된 것이다. 한마디로 오늘날은 ㉠<u>상상력에 의한 적자생존의 원리</u>가 적용되는 사회인 셈이다.
>
> 그렇다면 상상력은 어떻게 발휘될 수 있을까? 누구는 새로운 발명과 발견이 영감에 의해 이루어진다고 하지만 실제로는 1%의 영감과 99%의 노력에 의한 것이다. 상상력을 갖기 위해서는 먼저 좋은 관찰자가 되어야 하는데, 좋은 관찰자가 된다는 것은 주변 사물이나 현상에 대해 관심과 애정을 가진다는 것이다. 그러나 관심과 애정만 가지고 마냥 기다린다고 해서 창의적인 생각이 저절로 떠오르는 것은 아니다. 또한 그저 책상에 앉아 머리만 쥐어짠다고 좋은 아이디어가 떠오르는 것도 아니다. 창의적인 생각이 가능하려면 관심과 애정을 가지고 부단히 주변을 관찰하고 분석해야 한다. 그때 바로 1%의 영감이 찾아오는 것이다.

- 다시 읽고 다음 질문에 답해 보자.

1) 글쓴이는 사회 발전의 원동력이 무엇이라고 했는가?

2) ㉠'상상력에 의한 적자생존의 원리'가 의미하는 바가 무엇이라고 생각하는지 이야기해 보자.

3) 위 글의 각 단락이 어떤 내용으로 구성되어 있는지 아래 표에 정리해 보자.

	내용
1 단락	
2 단락	
3 단락	

- 위에서 예를 든 배나 비행기와 같이 상상력의 힘을 보여 준 발명품의 예에는 무엇이 있는지 이야기해 보자.

문법 더하기

- **-ㄹ래야**

  동사 어간에 붙어 어떤 행위를 하려고 해도 그렇게 할 수가 없음을 나타내며 주로 'A할래야 A할 수가 없다'의 형태로 사용된다. 원래 '-(으)려야'가 맞는 형태이나 구어에서는 대부분 '-ㄹ래야'로 쓰인다.

  (1) 가: 네가 만든 발명품은 하나 같이 왜 그 모양이야? 쓸래야 쓸 수가 있어야지.
  　　나: 실패는 성공의 어머니라는 말도 있잖아. 실패도 해 봐야 좋은 발명이 나오지.
  (2) 가: 송 선생님은 어쩜 그렇게 훌륭하세요? 무슨 흠을 찾을래야 찾을 수가 없네요.
  　　나: 그게 바로 저의 결점이지요.

제7과 발명과 발견

문화 한국의 위대한 발명

- 여러분은 다음 중 무엇이 한국의 가장 위대한 발명이라고 생각하는가?
  □ 김치   □ 된장   □ 한복

- 다음은 일반적으로 한국의 위대한 발명이라고 일컬어지는 것들이다. 다음 설명을 읽고 여러분이 한국의 위대한 발명이라고 생각한 것과 비교해 어느 것이 더 가치 있는 발명인지 생각해 보자.

세계에서 가장 과학적인 글자 – 한글

세계의 언어 가운데 한글, 즉 훈민정음은 흔히들 신비로운 문자라 부른다. 그것은 세계 문자 가운데 유일하게 한글만이 그것을 만든 사람과 반포일을 알며, 글자를 만든 원리까지 알 수 있기 때문이다. '한글'이라는 이름은 1910년대 초에 주시경 선생을 비롯한 한글 학자들이 쓰기 시작한 것이다. 여기서 '한'이란 크다는 것을 뜻하니, 한글은 '큰 글'을 말한다고 할 수 있다.

세계 최초로 기상을 관측하다 – 측우기

측우기는 조선 세종 이후부터 말기에 이르기까지 강우량을 측정하기 위하여 쓰인 기구이다. 1441년 세종 23년 8월에 호조가 측우기를 설치할 것을 건의하여, 다음 해 5월에는 측우에 관한 제도를 새로 제정하고 측우기를 만들어 서울과 각 도의 군현에 설치하였다. 조선 세종 때의 측우기가 과학사상 뜻깊은 것은 세계에서 가장 먼저 쓰였다는 사실 때문이다.

남들이 손으로 쓸 때 우리는 활자로 찍었다 – 금속 활자

금속 활자의 발명과 사용에 있어서 고려가 가장 앞섰다는 것은 이미 세계적으로 알려진 사실이다. 고려의 금속 활자가 세계 최초의 금속 활자라는 것이 세계적으로 공인된 계기는 파리의 국립 도서관에 소장되어 있는 고려 말의 사주본인 "백운화상초록불조직지심체요절"이 공개되면서이다. 이 책은 1377년 충청도 청주의 흥덕사에서 만든 금속 활자로 찍은 것임을 밝히고 있다.

- 위에서 제시한 '김치, 된장, 한복'과 여기에서 설명하고 있는 '한글, 측우기, 금속 활자' 중 어느 것이 더 가치 있는 발명이라고 생각하는지 이야기해 보자.

자기 평가

	잘함 — 못함
- 발명과 발견이 인간의 삶에 미친 영향을 설명하는 데 필요한 표현을 익혔는가?	잘함 ●—●—●—● 못함
- 발명이나 발견의 배경과 의의에 대해 이야기할 수 있는가?	잘함 ●—●—●—● 못함
- 발명이나 발견의 과정에 대한 글을 읽고 쓸 수 있는가?	잘함 ●—●—●—● 못함

어휘 늘리기

속담 2 발명·발견

- 위대한 발명이 노력의 결과라고 생각하는가, 혹은 우연한 발견에 의한 것이라고 생각하는가?

- 다음 속담이 어떤 의미인지 추측해 본 후, 발명을 노력의 결과로 표현하는 속담과 우연한 발견으로 표현하는 속담으로 나누어 보자.

  ❶ 소 뒷걸음질 치다 쥐 잡기
  ❷ 열 번 찍어 아니 넘어가는 나무 없다 · · ⓐ 노력의 결과
  ❸ 콩 심은 데 콩 나고 팥 심은 데 팥 난다 · · ⓑ 우연한 발견
  ❹ 감나무 밑에 누워서 홍시 떨어지기를 기다린다 ·

- 다음 예문을 보고 속담의 쓰임을 확인해 보자.
  (1) 가: 발명은 하늘의 별 따기 같은 일이라고. 아무나 할 수 있는 것이 아니야!
      나: 열 번 찍어 안 넘어가는 나무 없다고 하지 않습니까? 저는 포기하지 않겠습니다.
  (2) 가: 이번에 태호가 장학금을 받았다는데 이제 정신 좀 차렸나 봐.
      나: 그게 아니래. 다른 학생들이 다 예전에 장학금을 받은 적이 있어서 받을 사람이 태호 밖에 없었대. 이거야말로 소 뒷걸음질 치다 쥐 잡은 격이지?
  (3) 감나무 밑에 누워서 홍시 떨어지기를 기다리는 식의 수동적이고 소극적인 자세로는 자신이 목표한 바를 이루기 어렵다. 목표를 이루기 위한 구체적인 계획을 세워 하나씩 이루어 가는 자세가 필요하다.
  (4) 승자나 패자는 타고나는 것이 아니라 전략적 사고에 의해 만들어진다. 콩 심은 데 콩 나고 팥 심은 데 팥 난다는 속담처럼 우연히 되거나 저절로 되는 법은 없다. 승자가 되기 위해서는 승자의 씨앗을 뿌리고 패자의 싹을 뽑아야 한다.

제8과 대중문화

학습 목표
대중문화의 특징을 이해하고 그 속에 담긴 사회 현상에 대해 이야기할 수 있다.

주제	대중문화
기능	대중문화의 속성 이야기하기, 대중문화의 기능에 대해 토론하기, 대중문화를 통해 알 수 있는 사회 현상 분석하기
활동	드라마의 경향에 대해 분석하는 글 읽고 토론하기 대중가요 가사의 시대별 특징에 대한 대담 듣기 변화하는 드라마의 특성을 분석한 뉴스 듣기 광고 속에 반영되어 있는 사회상에 대해 쓰기 대중문화의 수용 자세에 대한 논설문 읽고 말하기
어휘 1	대중문화에 대한 대중의 반응, 대중문화의 특성, 대중문화의 기능, 대중문화의 메시지 전달 방식
어휘 2	관용어 3 '신체'
문법	-거니와, -냐 -냐
발음	삼중 모음
문화	한국 드라마에 이런 것 꼭 있다!

제8과 대중문화

도입

1. 위 사진은 어떤 상황인가?

2. 위 사진을 통해 알 수 있는 대중문화의 속성은 무엇인가?

대화 & 이야기 1

마이클: 여보, 그 남자의 뭐랬지? 그 드라마 말이야. 재미있다고 그렇게 난리더니 오늘은 왜 안 봐?

영 미: 처음에는 괜찮았는데 내용이 너무 선정적이어서.

마이클: 아니 뭐, 원래 대중문화 속성이 그런 거 아닌가? 대중문화라는 건 본질적으로 오락적이고 사람들에게 즐거움을 주는 거잖아. 그러면서 대리 만족을 시켜 주는 거라고 생각하는데.

영 미: 물론 대중문화의 속성이 그렇다는 건 인정하지만, 그래도 남녀 주인공의 애정을 너무 노골적으로 표현한다거나 인위적으로 자극적인 상황을 설정하니까 사람들도 냉담한 반응을 보이는 것 같더라고.

마이클: 그런가? 우리 나라에서는 애정 표현이 워낙 일상적이어서 그런지 드라마나 영화에 그런 장면들이 나와도 문제없이 받아들이는데. 그리고 이젠 한국도 개방적으로 바뀌었으니까 그런 모습이 자연스럽게 대중문화 속에 반영된 거 아닐까?

영 미: 그렇지만 대중문화라는 건 사람들의 행동 양식에 크게 영향을 미치는 거잖아. 그러니까 좀 더 책임감 있는 자세가 필요한 것 같아. 사회에 대한 비판 의식도 보여줄 필요가 있고.

마이클: 아무리 그래도 드라마는 드라마일 뿐이야. 문제가 있다면 시청자들이 안 보면 되는 거지, 굳이 드라마를 제작하는 사람들에게 그런 무거운 사회적 책임감을 안겨 주는 건 당신이 좀 심한 거라고.

영 미: 방송인이라면 그 정도의 책임감은 있어야 되는 거 아닌가?

- 두 사람은 무엇에 대해 이야기를 나누고 있는가?

- 드라마에 대한 두 사람의 의견은 어떻게 다른가?

발음

삼중 모음

개방적으로 바뀌었습니다.
[꿨]

한국어에는 단모음과 이중 모음만 있는 것으로 알려져 있지만 실제로 말을 할 때에는 이중 모음과 단모음이 합쳐져 삼중 모음으로 발음되는 경우가 있다.

▶ 연습해 보세요.

(1) 가: 와, 이 드라마 말이야. 좋아하는 사람하고 싫어하는 사람이 완전히 나뉘었다. 반응이 극과 극을 달려.
　　나: 김지혜 작가 작품이 원래 그렇지 않나?

(2) 가: 결혼 축하한다. 근데 여자가 바뀌었네. 전에 사귀었던 여자가 아니잖아.
　　나: 야! 남의 결혼 생활, 오늘로 끝낼 생각이야?

제8과 대중문화

말하기 연습 1

1 대중문화에 대한 대중의 반응에 대해 이야기해 보자.

> 가: 새로 시작한 수목 드라마 재미있어?
> 나: 아니, 별로 재미없어. 아니나 다를까 한 자릿수 시청률로 고전을 면치 못하고 있더라고.

1) <보기>에 표시된 표현의 의미를 추측해 보자.

2) 다음 표현의 의미를 알아보고 대중성의 정도에 따라 구분하여 써 보자.

고전을 면치 못하다	꾸준한 관심을 불러일으키다	냉담한 반응을 보이다
대중이 열광하다	뜨거운 반응을 얻다	무난한 반응을 끌어내다
선풍적인 인기를 끌다	외면을 당하다	큰 파장을 불러일으키다
큰 호응을 얻다	폭발적인 반응을 이끌어내다	폭발적인 인기를 누리다

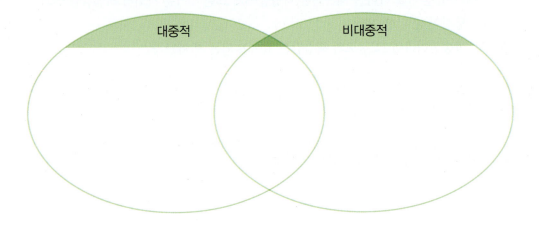

3) 다음에 주어진 대중문화 종류에 대해 <보기>를 참고해 평가해 보자.

❶ KBC 월화 드라마, 주인공 매력에 팬들 반응 폭발

❷ 최근 전쟁 관련 드라마 외면... 왜

❸ 꽃미남 배우 총출동 〈사랑〉, 반응은 2% 부족

❹ 강호석 감독 신작, 시사회 반응 긍정적

4) 방영되고 있는 드라마나 상영 중인 영화에 대한 대중의 반응을 이야기해 보자.

2 대중문화의 특성에 대해 이야기해 보자.

> 보기
> 가: 왜 그 드라마 있잖아. '치명적 사랑', 그거 어때?
> 나: 처음에는 재미있었는데 너무 선정적이라서 가족들하고 같이 보기 좀 그렇더라.

1) 〈보기〉에 표시된 어휘의 의미를 추측해 보자.

2) 관계있는 것끼리 연결하며 다음 어휘의 의미를 알아보자.

| 보편적이다 | 상업적이다 | 선정적이다 | 오락적이다 | 인기에 영합하다 |
| 자극적이다 | 저항적이다 | 파급력이 크다 | 획일적이다 | |

❶ 보편적이다 • • ⓐ 남녀노소 누구나 공감할 수 있다

❷ 상업적이다 • • ⓑ 성적인 것을 연상하게 하다

❸ 선정적이다 • • ⓒ 즐거움을 추구하려고 하다

❹ 오락적이다 • • ⓓ 기존 문화나 기성세대에 대해 비판적이다

❺ 인기에 영합하다 • • ⓔ 내용이나 형식이 모두 동일하다

❻ 자극적이다 • • ⓕ 대량 소비를 목적으로 하다

❼ 저항적이다 • • ⓖ 막강한 영향력으로 대중의 행동을 변화시키다

❽ 파급력이 크다 • • ⓗ 사람들이 선호하는 방향으로만 만들려고 하다

❾ 획일적이다 • • ⓘ 충격적 소재나 폭력적 영상으로 극단적인 반응을 유도하다

3) 최근에 인기를 끌고 있는 대중문화에 대해 〈보기〉를 참고해 이야기해 보자.
  ❶ 가수 _____의 춤
  ❷ 영화 _____의 소재
  ❸ 노래 _____의 가사
  ❹ 드라마 _____의 내용

대중문화의 기능에 대해 이야기해 보자.

> 보기
> 가: 유행하는 드라마를 보면 요즘 사람들의 생각을 알 수 있어서 좋은 것 같아.
> 나: 그래? 나는 그게 사회상을 반영하는 것이라기보다는 의도적으로 여론을 조성하는 것이라는 생각이 드는데.

1) 〈보기〉에 표시된 표현의 의미를 추측해 보자.

2) 다음 표현의 의미를 알아보고 다음의 상황에서 드러나는 대중문화의 기능을 이야기해 보자.

> 감정을 해소시키다   대리 만족을 느끼게 하다   대중의 행동 양식에 영향을 미치다
> 동질감을 형성하다   사회 비판 의식을 대변하다   사회상을 (반영하다, 드러내다)
> 상상을 가능하게 하다   여론을 (조성하다, 이끌다)

 다큐 영화를 보고 환경 운동 단체에 가입했어요.

 드라마에서 본 가방을 샀어요. 너무 뿌듯해요.

 연극을 보고 '사람들 사는 게 거기서 거기구나'라고 느꼈어요.

 평범한 사람의 성공기를 보고 희망을 가졌어요.

3) 최근 여러분이 본 드라마에 대해 〈보기〉를 참고해 이야기해 보자.

4 대중문화의 경향을 분석해서 이야기해 보자.

> 보기
> 가: 요즘 사람들은 확실히 꽃미남을 좋아하는 것 같아요. 아무래도 요즘 애들이 비디오 세대여서 그런지 예전에 비해 외모를 중시하는 경향이 있는 것 같아요.
> 나: 네. 비디오 세대여서 그렇기도 하거니와 추구하는 남성상이 변했기 때문이기도 하지요.

1) 〈보기〉에 표시된 용법을 알아보자.
   - 아무래도 -어서 그런지 -는 경향이 있는 것 같다
   - -기도 하거니와 -기도 하다

2) 대중문화의 경향에 대해 〈보기〉와 같은 흐름으로 이야기해 보자.
   ❶ 드라마 소재의 다양화, 방송사 간의 시청률 경쟁 심화
   ❷ 10대의 취향에 맞춘 TV 프로그램 증가, 청소년이 적극적인 문화 소비자로서 등장
   ❸ 아이돌 그룹의 인기 열풍, 다양한 매력을 가진 멤버로 구성
   ❹ '엄마'를 소재로 한 소설·드라마·영화의 인기, 가족을 강조하는 사회적 분위기

3) 최근 대중문화의 경향을 이야기하고 그 경향을 분석해서 이야기해 보자.

문법 더하기

- **-거니와**

  동사, 형용사, '명사+이다'에 붙어 앞 부분의 내용을 인정하면서 뒤의 사실을 덧붙일 때 쓴다.
  (1) 가: 그 드라마의 흥행 비결은 무엇이라고 생각하십니까?
      나: 소재 자체가 워낙 참신하거니와 주인공들도 모두 열연을 했기 때문이라고 봅니다.
  (2) 가: 새로 들어온 그 신입 사원은 어떻습니까?
      나: 아, 김준수 씨요? 외모도 준수하거니와 성격도 사교적이어서 좋은 평을 듣고 있어요.

대화 & 이야기 2

바타르: 우리 조에서는 김치냉장고 광고를 보고 와서 거기에 반영된 사회상에 대해 이야기하기로 했는데요. 그럼 누가 먼저 이야기해 볼까요?

마　야: 네, 제가 먼저 이야기하겠습니다. 김치냉장고 광고가 굉장히 다양하고 많더라고요. 그래서 그걸 보면서 '아, 정말 한국 사람들은 김치 없이는 못 산다는 말이 맞긴 맞나 보다' 하는 생각을 했어요. 그리고 또 '웰빙' 시대에 걸맞게 '밥은 집에서 먹는 게 건강에 좋다', 그리고 그때 '빼놓을 수 없는 게 또 김치다', 뭐, 이런 한국 사람들의 건강에 대한 관심을 반영하는 것 같았어요.

엘리나: 그건 너무 표면적인 분석인 것 같고요. 저는 광고에 등장하는 모델들이 대부분 여자라는 점에 주목했습니다. 모델이 주로 여자인 걸 보면 집안일은 여전히 여자의 몫이라는 고정관념이 반영되어 있다는 걸 알 수 있었습니다.

바타르: 네. 엘리나 씨가 김치냉장고 광고에 나타난 고정적인 성 역할에 대한 의식을 지적해 주셨는데요. 다른 분들도 그렇게 생각하시나요?

우　량: 근데 요즘 보면, 김치냉장고 광고에 주부만 나오는 게 아니라, 사회적으로 성공한 여성이 모델로 나오는가 하면 남자 배우가 나오기도 하지 않습니까? 이렇게 모델이 다양해졌다는 점에서 그런 해석은 좀 지나친 감이 있는 것 같습니다. 결국 남자냐 여자냐가 중요하다기보다는 바쁜 한국 사람들에게 김치냉장고가 그만큼 편리하고 필요한 존재라는 걸 적극적으로 드러내려고 하는 것 같았습니다.

엘리나: 글쎄요. 그런데 그, 남자들이 등장하는 광고도 유심히 살펴보면 결국은 남자에게 맛있는 김치를 먹게 해 주고 싶다는 주부의 마음을 표현하고 있는 거 아닐까요?

우　량: 여자가 김치를 담그는 모습 같은 게 직접적으로 나온 광고는 한 편도 없는데 그렇게까지 생각하는 건 너무 한쪽에만 치우친 생각인 것 같습니다.

- 이 사람들은 지금 무엇에 대해 토론하고 있는가?

- 여러분은 누구의 의견에 동의하는가?

- -냐 -냐

　동사, 형용사, '명사+이다'에 붙어 둘 중에서 하나를 선택해야 하는 상황을 표현할 때 쓴다.
　(1) 가: 저 두 사람 도덕적으로 문제 있는 거 아니야?
　　　나: 넌 드라마 보면서 무슨 옳으냐 그르냐를 따지고 그래?
　(2) 죽느냐 사느냐, 그것이 문제로다.

말하기 연습 2

1 대중문화의 다양한 양상에 대해 이야기해 보자.

>
> 가: 광고를 가만히 보면 동일한 제품이라도 광고의 표현 방식이 굉장히 다른 것 같아요.
> 나: 맞아요. 똑같은 원두커피 광고라도 선택 받은 소수를 위한 제품이라는 것을 강조하는가 하면 젊은 연인들이 부담 없이 즐길 수 있는 제품이라는 것을 강조하기도 하죠.

1) 〈보기〉에 표시된 표현의 용법을 알아보자.
   ● -는가 하면 -기도 하다

2) 다음에 대해 〈보기〉와 같은 흐름으로 이야기해 보자.
   ❶ 드라마에 상업주의가 많이 반영되어 있다
   ❷ 영화에 최첨단 기술이 많이 이용되고 있다
   ❸ 대중가요의 유행 주기가 짧아지고 있다
   ❹ 대중문화에 있어서 국가 간의 경계가 허물어져 가고 있다

3) 자신이 알고 있는 대중문화의 양상에 대해 이야기해 보자.
   ❶ 드라마
   ❷ 가요
   ❸ 광고
   ❹ 영화

2 대중문화의 메시지 전달 방식에 대해 이야기해 보자.

> 가: 김치냉장고 광고의 주인공은 대부분 여성입니다. 여기에는 집안일은 대부분
> 여자의 몫이라는 고정 관념이 노골적으로 반영되어 있다고 생각합니다.

1) 〈보기〉에 표시된 어휘의 의미를 추측해 보자.

2) 다음 어휘들의 의미를 알아보고 다음의 표현과 어울리는 것을 찾아 아래의 표에 넣어 보자.

깃들어 있다	나타내다	내포하다	드러내다
반영하다	상징하다	숨어 있다	엿볼 수 있다

노골적/원색적으로	은연중에

3) 다음과 같은 드라마 속의 인물을 통해 무엇을 알 수 있는지 〈보기〉를 참고해 이야기해 보자.

   ❶ 회사에서 잘리지 않기 위해 애쓰는 주인공 진호, 직장인들의 애환
   ❷ 전문직 여성으로서 멋지게 활약하는 수미, 여성의 사회 진출이 활발해진 사회상
   ❸ 가난 속에서도 가족을 위해 헌신하는 아버지 명준, 아버지의 위대한 사랑

4) 광고나 드라마 속에 등장하는 인물 혹은 상황을 통해 알 수 있는 것은 무엇인지 이야기해 보자.

3 대중문화 현상에 대한 상대방의 의견에 반박해 보자.

> 보기
> 가: 대부분의 김치냉장고 광고에 여성 모델들이 많이 나오는 걸 보면 한국 사회는 아직도 성 역할에 대한 고정 관념이 남아 있다는 걸 알 수 있어.
> 나: 글쎄, 최근에는 남자 배우를 등장시킨 김치냉장고 광고도 많아졌다는 점에서 그렇게 얘기하는 건 좀 지나친 감이 있는데?

1) 〈보기〉에 표시된 표현의 용법을 알아보자.
   - -ㄴ 걸 보면 -다는 걸 알 수 있다
   - -다는 점에서 -ㄴ 감이 있다

2) 다음에 대해 〈보기〉와 같은 흐름으로 이야기해 보자.
   ① 외모가 뛰어난 가수가 인기가 많다. 가창력이 뛰어난 가수도 인기가 많다
   ② 지나치게 어린 나이에 연예계에 진출하는 청소년이 많다. 일찍부터 소질을 계발할 수 있다.
   ③ 인기 스타에 의존한 영화가 많이 제작되다. 작품성과 배우들의 연기력을 중시하는 영화도 많다
   ④ 대중가요 인기 순위의 변동이 심하다. 국민 가요라 불릴 만한 노래도 여전히 많다

3) 한국 문화와 관련된 특정한 현상에 대해 이야기해 보자.

활동

📖 읽고 말하기 1

드라마에 흔히 등장하는 부모와 자식의 갈등에 대한 신문 기사를 읽고 대중문화의 기능에 대해 토론해 보자.

- 결혼과 관련해 부모와 자식 간에 생길 수 있는 갈등으로는 무엇이 있을지 생각해 보자.

- 제목을 읽으면서 어떤 내용의 기사일지 추측해 보자.

- 예측한 내용이 맞는지 확인하면서 글을 읽어 보자.

독한 부모 만드는 드라마

한국 드라마에는 자식의 결혼 문제와 관련해 부모의 반대로 빚어지는 갈등이 자주 등장한다. 자식 커플의 결합 과정에서 부모의 반대와 개입은 나름의 설득력을 가질 수도 있다. 그러나 너무나 많은 드라마가 결혼을 둘러싼 부모 자식 간 갈등을 자극적 소재로 지나치게 부각시켜 부정적 여론을 조성하고 있다.

■ 사회적 차별을 옹호하는 개입: 부자는 환영–서민, 미혼모, 이혼한 사람 등은 반대

드라마 속의 부모들은 자식의 배우자가 될 사람의 인물 됨됨이나 성격, 능력, 문화적 차이의 극복 가능성 등을 꼼꼼히 따지기보다 배우자감의 출신과 그가 처한 상황을 중시한다. 부자 배우자감에 대해서는 호의적이다. 부모가 반대하는 배우자감은 거의 모두 서민 출신과 사회적 약자들이다. 서민이라는 것이 반대의 이유가 되는 경우도 있지만 미혼모, 이혼한 사람이 되면 확실한 반대의 이유가 된다.

■ 주객이 전도된 결혼

드라마에서 자식이 부모의 마음에 들지 않는 상대와 결혼을 하려고 하면 부모가 반대 이유로 흔히 내세우는 말은 "누구 맘대로?", "다 너의 행복을 위해서야."다. 결혼을 가족 전체의 관점으로 접근하는 전통적 시각이, 많은 드라마에 나타나고 있는 것이다. 그래서 결혼 추진 과정에서도 부모의 의견이 더 강조된다.

■ 효율적인 갈등 설정을 위하여

드라마에서 부모와 자식이 결혼 문제로 대립하고 갈등하는 것은 주로 자식이 결혼하고자 하는 상대가 사회적인 편견이나 차별을 받고 있는 처지나 상황에 있을 때가 대부분이다. 그러나 그러한 처지나 상황이 더 이상 젊은 세대에게는 결혼의 걸림돌이 되지 않는다. 결혼 조건을 대하는 세대 간의 이런 견해차가 드라마의 갈등 요인으로 톡톡히 작용하고 있는 것이다.

그러나 이는 가치관의 변화에 따른 세대 간 갈등으로만 그칠 일은 아니다. 드라마를 통하여 편견과 차별에 대한 인식의 변화를 이끌어 내는 효과도 있다. 처지나 상황보다 사람 됨됨이, 성격, 능력, 서로 이해하고 소통하는 가능성 등을 중요하게 생각하는 기회를 다양하게 제공한다.

그래서 드라마 속에서 부모가 자식의 결혼에 지나치게 개입하는 것은 지양해야 할 일이다. 결혼과 관련된 갈등의 요소가 많을 터인데도 대부분의 드라마는 부모의 반대로 인한 갈등에만 치우치는 경향이 있다. 특히 갈등의 극대화를 위해 부모의 반대를 점점 독하게 몰고 가는 것은 설득력이 떨어진다. 드라마에서 그려질 부모의 모습이 인생의 선배로서, 차별과 편견의 실체를 알리며 자식을 설득하거나 아니면 자식의 결혼을 통해 함께 고난을 극복해 가는 모습이기를 기대해 본다. 앞으로 제작될 드라마는 이런 부모의 역할을 강조해 주는 드라마로 거듭나야 할 것이다.

- 다시 읽고 질문에 답해 보자.

    1) 아래 내용이 읽은 내용과 같으면 ○, 틀리면 × 에 표시해 보자.

    (1) 드라마 속 부모들은 주로 서민 출신 배우자를 반대한다. ○ ×
    (2) 결혼을 개인의 문제로 생각하는 부모들이 늘어난 것으로 그려진다. ○ ×
    (3) 결혼 조건에 대한 세대 간 인식의 차이가 주요한 갈등 요인이다. ○ ×
    (4) 드라마 속 부모 자식 간 갈등은 충분히 설득력 있는 설정이다. ○ ×

    2) 이 기사에서는 드라마 속의 부모가 자식의 결혼에 개입하는 것에 대해 어떻게 보는가?

- 대중문화의 기능에 대한 아래의 두 가지 입장 중 한 가지를 선택하고 그 구체적인 근거를 생각해 보자.

    | 대중문화는 사회상을 반영할 뿐이다. 대중문화에 드러난 인물들의 행동에 대한 가치 판단은 무의미하다. | 대중문화는 사람들의 의식을 선도한다. 따라서 보다 책임감 있는 태도가 필요하다. |

- 대중문화의 기능에 대해 위의 두 입장이 되어 토론해 보자. 이때 드라마나 영화에서 제시되는 구체적인 상황을 예로 들어 이야기해 보자.

듣기 1

다음은 라디오 음악 프로그램의 일부이다. 잘 듣고 질문에 답해 보자.

- 한국 가요를 들을 때 어떤 부분에 가장 관심을 많이 가지는지 이야기해 보자.
  ☐ 가수　　　　　　☐ 가사　　　　　　☐ 멜로디

- 사랑에 관한 노래 중에서 특별히 기억에 남는 가사가 있으면 이야기해 보자.

- 다음을 잘 듣고 질문에 답해 보자.
  1) 이 코너의 이름은 무엇이고, 오늘의 주제는 무엇인가?

  2) 평론가는 예전과 달라진 요즘 노래의 특징이 무엇이라고 이야기하고 있는가?

  3) 평론가가 자신의 의견을 뒷받침하기 위해 사용한 방법은 무엇인가?

- 평론가의 의견을 뒷받침할 수 있는 다른 예를 더 찾아보자.

듣기 2

다음은 최근 드라마의 특징을 소개하고 있는 연예 뉴스의 일부이다. 잘 듣고 질문에 답해 보자.

- 여러분은 최근 드라마의 가장 큰 특징이 무엇이라고 생각하는가?
  - 시간적·공간적 배경
  - 주제나 소재
  - 등장인물

- 뉴스를 잘 듣고 질문에 답해 보자.
  1) 최근 드라마의 변화 중 무엇에 대해 이야기하고 있는가?

  2) 그 변화의 내용이 무엇인지 이야기해 보자.

  3) 뉴스의 제목을 만들어 보자.

- 여러분이 최근에 본 드라마에 등장한 악역 중 가장 공감이 가는 인물이 누구인지, 왜 그런지 이야기해 보자.

📝 쓰기

광고에 반영된 사회상에 대해 조별로 조사하여 그 내용을 글로 정리해 보자.

- 여러분은 기억에 남는 광고가 있는가? 그 광고는 어떤 사회상을 반영하고 있는지 이야기해 보자.

- 다음 순서대로 조사할 내용을 준비해 보자.

  1) 각 조별로 광고를 한 개씩 선택하자.

  2) 아래 항목들을 기준으로 그 광고에 대해 메모해 보자.

광고 대상/제품	
광고 메시지	
광고 문구	
배경 음악	
기타	

  3) 여러분이 선택한 광고를 통해 알 수 있는 사회상 혹은 의식에 대해 이야기해 보자.

- 여러분이 조사한 내용을 바탕으로 광고를 분석하는 글을 써 보자.

- 서로 글을 바꿔 읽으면서 광고에 반영된 사회상이 잘 드러나게 쓰였는지 평가해 보자.

읽고 말하기 2

대중문화의 수용 자세에 대한 글을 읽고 '매체 해독력'을 가진 수용자의 태도에 대해 이야기해 보자.

- 대중문화를 받아들이는 올바른 자세는 무엇이라고 생각하는가?

- 다음을 읽고 대중문화의 올바른 수용 자세는 어떤 것일지 생각해 보자.

> 최근 들어 대중문화에 대한 관심이 늘어나고 있다. 대학에서는 대중문화론을 정식 교양 과목으로 채택하고 있으며, 일반 시민 단체나 자치 단체 기관에서도 대중문화에 대한 강좌와 특강이 늘어나고 있다. 대중문화는 우리 일상생활 속에 깊숙이 들어와 대중들과 함께 호흡하고 있는 일상 문화이며, 관습, 제도, 상업 논리 등 다양한 가치관과 이데올로기가 분출되는 지점이기도 하다. 또한 일방향적으로 재미와 가치관을 주입하는 것이 아니라, 대중들의 선택적 소비와 교감 속에 쌍방향적으로 만들어지는 일상 문화이기도 하다. 따라서 대중문화 속에는 동시대 대중들의 욕망, 가치관, 꿈, 저항, 분노 등이 들어 있으며, 대중문화를 선택하고 거부하는 과정은 일종의 정치 행위와 같은 효과를 가지게 된다. 대중문화에 관심을 갖고 올바로 읽어 내려는 노력이 필요한 이유는 바로 이와 같은 대중문화 고유의 속성 때문이다. 대중문화는 가치 중립의 영역이 아닌 정치적, 경제적, 사회적 이데올로기와 결부된 영역이며, 일상생활 속에서 자연스럽게 받아들이는 특성을 가지고 있기 때문에 비판적으로 대중문화를 수용하려는 자세가 필요하다.
>
> 대중문화는 다수가 즐기는 문화로서 대중의 욕구를 충족시켜주는 긍정적인 역할을 수행하지만, 반면 대중들의 욕구를 이용한 상업 논리가 들어 있으며, 특정 계급이나 권력의 가치관이 표출되기도 하며, 대중들에게 현실 도피적인 쾌락을 제공하면서 현실 비판적인 감각을 마비시키는 부정적인 영향을 미치기도 한다.
>
> 따라서 대중문화는 권력, 계급, 인종 등 다양한 가치관이 서로 경쟁하고 갈등하는 영역이므로, 수용자들은 스스로 올바른 관점에서 비판적으로 수용하려는 자세를 가질 필요가 있다. 스스로 대중문화를 꼼꼼히 되돌아보거나, 주변 사람들과의 일상적인 대화를 통해서 얼마든지 대중문화를 비판적으로 읽어 낼 수 있다. 특히, 대중문화는 대중 매체를 통해 유포되는 특성을 가지고 있으므로, 미디어를 비판적으로 읽어 내려는 '매체 해독력'에 대한 관심이 필요하다. 또한, 대중문화 생산에 적극 참여하여 대중문화의 주체로서 목소리를 내려는 실천적 자세도 중요하다. 시청자들이 자발적으로 영상을 제작하여 방영하는 활동이 대표적인 사례이다. 이와 같이 대중문화를 주체적으로 만들고 공유해 나가는 실천 속에서, 대중들은 예술과 문화에 대한 감성을 고양하고 정치적 이해력을 키울 수 있다.

- 글을 읽고 다음 질문에 답해 보자.

    1) 글쓴이가 말하는 대중문화의 속성은 무엇인지 찾아보자.

    2) 글쓴이가 제안하는 '대중문화 수용의 올바른 자세'는 무엇인지 한 문장으로 찾아 쓰라.
    _____ 자세가 필요하다.

    3) 대중문화를 올바르게 수용하기 위해 제시한 대안은 무엇인지 이야기해 보자.

- 위 글에 소개된 '매체 해독력'이라는 개념을 좀 더 확대시켜 생각해 보고 아래의 정의를 완성해 보자.

    > 매체 해독력(Media Literacy)이란?
    > 매체 해독력이란 신문이나 TV 등 오래된 미디어뿐만 아니라 인터넷, DMB, 모바일 기기 등 새로운 미디어에 나오는 정보를 (   ) 해석하여 진위를 가리고, 필요한 경우 창의적으로 새로운 정보를 (   ) 능력을 말한다.

- 대중문화를 수용하는 올바른 자세에 대해 이야기해 보자.

- '매체 해독력'을 가진 수용자라면 아래와 같은 상황에서 어떤 태도를 보여야 하는지 이야기해 보자.

    1) 여러분은 다음의 상황에서 어떤 태도를 보이겠는가?
        - 특정 연예인이 고의로 병역을 기피했다는 인터넷 기사를 접했을 때
        - 특정 기업이 허위 광고로 엄청난 이익을 보고 있다는 블로그의 글을 읽었을 때

    2) 각자 생각한 내용을 친구들 앞에서 발표해 보자.

    3) 어떤 사람의 태도가 가장 바람직한 매체 해독력을 반영한다고 생각하는가?

- 위에서 제시한 방법 외에 대중문화를 올바르게 수용하는 다른 방법을 구체적으로 이야기해 보자.

문화 한국 드라마에 이런 것 꼭 있다!

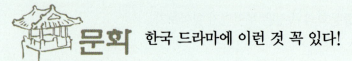

- 여러분은 한국 드라마의 특징이 무엇이라고 생각하는가? 한국 드라마에 빠지지 않고 꼭 등장하는 상황은 무엇이라고 생각하는가?

- 다음은 한국 드라마에 자주 등장하는 장면을 소개한 글이다. 잘 읽고 한국 드라마의 공통적 특성이 무엇인지 이해해 보자.

  한국 드라마는 단순히 한국 사람들에게만 인기가 있는 것이 아니라 아시아 여러 국가로 수출되며 한류를 불러일으킬 만큼 인기도 많고 다양한 팬을 확보하고 있다. 한국 드라마에는 주로 남녀 사이의 사랑을 주제로 하는 드라마가 많은데, 그런 만큼 어느 드라마에서나 꼭 등장하는 전형적인 장면이 존재한다.

  우선 '남녀 삼각관계'는 기본이다. 예쁜 여자를 사이에 두고 두 남자가 경쟁을 하거나 잘생긴 남자를 차지하기 위해 두 여자가 얽히는 경우 없이는 극의 전개가 아예 이루어지지 않는다고 할 수 있다.

  또한 '출생의 비밀' 역시 빠지지 않는 소재이다. 드라마 초반에는 가난하고 불쌍하던 주인공이, 사실은 부잣집 자식임이 밝혀져 주변 사람들을 어리둥절하게 만드는 상황이 꼭 나온다.

  주인공들이 화가 났을 때는 어떻게 할까? 많은 여자 주인공들은 바가지만 한 그릇에 밥과 여러 재료들을 넣고 비빔밥을 만들어 마구 퍼 먹으며 화를 풀고 남자 주인공들은 항상 샤워를 하며 화를 식힌다.

  이와 같이 대부분의 한국 드라마 속에는 사람들 사이의 복잡한 갈등 관계가 드라마를 이끌어 가는 주요 소재로 등장하고 있다. 그러나 결말은 늘 가족 간의 사랑과 화합을 강조하며 행복한 결말로 끝난다.

  어처구니 없는 설정, 개연성 떨어지는 전개라는 비판을 받을 때도 있지만 '욕하면서 본다'는 말이 있을 정도로 한국 드라마는 시청자의 시선을 사로잡는, 거부할 수 없는 매력으로 넘쳐 난다.

- 한국 드라마를 여러분 나라의 드라마와 비교할 때 어떤 점에서 차이가 있는지 이야기해 보자.

자기 평가

● 대중문화의 특성과 관련한 표현을 익혔는가?	잘함 ●━━●━━●━━● 못함
● 대중문화의 기능에 대해 자신의 의견을 제시하고 토론할 수 있는가?	잘함 ●━━●━━●━━● 못함
● 드라마 혹은 대중 매체를 소개하거나 분석하는 글을 읽고 쓸 수 있는가?	잘함 ●━━●━━●━━● 못함

어휘 늘리기

관용어 3 신체

- 드라마 홈페이지에 실린 네티즌의 감상 평을 보고 밑줄 친 표현의 의미가 무엇인지 이야기해 보자.

> 남녀 주인공의 이룰 수 없는 사랑이 너무 안타까워서 <u>가슴이 미어집니다</u>.

- 다음 관용어와 맞는 의미를 연결해 보자.

    ① 가슴이 미어지다 · · ⓐ 간절히 기다리다
    ② 목이 빠지게 기다리다 · · ⓑ 몹시 부끄럽다
    ③ 손에 땀을 쥐게 하다 · · ⓒ 몹시 괴롭히거나 애가 타게 만들다
    ④ 심장에 파고들다 · · ⓓ 어떤 일이나 말이 마음에 와 닿다
    ⑤ 얼굴이 뜨겁다 · · ⓔ 극도의 긴장감을 주다
    ⑥ 피를 말리다 · · ⓕ 마음이 슬픔이나 고통으로 가득 차 견디기 힘들게 되다

- 다음 예문을 보고 관용어의 쓰임을 확인해 보자.
    (1) 저는 요즘 이 드라마에 빠져서 수요일이 되기만을 목이 빠지게 기다립니다.
    (2) 드라마에서 남녀 주인공이 키스하는 장면을 보고 얼굴이 뜨거워졌다.
    (3) 복수를 꿈꾸는 남자 주인공이 내뱉는 대사 하나하나가 심장에 파고드는 것 같았다.
    (4) 주인공이 몰래 비밀 서류를 훔쳐 들고 나오는 장면이 손에 땀을 쥐게 했다.

제9과 변화하는 사회

학습 목표
한국 사회의 변화를 이해하고 자기 나라의 사회 변화를 이야기할 수 있다.

주제	사회 변화
기능	사회 변화의 양상과 원인 이야기하기, 사회 문제의 원인과 해결 방안 제시하기
활동	다문화 사회로서의 한국에 대한 뉴스 듣고 말하기
	고령화 대책에 대한 논평 듣기
	사회학 분야의 신간 안내문 읽기
	가족 문제에 대한 신문 기사 읽고 말하기
	가족의 구성과 정의에 대해 말하기
	자발적 비혼모에 대한 논설문 쓰기
어휘 1	가족의 형태, 가족 형태가 다양해진 원인, 저출산의 원인과 그로 인한 문제, 고령화 사회의 특징과 대책
어휘 2	관용어 4 '물'
문법	-다손 치더라도, -ㄹ 리 만무하다
발음	인용 부분의 억양
문화	가족계획 표어 변천사

제9과 변화하는 사회

도입

1. 위 사진에서 알 수 있는 한국 사회의 특징은 무엇인가?

2. 한국 사회는 어떻게 변화하고 있는지 아는 것을 이야기해 보자.

대화 & 이야기 1

안 과장: 최 대리, 예정일이 이번 달이라고 했지? 일하느라 제대로 출산 준비도 못 했을 텐데, 마음이 많이 급하겠어?

최 대리: 첫애라 뭘 어떻게 준비해야 할지 몰라서 그런 건지 걱정은 별로 안 돼요, 과장님. 지난달에 친정 근처로 이사 간 게 다니까요.

안 과장: 그럼 최 대리도 위성 가족의 반열에 합류하는 건가?

최 대리: 위성 가족이요?

안 과장: 맞벌이 부부가 늘다 보니까 부모님 집 근처에 살면서 부모님께 육아나 가사의 도움을 받는 부부들도 많아졌잖아. 그런 경우를 위성 가족이라고 말한대. 실제로 최근 5년 사이에 3배나 증가했다더라고.

최 대리: 그런 말까지 생기다니 그런 사람들이 정말 많기는 많나 보네요. 임신을 했을 때만 해도 부모님께 아이를 키워 달라고 할 생각은 아니었는데 아이를 믿고 맡길 데가 없더라고요. 그렇다고 일을 그만둘 수도 없고요.

안 과장: 손자나 손녀를 돌보는 게 부담스럽기만 한 일은 아닐 거야. 신문에서 봤는데 자식들이 곁에 살면 의지도 되고, 또 용돈 같은 걸 받을 때도 떳떳해지니까 삶의 만족도가 높아지는 경우도 많다고 해. 어떤 전문가는 위성 가족이 저출산과 고령화 문제를 동시에 해결할 수 있는 열쇠라고까지 말하던걸.

최 대리: 아무리 그래도 부모님께 죄송스러운 건 사실이에요. 이번에는 어쩔 수 없이 부모님의 손을 빌린다손 치더라도 이렇게 가족의 힘만으로 육아를 해결해야 한다면 둘째는 꿈도 못 꿀 것 같아요.

안 과장: 그렇긴 해. 출산율이 이렇게까지 떨어진 건 육아에 대한 부담이 가장 큰 원인이니만큼 출산율을 높이기 위해선 육아 부담을 덜어 주는 것이 시급하긴 하겠지. 이렇게 계속 출산율이 떨어지면 경제적으로도 큰 타격이니까.

- 두 사람은 무엇에 대해 이야기하고 있는가?

- 위성 가족은 무엇이고, 그것이 등장한 배경은 무엇인가?

문법 더하기

- **-다손 치더라도**

  동사, 형용사, '명사+이다'에 붙어 앞말의 상황을 인정하기는 하나 그것에 영향 받지 않는 다른 상황이 있음을 나타낸다.

  (1) 보육 시설이 는다손 치더라도 보육의 질이 높아지지 않는다면 출산율이 늘지는 않을 것이다.
  (2) 가: 언니가 실수를 했다손 치더라도 동생인 네가 언니한테 그렇게 함부로 말해서야 되겠니?
  　　나: 엄마는 왜 항상 언니 편만 들어요?

말하기 연습 1

1 가족의 형태에 대해 이야기해 보자.

> 보기
> 가: 1인 가구의 비율이 크게 늘었네요. 1980년에는 4.5% 정도였는데 2010년에는 20.8%나 돼요.
> 나: 저도 그 기사 봤어요. 다섯 집 중에 한 집은 혼자 사는 사람들이라니 1인 가구가 정말 많아지긴 많아졌어요.

1) 〈보기〉에 표시된 어휘의 의미를 추측해 보자.

2) 관계있는 것끼리 연결하며 다음 어휘의 의미를 알아보자.

| • 대가족 | 핵가족 | 위성 가족 | 다문화 가족 |
| • 무자녀 가구 | 한부모 가구 | 조손 가구 | 1인 가구 |

❶ 다문화 가족 •   • ⓐ 부모 없이 조부, 조모와 손자, 손녀가 사는 형태

❷ 대가족 •   • ⓑ 한부모와 만 18세 미만의 자녀로 구성된 형태

❸ 1인 가구 •   • ⓒ 부부와 미혼 자녀로 이루어진 형태

❹ 조손 가구 •   • ⓓ 구성원의 국적, 인종, 문화가 다른 가족

❺ 한부모 가구 •   • ⓔ 다른 가족이 없거나, 있어도 여러 이유로 가족과 떨어져 혼자 생활하는 형태

❻ 핵가족 •   • ⓕ 부부와 미혼 자녀 외에 조부, 조모, 삼촌, 고모 등을 포함한 형태

3) 가족 형태의 변화에 대해 〈보기〉를 참고해 이야기해 보자.

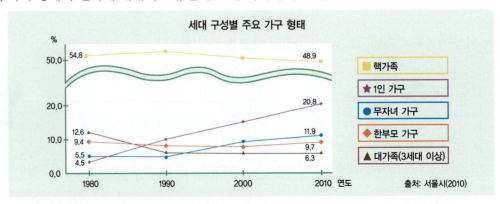

4) 여러분 나라에는 어떤 가족 형태가 많은지, 가족 형태는 어떻게 변화하고 있는지 이야기해 보자.

2 가족의 형태가 다양해진 원인에 대해 이야기해 보자.

>
> 가: 1인 가구가 이렇게 증가한 이유가 뭘까요?
> 나: 가족관이 변화했기 때문이 아닐까요? 요즘 사람들은 가족이 꼭 함께 살아야
>   한다고 생각하지 않잖아요.

1) 〈보기〉에 표시된 표현의 의미를 추측해 보자.

2) 다음 표현의 의미를 알아보고 어떤 가족 형태와 관계가 있는지 이야기해 보자.

가족관이 변화하다	개인의 성취를 중시하다	결혼/출산을 미루다/꺼리다
맞벌이 부부가 늘다	여성의 경제 활동이 증가하다	이혼율이 증가하다
초혼 연령이 상승하다	출산율이 줄어들다	평균 수명이 늘어나다

1인 가구	무자녀 가구	위성 가족

3) 다음과 같은 가족 형태가 늘고 있는 이유를 〈보기〉를 참고해 이야기해 보자.
   ❶ 위성 가족
   ❷ 핵가족
   ❸ 조손 가구

4) 여러분 나라에서 늘고 있는 가족 형태와 그 원인에 대해 이야기해 보자.

3 최근 출산율 저하가 심각한 사회 문제가 되고 있다. 저출산의 원인과 그로 인한 문제에 대해 이야기해 보자.

> 보기
> 가: 요즘 젊은 사람들은 양육비에 대한 부담이 크기 때문인지 아이 낳기를 많이 꺼리는 것 같아요.
> 나: 그렇죠. 애 키우는 데 돈이 좀 많이 들어요? 그렇긴 해도 출산율이 늘지 않으면 생산 인구가 감소해서 경제적으로 큰 타격을 입을 거예요.

1) 〈보기〉에 표시된 표현의 의미를 추측해 보자.

2) 다음 표현의 의미를 알아보고 출산율 저하의 원인과 그로 인한 문제로 나누어 보자.

고령화가 가속화되다	고용에 대한 불안이 크다
근로 연령층이 줄어들다	노후에 대한 걱정이 크다
보육 시설이 부족하다	사회 복지 비용이 증가하다
생산 인구가 감소하다	아이를 믿고 맡길 데가 없다
양육비/교육비에 대한 부담이 크다	여성들의 자아실현 욕구가 크다
육아 휴직 제도가 갖추어져 있지 않다	인구가 감소하다
일과 육아를 병행하기 힘들다	출산 후에 재취업이 어렵다

출산율 저하의 원인	출산율 저하로 인한 문제

3) 출산율 저하의 원인과 그로 인한 문제를 〈보기〉를 참고해 이야기해 보자.

4) 여러분 나라의 경우는 어떤지 이야기해 보자.

4 저출산 문제의 해결 방안에 대해 이야기해 보자.

> 보기
> 가: 어떻게 하면 출산율을 높일 수 있을까요?
> 나: 경제적 부담이 가장 큰 원인이니만큼 경제적 부담을 줄여주는 것이 시급하다고 생각해요. 가령 유치원 교육비를 무료로 한다거나 임신 축하금을 준다거나 하는 식의 정책을 마련해야겠지요.

1) 〈보기〉에 표시된 표현의 용법을 알아보자.

- -가 가장 큰 원인이니만큼 -가 시급하다
- 가령 -다거나 -다거나 하는 식의 정책을 마련하다

2) 다음 저출산 문제의 해결 방안에 대해 〈보기〉와 같은 흐름으로 이야기해 보자.

❶ 육아 시설 부족, 모든 직장에 탁아소를 만들다
❷ 노후에 대한 불안, 노인들에게 생활 보조금을 지원하다
❸ 고용 불안, 출산한 여성의 재취업을 법으로 보장하다
❹ 여성의 자아실현 욕구 증가, 남성의 육아 휴직을 법으로 정해 놓다

3) 여러분이 생각하는 저출산 문제의 해결 방안에 대해 이야기해 보자.

대화 & 이야기 2

진행자: 오늘은 '한국 사회의 동향' 연구에 참여하신 한국대학교 사회학과 김명희 교수를 모시고 이야기 나눠 보겠습니다. 먼저 연구 결과에 대한 소개 부탁드립니다.

전문가: 네. 이번 연구 결과에서 가장 두드러진 것은 '한국 사회의 구성원이 변화하고 있다'가 되겠습니다. 다시 말해 한국 사회는 빠르게 고령화되고 있으며, 다인종, 다문화 사회로 변모하고 있다는 것입니다.

진행자: 이러한 사회 변화, 비단 한국만의 현상은 아니라는 생각이 듭니다.

전문가: 맞습니다. 그렇지만 한국의 고령화 속도는 세계 최고이고, 출산율은 세계 최저 수준이라는 데 주목해야 합니다. 고령화 문제의 가장 근본적인 원인은 출산율 감소입니다. 출산율이 떨어지고 고령화가 가속화되면 생산 인구가 줄어듭니다. 이런 상황이 이어지면 국가의 경제 활력이 저하되고 경제 성장이 둔화됩니다. 각국 정부가 고령화 대책 마련에 골머리를 썩고 있는 것도 이 때문입니다. 우리 정부가 출산율을 끌어올릴 수 있는 정책을 마련하는 한편 생산 인구 감소에 대한 대안으로서 외국 인력의 유입에 최선을 다해야 하는 이유가 바로 이것입니다.

진행자: 적극적인 다문화 정책을 펼쳐야 한다는 말씀으로 들립니다.

전문가: 그렇습니다. 외국인 노동자나 결혼 이민자는 우리 경제에 크게 기여하고 있습니다. 굳이 경제적인 이점을 꼽지 않더라도 이들이 국가 이미지 제고에 기여하는 바도 상당하죠. 그렇지만 대부분의 한국인들은 '한국은 단일 민족 국가, 단일 문화 사회'라는 고정 관념에 사로잡혀 있습니다. 다시 말해 새로운 사회 구성원들이 등장하고 그들의 역할이 이렇게 분명한데도 서로 어울리지 못하고 물과 기름처럼 따로 놀고 있다는 겁니다. 이러한 인식이 바뀌지 않는 한 한국이 성숙한 다문화 사회로 나아갈 리 만무합니다. 또 사회 통합 비용도 엄청나게 증가할 거고요. 따라서 이들을 포용하고 이들과 조화를 이루고 공존하기 위해 적극적으로 노력해야 합니다.

- 무엇에 대한 대담인가?

- 김 교수는 한국 정부가 어떻게 대처해야 한다고 했는가?

발음

인용 부분의 억양

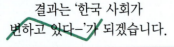

인용하는 부분을 발음할 때는 끝 음절을 내리는 억양으로 길게 끌면서 발음한다.

▶ 연습해 보세요.

(1) '이미 변화가 시작되었다'고 할 수 있습니다.
(2) 이 책에 대해서는 '정말 따라올 자가 없다' 하는 평가를 내리곤 합니다.

말하기 연습 2

1 사회의 두드러진 특징을 제시하고 이를 구체적으로 설명해 보자.

> 가: 최근 한국 사회의 두드러진 특징이 무엇이라고 생각하십니까?
> 나: '한국 사회의 구성원이 빠르게 변화하고 있다'는 것입니다. 다시 말해 한국 사회는 빠르게 고령화되고 있으며, 다인종, 다문화 사회로 변모하고 있다는 것입니다.

1) 〈보기〉에 표시된 표현의 용법을 알아보자. 그리고 이 표현이 사용된 문장은 앞 문장과 어떤 관계에 있는지 이야기해 보자.

   ● -다는 것이다. 다시 말해 -다는 것이다

2) 다음에 대해 〈보기〉와 같은 흐름으로 이야기해 보자.

   ❶ 가족 구성 방식의 다양화, 1인 가구나 조손 가구 등의 새로운 가족 형태 등장, 혼인이나 혈연이 아닌 방식으로 가족 구성

   ❷ 한국 사회가 본격적인 다문화 사회로 진입, 체류 외국인 백만 명, 결혼 건수의 10% 국제 결혼

   ❸ 한국 사회 가족 해체의 위기에 직면, 이혼율 증가, 결혼을 기피하는 사람 증가

   ❹ 외국 인력 유입의 필요성 증가, 고령화와 저출산으로 인한 인력 부족 심화, 경제 성장 둔화

3) 여러분이 알고 있는 한국 사회의 특징 혹은 여러분 나라의 두드러진 특징에 대해 이야기해 보자.

2 고령화 사회의 특징과 그에 대한 대책에 대해 이야기해 보자.

> 보기
> 가: 세계 여러 나라가 고령화 대책 마련에 골머리를 썩고 있다는 기사를 봤는데, 고령화가 왜 이렇게 문제가 되는 건가요?
> 나: 고령화가 지속되면 생산 인구가 감소할 테니까 국가의 경제 활력이 저하되겠죠? 적극적인 출산 장려 정책을 마련해야 하는 건 바로 이 때문입니다.

1) 〈보기〉에 표시된 표현의 의미를 추측해 보자.

2) 다음 표현의 의미를 알아보고 고령화 사회의 문제와 그에 대한 대책으로 나누어 보자.

> 고령 인력 활용을 의무화하다   고령자 취업 차별을 금지하다
> 국가의 경제 활력이 저하되다   경제 성장이 둔화되다
> 사회 복지 비용/의료 비용이 증가하다   사회 복지 제도를 확충하다
> 새로운 일자리를 창출하다   세금 부담이 커지다
> 시장 규모가 축소되다   외국인의 노동력을 활용하다
> 정년을 연장하다   조세 부담이 증가하다
> 출산을 장려하다

고령화 사회의 문제	고령화 사회에 대한 대책

3) 〈보기〉를 참고해 고령화 사회의 문제와 그에 대한 대책을 아래의 측면에서 이야기해 보자.
   ❶ 국가의 경제 성장
   ❷ 고령자 개인의 생활
   ❸ 젊은 층의 세금 부담

4) 여러분 나라의 고령화 진행 속도는 어떠하며, 고령화에 대한 대책으로 어떤 정책을 추진하고 있는지 이야기해 보자.

3 사회 문제의 해결을 위해 필요한 조건에 대해 이야기해 보자.

> 보기
> 가: 성숙한 다문화 사회로 나아가기 위해서는 어떻게 해야 할까요?
> 나: 여성 결혼 이민자나 다문화 가족의 아이들을 우리 사회의 당당한 구성원으로 인정해야 합니다. 그들을 우리 사회의 구성원으로 인정하지 않는 한 우리 사회가 성숙한 다문화 사회로 나아갈 리 만무합니다.

1) 〈보기〉에 표시된 표현의 용법을 알아보자.

   - -지 않는 한 -ㄹ 리 만무하다

2) 다음에 대해 〈보기〉와 같은 흐름으로 이야기해 보자.

   ❶ 출산율을 높이다, 노후에 대한 대책을 마련하다
   ❷ 경제 활력을 높이다, 외국 인력을 적극적으로 유입하다
   ❸ 고령화 사회에서 젊은 층의 세금 부담을 줄이다, 노인의 일자리를 창출하다
   ❹ 국가 경쟁력을 높이다, 외국인들과 조화를 이루고 공존하기 위해 노력하다

3) 여러분 나라에는 어떤 사회 문제가 있는가? 그것을 해결하기 위한 방안을 이야기해 보자.

문법 더하기

- **-ㄹ 리 만무하다**

  동사, 형용사, '명사+이다' 뒤에 붙어, 그러한 가능성이 절대로 없음을 나타낸다.

  (1) 가: 새로 발표된 출산 장려 정책 말이에요. 비판하는 사람이 많더라고요.
  　　나: 정말 전시 행정의 전형인 것 같아요. 그렇게 실효성 없는 대책으로는 출산율이 늘어날 리 만무하죠.
  (2) 가: 저 남자 싱글일까? 볼수록 마음에 드는데 말이라도 걸어 볼까 봐.
  　　나: 야, 저렇게 멋진데 결혼을 안 했을 리 만무하지. 관심 끊는 게 좋을 거다.

활동

🎧 듣고 말하기

다음은 '다문화 사회'로 진입하고 있는 한국 사회에 대한 뉴스이다. 잘 듣고 다문화 사회의 요건에 대해 이야기해 보자.

- 한 사회를 다문화 사회라고 규정하는 기준은 무엇인지 이야기해 보자.

- 한국에 있는 외국인들은 어떤 어려움을 겪을지 이야기해 보자.

- 뉴스를 듣고 질문에 답해 보자.
  1) 여성 결혼 이민자인 김은희 씨와 마이주라 씨가 겪고 있는 어려움은 무엇인가?

  2) 다문화 사회의 걸림돌로 지적되고 있는 것은 무엇인가?

  3) 다문화 사회란 어떤 사회라고 했는가?

  4) 성숙한 다문화 사회로 나아가기 위해 한국 사회의 인식은 어떻게 달라져야 한다고 했는가?

- 성숙한 다문화 사회의 요건으로는 무엇이 있을지 생각해 보자.

- 성숙한 다문화 사회가 되기 위해 한국이 갖추어야 할 요건에 대해 이야기해 보자.
  - 한국 사회의 인식, 한국인의 의식 구조에 대해
  - 한국의 다문화 정책이나 외국인과 관련된 제도에 대해
  - 의식주와 관련된 각종 사회 기반 시설에 대해

- 다문화 사회의 구성원으로서 여러분이 한국 사회에 바라는 점을 발표해 보자.

- 앞에서 이야기한 내용 중에서 가장 시급히 이루어져야 한다고 생각하는 것을 선택해 주제문으로 정리해 보자. 그리고 그 주장에 대해 어떤 근거를 제시할지 생각해 보자.

- 정리한 내용을 바탕으로 친구들 앞에서 '1분 스피치'를 해 보자.

- 발표를 듣고 논리적으로 부적절한 부분이나 덧붙이면 좋을 근거를 이야기해 보자.

🎧 듣기

다음은 '고령화 시대'의 대책에 대한 논평이다. 잘 듣고 질문에 답해 보자.

- 여러분은 한국의 퇴직 연령에 대해 알고 있는가?

- 고령화 사회의 문제가 무엇일지 이야기해 보자.

- 잘 듣고 논평의 요지가 무엇인지 '-어야 하다'를 사용해 한 문장으로 써 보자.

- 다시 들으면서 논설위원이 자신의 주장을 뒷받침하기 위해 제시한 근거를 모두 찾아보자.
    - ☐ 머지않은 장래에 노동력의 절대량이 현저히 줄어든다.
    - ☐ 현재의 퇴직 연령은 다른 나라에 비해 매우 낮다.
    - ☐ 고령자 차별로 인해 재취업이 매우 힘든 상황이다.
    - ☐ 강제 퇴직에 대한 정부의 처벌이 미흡하다.
    - ☐ 퇴직 제도를 관리하거나 감독할 인력이 부족하다.

- 다시 한 번 듣고 아래의 내용이 현재의 '고령자고용촉진법'의 내용과 같으면 ○, 다르면 ✕에 표시해 보자.

	○	✕
1) 사업주는 50세 이상 고령자를 강제 퇴직시킬 수 없다.	○	✕
2) 사업주는 고령자의 직업 능력 계발에 힘써야 한다.	○	✕
3) 사업주는 고령자의 고용을 유지하기 위해 정년 제도를 정비해야 한다.	○	✕
4) 사업주는 고령자가 생산적으로 노동 시장에 참여할 수 있도록 노력해야 한다.	○	✕

- 여러분은 '고령자고용촉진법'이 필요하다고 생각하는가? 구체적인 근거를 제시하며 이야기해 보자.

- 여러분 나라의 정년은 몇 세인지, 고령자 고용 현황은 어떤지 이야기해 보자.

📖 읽기

다음은 『텅 빈 요람』이라는 신간 서적을 소개하는 글이다. 잘 읽고 질문에 답해 보자.

● 인터넷에 올라온 신간의 표지와 그 안내문의 첫 부분을 보고 이 책의 대략적인 내용을 예측해 보자.

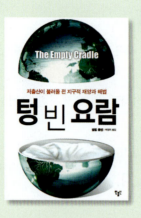

『텅 빈 요람』 번역 출간
출산율 감소, 경제적 측면에서 분석

애 안 낳는 이유와 다가올 파장 예측…
"가정에 기초한 고용 늘려야" 해법도

필립 롱맨 지음·백영미 옮김,
민음인 발행·308쪽·14,000원

● 예측한 내용이 맞는지 확인하면서 아래의 글을 읽어 보자.

『텅 빈 요람』 번역 출간

무료 보육 시설 확충에서부터 아이를 여럿 낳으면 보조금을 주고 세금을 깎아 주는 정책까지 정부와 지자체의 저출산 대비 정책이 줄을 잇는다. 저출산이 이제는 국가적인 문제가 됐기 때문이다. 한국이나 일부 국가만의 문제가 아니다. 세계 최대 인구 국가인 중국도 금세기 중반까지 세대별로 인구가 20~30% 줄어들 것으로 예상되고, 중남미 국가들도 마찬가지로 극심한 출산율 감소를 겪고 있다.

이렇게 전 세계적으로 출산율이 떨어지는 이유는 무엇일까? '텅 빈 요람'의 저자인 필립 롱맨(인구 문제 전문가, 뉴아메리카재단 선임 연구원)은 현대 사회에서는 더 적은 자손을 남기는 사람이 '적자생존(適者生存)'할 가능성이 크기 때문이라고 주장한다. 농경 사회에서는 자녀가 재산이자 노동력이었지만, 현대 사회에서는 자녀를 많이 낳으면 키우는 비용만 많이 들기 때문이라는 것이다. 결국 저출산 문제는 자본주의의 심화가 낳은 것이다. 자본주의가 발달하지 않은 개발 도상국의 저출산 문제도 선진국의 가족 모형을 모방한 결과라고 볼 수 있다는 것이 저자의 생각이다.

아이러니한 것은 저출산 문제를 낳은 자본주의는 인구가 계속 성장하지 않으면 지탱되기 어려운 체계라는 점이다. 노동력이 감소하면 경제 성장률은 떨어지고 소비 위축, 조세 기반 약화, 의료비와 연금 비용 부담의 증가, 미래 투자 재원의 소진 등의 문제를 야기한다. 이렇게 되면 생산성의 향상은 기대하기 어려워지고 경제 성장을 지속하는 것은 불가능해진다. 경제가 심각한 위험에 직면하게 되는 것은 당연한 귀결.

> 이에 대한 저자의 해법은 무엇일까. 해답은 튼튼한 가정, 가족 자체의 재구축이다. 저자는 먼저 18세 이하 자녀를 둔 부모의 근로 소득세를 지속적으로 감면해야 한다고 주장한다. 자녀가 있으나 없으나 똑같이 세금을 낸다면 자녀가 없는 쪽이 '무임승차'하는 셈이라는 것이다. 또 첨단 의료와 중증 질환 치료에 거액을 투자하기보다 운동을 장려하고 식생활을 개선해 전반적인 국민 건강을 제고해야 한다고도 주장한다. 이어 무엇보다 가정에 기초한 고용과 기업을 장려해 가정에서 시작되는 미래상을 만들어 나가야 한다는 것이 저자의 생각이다. 집에서 일함으로써 아이를 키우고 노인을 돌볼 수 있게 해야 한다는 것이다. 현대 사회에서 가족의 역할이 쇠퇴하면서 출산율이 저하된 것이니만큼 경제의 중심으로서 가족의 역할을 복원해야 이 문제가 해결 가능하다는 것이다.

- 다시 읽으며 다음 질문에 답해 보자.
  1) 저자는 출산율 저하의 원인을 무엇이라고 하였는가?

  2) 저자는 출산율 저하로 야기되는 문제가 무엇이라고 하였는가?

  3) 저자가 제시한 출산율 저하의 해법은 무엇인가? 여러분은 그 해법에 동의하는가?

- 『텅 빈 요람』의 내용과 기자의 의견을 구분해 보자.

- 이 글은 『텅 빈 요람』이 읽고 싶어지도록 쓰였는가? 그렇게 생각하는 이유는 무엇인가? 신간 안내문의 구성과 관련지어 이야기해 보자.

읽고 말하기

다음은 한국 사회의 가족 문제에 대해 진단하고 있는 기획 기사의 일부이다. 기사를 읽고 '대가족 제도의 현대적 계승'에 대해 이야기해 보자.

- 2010년대 한국의 어느 가정에 70대의 조부모, 40~50대의 부모 그리고 20대의 손자 손녀가 한집안에 살고 있다면, 가족 구성원들이 느끼는 세대 차이는 어느 정도일까? 왜 그런 세대 차이가 발생할까?

- 빠른 속도로 글을 읽으며 예측한 내용이 맞는지 확인해 보자.

NEWS

고령화·저출산 계속되면
'부모 따로', '자식 따로' 노부부만의 생활… 세대 간 갈등 심화, 가족 해체 위기 올 수도

고령화와 저출산은 한국의 전통적인 가족의 모습에 많은 변화를 가져오고 있다.

한국은 아직 전통적인 가족 동거 형태를 어느 정도 유지하고 있지만 불과 10년 사이에 노인이 자녀와 함께 사는 경우는 크게 줄어든 반면 노인이 혼자 살거나 노인 부부만 사는 경우는 크게 증가하였다.

가족 내 세대 간의 갈등 또한 심각한 수준에 이르고 있다. 가족의 어른인 조부모와 이들의 자녀인 부모, 그리고 또 이들의 자녀인 손자 손녀는 살아온 역사적 경험이 너무나 달라 세대 간의 차이로 인한 갈등이 있을 수밖에 없다. 조부모 세대인 노인층은 일제 식민지와 광복, 한국전쟁, 군사 정권, 그 이후의 경제 발전 시기와 정치적 민주화 등을 경험한 세대이다. 그 과정에서 검소함과 근면함, 강한 가족주의와 집단주의, 연령이나 성별, 계층 등에 따른 수직적인 인간관계 등이 내면화되었다. 반면 부모 세대인 장년층은 산업화와 민주화의 주도적 역할을 담당하였으며 상대적으로 평등한 사고와 약화된 집단주의적 성향을 지니고 있다. 정보화의 물결과 물질적 풍요 속에서 자라난 손자 손녀 세대는 개인주의적이고 소비 지향적인 사고를 지니고 있다. 이렇듯 살아온 경험과 가치관이 다른 세대가 동시대를 함께 사는 데서 많은 갈등이 일어날 수밖에 없는 것이다.

특히 부모에 대한 효(孝) 의식은 세대 간에 크게 다르게 나타나고 있다. 부모 세대의 효에 대한 기대가 자녀 세대에 의해 충족되지 않아 갈등이 심화되고 있다. 또 아이를 적게 낳으면서 부모보다 자녀를 더 귀하게 여기고 우선시하는 상황까지 와 버렸다. 출산율이 더 이상 늘지 않고, 결혼을 하지 않은 사람마저 늘어난다면 머지않아 우리 아이들은 형제는 물론 사촌조차 없는, 즉 더 이상 기댈 수 있는 가족이 없는 환경에서 자라게 될 것이다.

가족이 주는 위대한 힘인 가족 간의 사랑과 믿음 그리고 보살핌을 과연 어디에서 얻을 것인지 묻지 않을 수 없다.

- 다시 읽고 다음 질문에 답해 보자.

    1) 가족 구성원이 살아 온 역사적 경험은 어떻게 다른가? 그리고 이로 인해 두드러진 각 세대의 가치관은 무엇인가?
        - 조부모 세대
        - 부모 세대
        - 자녀 세대

    2) 필자가 이 글을 쓴 목적은 무엇일까? 이 글 뒤에는 어떤 내용이 이어질지 예측해 보자.

    3) 세대 간의 갈등을 줄이고 가족 해체의 위기를 극복하기 위한 방안에는 무엇이 있을지 이야기해 보자.

- 저출산·고령화 문제를 해결하기 위한 방안으로서 '대가족 제도의 현대적 계승'에 대해 이야기해 보자.

- 3세대 이상이 모여 사는 대가족을 이루게 되면 어떤 이점이 있고, 어떤 점이 불편할지 이야기해 보자.
    - 경제적 측면
    - 정서적 측면
    - 교육적 측면

- 불편을 최소화하고 이점을 극대화하기 위한 구체적인 방법은 무엇일지 이야기해 보자.

- 여러분이 이야기한 방법을 발표해 보자.

🎤 말하기

가족의 구성과 가족의 정의에 대해 이야기해 보자.

- 여러분은 어떤 가정을 꾸리고 싶은가? 자신의 가족관을 이야기해 보자.

- 가족의 구성과 형태는 어떠해야 한다고 생각하는가?

- 친구와 함께 다음에 대해 인터뷰하며 가족의 형태, 구성 방식에 대한 생각을 정리해 보자. 만약 '아니다'라고 생각한다면 그 이유도 함께 이야기해 보자.

	그렇다	아니다
1) 가족은 혼인과 혈연에 의해서만 이루어진다.	O	X
2) 가족 구성의 선택권은 부부에게만 있다.	O	X
3) 자녀에게는 반드시 부모가 모두 있어야 한다.	O	X
4) 부부가 이혼을 할 때는 반드시 자녀의 동의를 얻어야 한다.	O	X
5) 자녀보다 부모의 선택과 결정이 우선시되어야 한다.	O	X
6) 자녀를 잘 키울 자신이 없다면 아이를 낳지 않는 것이 낫다.	O	X
7) 자녀가 어릴 때는 온 가족이 함께 살아야 한다.	O	X
8) 가족 구성원은 같은 문화적 배경을 가지고 있어야 한다.	O	X

- 여러분이 생각하는 가족이란 무엇인가? 앞에서 했던 이야기를 바탕으로 가족을 정의해 보자.

> 가족이란 _____ 것이다.

- 가족의 정의를 발표해 보자. 어떤 정의가 가장 타당하다고 생각하는가? 왜 그렇게 생각하는가?

📝 쓰기

'자발적 비혼모'에 대한 논설문을 써 보자.

- 여러분은 자발적 비혼모(미스맘)이란 말을 들어 본 적이 있는가? 자발적 비혼모에 대해 이해해 보자.

> 자발적 비혼모 - 결혼을 하지 않고, 기증 받은 정자로 출산한 아이를 키우고 있는 여성.

- 다음은 자발적 비혼모에 대한 의견이다. 의견을 읽고 이에 대한 자신의 생각을 간단히 정리해 보자.

  > 남편, 꼭 있어야 해?
  > 결혼은 하기 싫어.
  > 가족?
  > 원할 때 내가 만들면 되지, 뭐.

  > 결혼은 정말 미친 짓인 것 같아요.
  > 현재의 가부장적 가족 제도는 여성에게
  > 불리한 면이 크죠.
  > 결혼으로 인해 미혼 여성이 입게 되는 경제적
  > 손실이 무려 1억 4천 만 원이나 된대요.

  > 여자 혼자 아이를 낳고 기르는 건 무리다.
  > 양육 부담을 나누고 의지할 수 있는
  > 배우자가 필요하다. 아버지의 부재에서
  > 오는 문제를 피하기 어렵다.

  > 미스맘의 선택과는 달리 아이는 양부모
  > 가정과 한부모 가정을 선택할 수
  > 없습니다. 미스맘의 이기심 때문에
  > 아이의 인권이 침해당할 수 있다는 건
  > 왜 생각 안 하시나요?

- 자발적 비혼모에 대한 자신의 의견을 논리적으로 써 보자. 이때 어머니의 입장과 아이의 입장을 반드시 포함하여 제시해 보자.
  - 먼저 자신의 의견을 한 문장으로 써 보자.

  - 의견에 대한 구체적인 근거를 모아 보자.

  - 나와 다른 의견에 대해서는 어떻게 논리적으로 반박할 것인지 생각해 보자.

  - 준비한 자료를 정리한 후 빠른 속도로 글을 써 보자.

- 쓴 글을 친구와 바꿔 읽고 다음에 대해 의견을 나눠 보자.
  - 논리적인 흐름은 적절한지, 주제를 벗어난 부분은 없는지

  - 구체적인 근거가 있는지, 의견을 뒷받침하기에 충분한지

  - 설명이 불충분하다고 생각되는 부분은 없는지

  - 의미를 알 수 없는 부분 혹은 맞춤법이 잘못된 부분은 없는지

- 친구들의 의견을 반영해 글을 고쳐 써 보자.

문화 — 가족계획 표어 변천사

● 여러분은 한국의 가족계획 표어에 대해 알고 있는가? 한국의 출산율 변화를 생각하면서 다음 표어를 시대 순으로 배열해 보자.

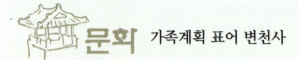

● 다음을 읽으며 한국의 출산 정책이 어떻게 변화되어 왔는지 알아보자.

한국의 가족계획 표어는 1960년대 이후 시대별 인구 정책과 맞물려 변해 왔지만, 오랫동안 '산아 제한' 혹은 '출산 억제'를 강조하는 것이 주된 내용이었다.

1960~70년대는 정부의 적극적인 출산 억제 정책을 반영한 "많이 낳아 고생 말고 적게 낳아 잘 키우자.", "하루 앞선 가족계획, 십 년 앞선 생활 안정!" 등이 있다.

1980년대에도 강력한 산아 제한 정책이 계속되었지만 남아 선호 사상으로 인해 남녀 성비 불균형이 큰 문제로 떠올랐다. 따라서 당시에는 "잘 키운 딸 하나 열 아들 안 부럽다."라는 표어가 큰 호응을 불러일으켰다.

하지만 1988년 합계 출산율(여성 1명이 평생 낳을 수 있는 평균 자녀 수)이 1.60명이 되면서부터 출산 억제 정책의 방향 전환에 대한 필요성이 제기되었다. 이에 따라 한국은 1995년 각계 전문가로 구성된 인구정책심의위원회를 구성, 기존의 출산 억제 정책을 폐지하고 새로운 인구 정책으로 돌아서게 된다. 2000년대 들어 본격적으로 출산 장려책이 시행되면서 "아빠, 혼자는 싫어요. 엄마, 저도 동생을 갖고 싶어요.", "자녀에게 물려줄 최고의 유산은 형제, 자매입니다.", "아이는 내 인생 최고의 작품입니다." 등의 표어가 채택되었다.

● 여러분 나라의 출산 정책은 어떻게 변화하고 있는가? 한국의 상황과 비교해 이야기해 보자.

● 여러분이 가족계획 표어를 만든다면 어떻게 만들겠는가?

자기 평가

● 사회의 변화에 대해 이야기할 수 있는가?	잘함 ●—●—●—● 못함
● 변화하는 사회에 대한 글을 읽거나 듣고 이해할 수 있는가?	잘함 ●—●—●—● 못함
● 가족의 구성과 가정의 바람직한 역할에 대해 논설문을 쓸 수 있는가?	잘함 ●—●—●—● 못함

어휘 늘리기

관용어 4 물

- 다음 관용어는 어떤 의미일지 이야기해 보자. 그리고 '물' 하면 떠오르는 이미지를 이야기해 보자.

  물 만난 고기   물에 빠진 생쥐 꼴   물불 안 가리다

- 다음 관용어의 의미로 맞는 것을 연결해 보자.

  ① 물거품이 되다 ·   · ⓐ 사상, 행동, 버릇 등에 영향을 받게 되다
  ② 물 건너가다 ·   · ⓑ (더 이상의 조치를 할 수 없게) 상황이 끝나다
  ③ 물과 기름 ·   · ⓒ 빈틈이 없이 완벽하다
  ④ 물 샐 틈이 없다 ·   · ⓓ 노력이 헛되게 된 상태나 결과
  ⑤ 물이 들다 ·   · ⓔ 서로 어울리지 못하고 겉도는 사이
  ⑥ 찬물을 끼얹다 ·   · ⓕ 유행에 뒤떨어지다
  ⑦ 한물 가다 ·   · ⓖ 잘 되어 가던 일에 뛰어들어 분위기를 흐리거나 트집을 잡다

- 다음 예문을 보고 관용어의 쓰임을 확인해 보자.

  (1) 언제까지 동료들하고 어울리지 못하고 물과 기름처럼 지낼 거야?
  (2) 과장님께서 들어오시자 사무실은 순식간에 찬물을 끼얹은 것처럼 조용해졌다.
  (3) 박 선생님은 언제나 한물 간 옷만 입고 다니신다. 정말 촌스러워서 못 보겠다.
  (4) 지난 3년 동안 최선을 다했는데 단 한 번의 실수로 모든 것이 물거품이 되었다.

제10과 세계의 문화유산

학습 목표
한국의 문화유산에 대한 설명을 이해하고, 자기 나라의 문화유산을 소개할 수 있다.

주제	문화유산
기능	문화유산에 대해 소개하기, 문화유산의 가치 설명하기, 문화유산에 대한 감상 표현하기
활동	판소리에 대한 대화 듣기 유물에 대한 해설 듣고 유물에 대해 설명하기 문화유산에 대한 설명문 읽기 문화유산 답사기 읽기 자기 나라의 문화유산에 대해 발표하고 설명문 쓰기
어휘 1	문화유산의 종류, 문화유산의 상태, 문화유산을 형성한 배경, 문화유산의 특징과 느낌, 문화유산의 가치
어휘 2	사자성어 3 '문화유산'
문법	-고도, -도록
발음	'-네요'와 '-군요'의 억양, '-ㄴ 걸'의 억양
문화	한국의 유네스코 세계 유산

제10과 세계의 문화유산

도입

1. 위 사진의 문화유산을 알고 있는가?

2. 세계의 문화유산에 대해 알고 있는 것이 있는가?

대화 & 이야기 1

린다: 답사 보고서 숙제 때문에 어쩔 수 없이 왔는데 막상 와 보니까 생각보다 괜찮은데요.
사토: 네. 정말 그렇죠? 어, 린다 씨, 저기 안내판이 있네요. 가서 좀 볼까요? 음……, 여기 보니까 수원 화성은 조선 시대 정조라는 임금이 아버지를 기리기 위해서 건축했다고 하네요. 근데 아버지를 기린다는 게 기쁘게 해 드린다는 의미일까요?
린다: 제가 언젠가 정조 임금을 다룬 사극을 본 적이 있는데요. 정조의 아버지가 정치적인 싸움에 휘말려서 정말 억울하게 죽었거든요. 결국에는 정조가 아버지의 억울함을 알려서 명예를 찾아 주었는데 그때에 이 성을 쌓았다고 했어요. 그러니까 '기리다'는 기억하다, 기념하다, 뭐, 그런 의미 아닐까요?
사토: 아, 그랬구나. 이제 좀 이해가 돼요. 린다 씨 정말 해박하네요.
린다: 하하, 해박하긴요. 제가 사극을 좀 좋아하잖아요. 그런데 사토 씨, 여기 보니까 수원 화성이 거중기를 이용했다는 점에서 과학적인 건축물로 평가되고 있다고 하는데, 혹시 거중기가 뭔지 알아요?
사토: 그건 제가 알아요. 거중기는 무거운 돌을 쉽게 들어올리는 기계로 지금으로 치면 크레인 같은 건데요. 당시로서는 대단한 발명품이었대요. 수원 화성이 유네스코 세계 문화유산에 등재될 때도 이런 과학적인 건축법이 큰 역할을 했다고 해요.
린다: 와, 사토 씨야말로 정말 해박한데요. 어떻게 그걸 다 알았어요?
사토: 어제 인터넷에 수원 화성을 쳤더니 거중기에 대한 얘기가 제일 많더라고요.
린다: 그랬군요. 저는 아무것도 안 했는데, 어쩌죠? 아무래도 이따 밥은 제가 사야겠어요.

- 두 사람이 이야기를 나누고 있는 곳은 어디인가?

- 두 사람은 어디에서 수원 화성에 대한 정보를 얻게 되었는가?

발 음

'-네요'와 '-군요'의 억양

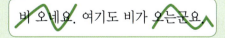

'-네요'는 새롭게 발견해서 알게 된 것을 말할 때 쓰고, '-군요'는 이해가 되었다는 것을 나타낼 때 사용한다. 그래서 '-네요'는 끝을 올리는 억양으로 말하고, '-군요'는 끝을 내리는 억양으로 말한다. 이때 '-군요'의 마지막 음절을 길게 끌면서 약간씩 내렸다 올렸다를 하면 자연스러운 억양이 된다.

▶ 연습해 보세요.

(1) 가: 이 벽화, 정말 아름답네요.
    나: 네, 조선 시대의 예술적 경지가 정말 놀랍군요.
(2) 가: 이것 좀 드셔 보세요. 국물이 끝내줘요.
    나: 네, 정말 맛있군요. 근데 좀 뜨겁네요.

제10과 세계의 문화유산 199

말하기 연습 1

1 문화유산의 종류에 대해 이야기해 보자.

> 보기
> 가: 한국의 대표적인 문화유산으로는 무엇이 있나요?
> 나: 아무래도 수원 화성이 가장 대표적인 유적이 아닐까요?

1) 〈보기〉에 표시된 어휘의 의미를 추측해 보자.

2) 다음 어휘의 의미를 알아보고 아래의 사진이 어디에 속하는지 분류해 보자.

• 자연유산	문화유산	무형 유산	기록 유산
• 유형 문화재	무형 문화재	인간 문화재	
• 유물	유적		

자연 유산	문화 유산	무형 유산	기록 유산

❶
훈민정음

❷ 용암 동굴

❸ 판소리

❹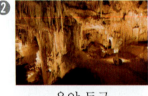
동의보감

❺
불국사

❻
탈춤

❼

❼
제주 화산섬

❽
고려청자

3) 여러분 나라의 문화유산에 대해 〈보기〉를 참고해 이야기해 보자.

2 문화유산의 상태에 대해 이야기해 보자.

> 보기
> 가: 수원 화성은 유네스코에 <u>등재된</u> 문화유산이라고 들었어요.
> 나: 네. 거중기를 이용해 건축했다는 점에서 과학적인 가치를 인정받았다고 해요.

1) 〈보기〉에 표시된 어휘의 의미를 추측해 보자.

2) 다음 어휘의 의미를 알아보고 아래 신문 기사 제목과 관계있는 어휘를 이야기해 보자.

| 등재되다 | 발굴되다 | 보존되다 | 복원되다 | 소실되다 |
| 소장되다 | 전시되다 | 지정되다 | 훼손되다 | |

ⓐ 문화재에 낙서 심각
ⓑ 희미해진 글자 과학 기술로 살려내
ⓒ 깊은 바다 속 고려인의 생활 유물 찾아내
ⓓ 창덕궁, UNESCO 세계문화유산에 포함
ⓔ 팔만대장경판, 실내 온도·습도 조절이 중요
ⓕ 국립중앙박물관, 살아 있는 역사 학습장으로 변신

3) 다음 신문 기사 제목을 바탕으로 〈보기〉를 참고해 이야기해 보자.

❶ 김홍도 그림 루브르 박물관에서 선보여   프랑스 미술계, 김홍도 그림에 큰 관심

❷ 사물놀이, 세계무형문화유산 되나   사물놀이, 전통의 현대적 계승에 좋은 평가

❸ 경복궁, 조선 시대 그대로 살려내겠다   19세기 말 경복궁 모습 담긴 북궐도형이 실마리

❹ 청동기 시대 집단 거주지 여수에서 찾아내   여수에서 찾은 비파형 동검, 국내 최대 길이

3. 문화유산을 형성한 배경에 대해 이야기해 보자.

> 보기
> 가: 수원 화성을 건축한 이유가 무엇인지 아세요?
> 나: 네. 수원 화성은 임금인 정조가 아버지를 기리기 위한 목적으로 건축했어요.

1) 〈보기〉에 표시된 표현의 의미를 추측해 보자.

2) 다음 표현의 의미를 알아보고 다음 문장의 밑줄 친 부분과 관계있는 것을 찾아보자.

> (뜻)을 기리다　　　　(승리)를 기념하다　　　　(평화)에 대한 염원을 담다
> 신을 숭배하다　　왕의 위엄을 드러내다　　적의 침입을 막다　　제의를 올리다

❶ 이 사원은 <u>신에 대한 존경을 표현하는</u> 공간이다.
❷ 이 탑은 <u>평화와 통일을 바라는</u> 마음으로 쌓았다.
❸ 이 성을 쌓아 <u>주변 세력들의 위협을 막고자</u> 했다.
❹ 이 동상은 <u>전쟁에서 승리한 것을 축하하며</u> 세웠다.
❺ 이 궁궐을 지어 <u>왕의 강한 권력과 힘을 보여 주려고</u> 했다.
❻ 이 건물에서는 매년 조상들에 대한 <u>제사 의식을 진행한다</u>.
❼ 이 동상은 전쟁 영웅들의 <u>뜻을 오랫동안 기억하기</u> 위해 세웠다.

3) 다음의 문화유산을 형성한 배경에 대해 〈보기〉를 참고해 이야기해 보자.

파르테논 신전

자유의 여신상

만리장성

피라미드

4) 알고 있는 문화유산에 대해 그것을 형성한 배경이 무엇인지 이야기해 보자.

4 문화유산의 가치에 대해 이야기해 보자.

> 보기
> 가: 수원 화성은 어떤 점에서 역사적 가치를 인정받고 있습니까?
> 나: 수원 화성은 과학적 기술을 이용해 건축했다는 점에서 당시의 과학 기술 수준을 잘 보여주는 건축물로 평가되고 있습니다.

1) 〈보기〉에 표시된 표현의 용법을 알아보자.

- -다는 점에서 -로 평가되고 있다

2) 아래의 내용을 참고해 〈보기〉와 같은 흐름으로 건축물의 가치를 이야기해 보자.

건축물 이름	특징	가치
① 피사의 사탑	한쪽으로 기울어져 있는데도 무너지지 않다	과학적 비밀을 담고 있다
② 이맘 모스크	타일을 붙이는 독특한 기법으로 장식되다	정교하고 화려하다
③ 오페라 하우스	접시 위에 깎아 놓은 오렌지에서 영감을 얻어 이를 형상화하다	독창적이고 특이한 아름다움을 지니고 있다
④ 앙코르 와트	왕국이 멸망한 후에도 거의 원형 그대로 보존되어 있다	동남아시아의 불교 유적 중 역사적으로 가장 중요하다

3) 여러분 나라의 문화유산에 대해 그것의 가치를 이야기해 보자.

대화 & 이야기 2

켄조: 웨이, 빨리 이리 좀 와 봐. 이 불상 정말 아름답지 않아?
웨이: 어디? 아, 정말 그러네. 좀 더 가까이서 볼까?
켄조: 금동미륵보살반가상. 이름이 참 길고 어렵다. 금동으로 만든 불상이란 뜻인가 봐.
웨이: 여기 보니까 삼국 시대 말 7세기 경의 작품이라고 써 있네.
켄조: 7세기? 7세기면……. 그러면 이게 1000년도 더 된 거야?
웨이: 아, 그런데 보면 볼수록 아름답다. 이 얼굴 표정 좀 봐. 살짝 웃는 것 같기도 하고 뭔가 깊은 생각을 하는 것 같기도 하고. 참 신비롭다. 그렇지?
켄조: 이 정도면 불상 중에서도 손에 꼽히는 걸작이야. 다리 부분 좀 봐. 다리에 걸치고 있는 옷이 꼭 진짜 같지 않아? 옷자락이 흘러내릴 듯 자연스럽고도 세밀하게 표현된 것이, 뭔가 진짜 살아 있는 것 같지?
웨이: 어, 그러네.
켄조: 그러면서도 여기 몸통 부분은 단순하고 간결하게 표현돼 있고. 그런데도 몸통하고 다리 부분이 조화가 잘 되어 있잖아.
웨이: 음, 듣고 보니 그런 것 같아. 와, 켄조, 너 정말 보는 눈이 있는데. 예술품에 대한 조예가 아주 깊은가 봐. 네가 이렇게 똑똑한 줄 미처 몰랐어.
켄조: 하하. 고마워. 사실은 여기 안내판에 다 써 있어. 너 화장실 간 동안 외우느라 죽을 뻔했어. 내 연기가 그렇게 끝내줬어?
웨이: 뭐야? 어쨌든 나는 박물관 하면 따분하다고만 생각했는데, 생각보다 꽤 흥미로운걸.

- 두 사람은 지금 어디에서 무엇을 보고 있는가?

- 두 사람은 보고 있는 것에 대해 어떤 느낌을 가지고 있는가?

발음

'-ㄴ걸'의 억양

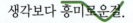

'-ㄴ걸'은 생각하지 못했던 것을 알게 되었을 때 사용하며 '신기하다, 의외이다, 놀랍다'는 의미를 가지기 때문에 끝을 올리는 억양으로 말한다.

▶ 연습해 보세요.

(1) 가: 이 볼펜 봐라. 특수 지우개가 달려 있어서 지울 수도 있어.
　　나: 정말? 이리 줘 봐. 오, 진짜 놀라운걸.
(2) 가: 기경 씨가 은지 씨랑 결혼하기 위해서 십 년이나 공을 들였다는 얘기 들었어요?
　　나: 의왼걸. 그렇게 무뚝뚝한 사람이…….

말하기 연습 2

1. 문화유산의 특징과 느낌에 대해 이야기해 보자.

   > 보기
   > 가: 이 작품은 몸통 부분이 단순하고 간결하게 형상화되어 있으면서도 다리 부분은 사실적으로 묘사되어 있네요.
   > 나: 네. 그런데도 조화가 잘 되어 있는 것 같아요.

   1) 〈보기〉에 표시된 표현의 의미를 추측해 보자.

   2) 다음 표현의 의미를 알아보고 아래 문화유산의 특징과 느낌에 대해 이야기해 보자.

   - 과장되게 표현되다   단순하고 간결하게 형상화되다   독특하게 그려지다
     사실적으로 묘사되다   섬세하고 정교하게 표현되다
   - 강렬한 인상을 남기다   불가사의하다   신비로운 분위기를 낳다
     압도될 만큼 웅장하다   은근하고 투박한 멋이 있다   전율이 느껴지다
     조형미가 뛰어나다   조화가 잘 되다   토속적인 분위기가 느껴지다
     해학적이다

   ❶
   천마총 금관

   ❷
   백자

   ❸
   송하맹호도

   ❹
   하회탈

   3) 이 과에 제시된 다양한 문화유산 사진을 보며 그 특징과 느낌을 이야기해 보자.

2 문화유산의 가치에 대해 이야기해 보자.

> 보기
> 가: 이 작품은 불상 중에서도 손꼽히는 걸작입니다.
> 나: 네. 그래서 많은 사람들이 최고의 불교 예술품이라고 하는군요.

1) 〈보기〉에 표시된 표현의 의미를 추측해 보자.

2) 다음 표현의 의미를 알아보고 이 표현을 사용해 아래의 설명을 다시 이야기해 보자.

• 세계적으로 유례가 없다	현재까지 남아 있는 (토기)로는 유일하다
현존하는 (불상) 중 가장 오래되다	
• 당시로서는 혁명적인 (건축물)로 평가되다	(건축물)의 백미로 꼽히다
(불상) 중 손꼽히는 걸작이다	
• 당시의 건축 양식을 추측할 수 있게 해 주다	당시의 생활양식을 잘 보여 주다
조상의 지혜를 엿볼 수 있다	

❶ 이 책보다 오래된 책은 아직 발견되지 않았다.
❷ 이 작품은 하나밖에 남지 않은 고대의 유물이다.
❸ 이 궁궐은 당시에 많이 사용되었던 방식으로 지어졌다.
❹ 이 인쇄 기술의 발명으로 당시의 기술 수준이 한 단계 높아졌다.
❺ 이 그림을 통해서 당시 사람들이 어떻게 생활했는지를 알 수 있다.
❻ 이 책에는 오랜 세월 동안 전해 내려오면서 쌓아 온 지식이 담겨 있다.
❼ 이렇게 청동기 시대의 유물이 많이 발굴된 곳은 세계에서 이곳밖에 없다.
❽ 이 불상은 많은 사람들로부터 신라 시대 최고의 작품이라고 평가받는다.

3) 다음 문화유산의 가치를 〈보기〉를 참고해 이야기해 보자.

❶ 천마총 금관 (天馬塚金冠)
국보 제188호, 신라 시대,
경주에서 발굴

❷ 백자병(白磁瓶)
보물 제1054호, 조선 시대,
경기도 광주에서 제작

❸ 송하맹호도(松下猛虎圖)
김홍도 작, 조선 시대,
비단에 채색

문화유산에 대한 감상을 표현해 보자.

> 보기
> 가: 이 불상 좀 보세요. 옷자락이 흘러내릴 듯 자연스럽고도 세밀하게 표현된 것이 뭔가 진짜 살아 있는 것 같아요.
> 나: 정말 그래요. 계속 보고 있자니 금방이라도 움직일 것 같아요.

1) 〈보기〉에 표시된 표현의 용법을 알아보자.

   ● -고도 -ㄴ 것이 뭔가 -ㄴ 것 같다

2) 다음에 대해 〈보기〉와 같은 흐름으로 이야기해 보자.

   ❶ 도자기 : 간결하다, 부드럽다 → 소박한 멋이 있다

   ❷ 조각품 : 독특하다, 과장되다 → 해학성이 돋보이다

   ❸ 그림 속 인물 : 섬세하다, 사실적이다 → 눈앞에 진짜 있다

   ❹ 그림 속 호랑이 : 힘차다, 날카롭다 → 강렬한 인상을 남기다

3) 다음 문화유산을 보고 그 감상을 표현해 보자.

문법 더하기

● **-고도**

형용사 뒤에 붙어, 어떤 상태나 느낌에 또 다른 상태나 느낌이 더해짐을 표현한다.

(1) 가 : 강렬하고도 오묘한 느낌이 전해지는 작품이군요.
　　나 : 네. 이 작품을 보고 있자니까 복잡한 현실을 잠시 잊게 하는 힘이 있는 것 같아요.
(2) 가 : 저기 저 바위 좀 보세요. 꼭 누군가를 기다리는 사람 같이 생겼네요.
　　나 : 그렇죠? 저 바위에는 멀리 떠난 남편을 기다리다가 그대로 돌이 되었다는 슬프고도 아름다운 전설이 있어요.

활동

🎧 듣기

다음은 판소리에 관한 두 사람의 대화이다. 잘 듣고 질문에 답해 보자.

- 판소리에 대해 들어 본 적이 있는가? 판소리에 대해 알고 있는 것을 이야기해 보자.

- 두 사람의 대화를 잘 듣고 질문에 답해 보자.
  1) 두 사람은 판소리 공연을 보고 어떻게 느꼈는가?

  2) 두 사람의 대화를 듣고 알 수 있는 판소리의 특징은 무엇인가?

  3) 여자가 듣지 못한 부분의 내용은 무엇인가?

- 판소리에 대해 잘 모르는 사람에게 판소리를 소개한다면 어떻게 하겠는가? 위에서 들은 내용을 바탕으로 이야기해 보자.

🎤 듣고 말하기

고대 유물에 대한 해설가의 설명을 잘 듣고, 한국의 유명한 역사적 유물에 대해 친구들에게 설명해 보자.

- 아래 사진 속 유물을 살펴보고 같은 점과 다른 점은 무엇인지 찾아보자. 그리고 이 유물의 용도가 무엇이었을지 생각해 보자.

- 해설가의 설명을 잘 듣고 질문에 답해 보자.
  1) 지금 감상하고 있는 유물의 명칭은 무엇인가? 어느 시대의 유물인가?

  2) 이 유물에 대해 해설자가 언급한 내용을 모두 골라 보자.
     ☐ 토기의 용도   ☐ 토기의 제작 방법
     ☐ 토기의 보관 장소   ☐ 토기의 가치

- 다시 한 번 들으면서 사진 속의 토기를 '주인'과 '하인'으로 나누고 각각의 특징을 정리해 보자.
  – 주인
  – 하인

- 친구들에게 소개해 줄 만한 한국의 유명한 역사 유물을 알아보자. 어떤 유물을 소개하겠는가?

- 그 역사 유물에 대해 다음의 사항을 중심으로 조사해 보고, 내용을 정리해 보자.
  – 유물의 제작 시기
  – 유물의 외형적 특징
  – 유물의 용도
  – 유물의 가치
  – 기타 (   )

- 위에서 준비한 내용을 중심으로 유물에 대해 설명해 보자.

- 친구들이 소개한 유물 중 직접 보고 싶은 것이 있으면 찾아가 감상해 보자.

📖 읽기 1

다음은 알타미라 동굴에 대해 설명하는 글이다. 잘 읽고 질문에 답해 보자.

- 아래 글의 제목을 보고 어떤 내용일지 예측해 보자.

- 예측한 내용을 생각하면서 다음을 잘 읽어 보자.

구석기 시대의 미술관, 알타미라 동굴

(가) 1879년 여름, 스페인 북부의 산탄데르 지방. 평소 고고학에 호기심이 많았던 사우투올라는 알타미라 지역에서 동굴을 보았다는 사냥꾼의 이야기를 듣고 어린 딸 마리아와 함께 동굴 조사를 나섰다. 동굴 주변에서부터 짐승의 뼈와 부싯돌 같은 석기 시대의 흔적들을 발견한 그는 이에 정신이 팔려 있었다. 그러다가 그는 문득 마리아가 사라졌다는 사실을 알아차렸다. 급히 딸을 찾아 헤매다 동굴로 들어서자 마리아의 목소리가 들려왔다. "아빠, 여기 좀 보세요. 동굴 속에 들소 그림이 정말 많이 있어요." 사우투올라가 마리아의 목소리가 들리는 곳으로 가 보니 동굴 천장에는 검은색, 붉은색, 갈색으로 채색된 들소들이 뛰어오르고, 달리고, 웅크리고 있는 모습이 장관을 이루고 있었다. 까마득한 구석기 시대의 예술 작품이 세상에 모습을 드러내는 극적인 순간이었다.

(나) 사우투올라는 세상 사람들에게 석기 시대의 벽화를 발견했다는 사실을 알렸지만, 대부분의 학자들은 사우투올라의 주장에 회의적인 시선을 보냈다. 원시인들이 그렸다고 보기에는 그림의 수준이 높은 데다가 일만여 년의 시간이 지났다고 하기에는 보존 상태가 너무 좋다는 것이었다. 그러나 20년 후 프랑스 피레네 지역에서 석기 시대의 동굴 벽화가 발견되면서 비로소 알타미라의 벽화에 대한 조사가 다시 시작되어, 이들 그림이 약 1만 5천 년 전에 그려진 구석기 시대의 유물이라는 점이 밝혀지게 되었다. 이로써 생존에 필요한 기초적인 생활만을 했을 것이라고 여겨졌던 구석기 시대의 인류에 대한 인식이 크게 바뀌게 되었다. 그들도 역시 현대와 비교해도 손색이 없을 만큼 뛰어난 예술적 능력을 가지고 이를 표출하면서 살았다는 것을 알게 된 것이다.

(다) 2백여 미터에 이르는 동굴의 벽화 중 특히 '그림의 거실'이라 불리는 넓은 홀의 천장 그림은 알타미라 동굴 벽화의 백미로 꼽힌다. 자연물을 원료로 한 아름다운 채색과 털과 피부까지 세심하게 표현한 사실적인 묘사로 살아 움직이는 듯한 생생함을 느낄 수 있다. 게다가 벽의 울퉁불퉁한 면을 이용한 입체적인 묘사는 보는 이들을 더욱 놀라게 한다.

(라) 이 벽화는 구석기 시대 인류의 모습을 살필 수 있다는 고고학적인 의의와 함께, 시간을 뛰어넘어 위대한 예술 작품을 감상할 수 있는 즐거움을 주었다는 그 자체만으로도 무엇과도 바꿀 수 없는 가치를 지닌다.

(마) 알타미라 벽화가 세상에 알려지면서 매년 10만 명이 넘는 관람객들이 방문하였다. 그러나 관람객들이 내뿜는 이산화탄소가 그림을 훼손시키고 있다는 연구 결과가 나오면서 1977년부터는 일반인들의 알타미라 동굴 관람을 엄격하게 제한하고 있다. 2001년부터는 알타미라 박물관에 동굴의 모습을 재현한 '새 동굴'을 설치하여 동굴 관람을 대신할 수 있도록 하고 있다.

● 위의 글을 읽으면서 질문에 답해 보자.

1) 각 문단의 내용을 다음 표에 정리해 보자.

	내용
(가)	
(나)	발견 후의 사람들의 반응
(다)	
(라)	
(마)	

2) 벽화에 대한 예술적 평가를 나타내는 단어로 적당한 것을 찾아보자.

　　□ 단순하다　　□ 섬세하다　　□ 입체적이다　　□ 간결하다
　　□ 투박하다　　□ 독특하다　　□ 강렬하다　　□ 생동감 있다

3) 다음 중 위의 글을 통해 알 수 있는 사실은 무엇인가?

　❶ 수천 년의 시간이 흘렀지만 벽화의 색은 선명하다.
　❷ 이 벽화를 발견한 직후 벽화에 대한 연구가 시작되었다.
　❸ 이 벽화는 현재까지 남아 있는 구석기 시대의 벽화로는 유일하다.
　❹ 이 동굴에는 현재까지 매년 10만 명이 넘는 사람들이 찾아오고 있다.

● 위의 벽화와 관련지어 구석기 시대 사람들의 삶이 어땠을지에 대해 이야기해 보자.

📖 **읽기 2**

다음은 『나의 문화유산 답사기』의 일부이다. 잘 읽고 질문에 답해 보자.

● 다음의 사진을 보고 돌을 쌓아 놓은 모습에서 알 수 있는 특징을 이야기해 보자.

● 위에서 이야기한 내용을 생각하면서 다음을 잘 읽어 보자.

불국사 건축의 아름다움은 석축으로부터 시작된다. 불국사 석축은 누구에게나 벅찬 감동으로 다가온다. 어쩌다 외국의 미술관에서 오는 손님이 있어 불국사로 안내하면 열이면 열 모두가 석축 앞에서는 "판타스틱!" 아니면 "원더풀!"을 연발한다. 불국사가 24년이 걸리도록 완공을 보지 못했던 가장 큰 이유는 바로 이 석축 때문이었음이 분명하다.

전체 길이 약 90m의 이 석축은 대단히 복잡한 구성이어서 현란한 인상을 준다. 그러나 이상하게도 이 복잡하고 현란한 구성이 어지러운 것이 아니라 정연한 인상을 주는 것이다. 자세히 살펴보면 경사지를 두 개의 단으로 조성하고 거기에 석축을 쌓았는데 아랫단은 자연미 나게 쌓았으며 윗단은 다듬은 돌로 모두 인공미 나게 쌓았다. 그리하여 단순한 가운데서 변화를 주며 또 자연미로부터 인공미에로의 체계성 있는 변화를 안겨오게 하였다.

특히 자연석 기단 위로 인공석을 얹으면서 그 자연석을 다치지 않게 하려고 차라리 인공석 받침들을 거기에 맞추어 깎아낸 것은 그 기교의 절정이라 할 것이다. 외국인들은 대개 여기에서 자지러지듯 놀라며 인공과 자연의 조화에 얼마나 많은 공력과 계산이 들었는가를 인정하게 된다. 이 점에 대해 최순우* 선생은 이에 대해 이렇게 묘사해 냈다.

> 크고 작은 자연석들과 잘 다듬어진 장대석들을 자유롭게 다루면서 장단 맞춰 쌓아올린 이 석단의 짜임새를 바라보면 안정과 율동, 인공과 자연의 멋진 화해에서 오는 이름모를 신라의 신비스러운 정서가 ⊙숨가쁘도록 내 가슴에 즐거운 방망이질을 해 주는 것이다.

이 세계에 나라도 많고 민족도 많지만 누가 원형 그대로의 지지리도 못생긴 돌들을 이렇게도 멋지게 다루고 쌓을 수 있었을 것인가.

---
* 최순우 : 미술사학자이자, 미술평론가로서, 국립중앙박물관 관장을 지냈다. 한국 미술 연구와 문화재 보존에 크게 기여하였다.

- 다시 한 번 읽고 질문에 답해 보자.

    1) 이 글은 무엇에 대해서 설명하고 있는가?

    2) 필자가 석축의 아름다움을 설명하기 위해 사용하고 있는 방법을 모두 찾아보자.
        ❶ 전문가의 말을 인용하고 있다.
        ❷ 대상을 다른 것과 비교하고 있다.
        ❸ 그림을 그리듯 대상을 자세하게 묘사하고 있다.
        ❹ 유사한 대상을 들어 비유적으로 설명하고 있다.

    3) 다음 중 위에서 설명하고 있는 대상의 느낌을 표현한 것으로 적절하지 않은 것은 무엇인가?
        ❶ 어지러우면서 정연하다.
        ❷ 구성이 복잡하고 화려하다.
        ❸ 단순하면서도 변화를 주었다.
        ❹ 자연미와 인공미가 조화를 이루었다.

    4) 밑줄 친 ㉠의 의미가 무엇인지 이야기해 보고 다른 표현으로 바꾸어 보자.

- 사진을 다시 보고 여러분의 감상을 이야기해 보자.

- **-도록**

    동사 뒤에 붙어 '그러한 상황이 나타날 정도로'라는 의미로, 주로 느낌을 과장되게 표현할 때 사용한다.
    (1) 가: 이곳에 관광 단지를 조성하면 큰 이익을 볼 수 있을 거라고 봅니다.
        나: 저는 이곳을 개발하는 것에는 절대로 반대입니다. 눈이 부시도록 아름다운 우리의 자연유산을 보전하는 일이 먼저가 아닐까요?
    (2) 가: 죽도록 그 사람을 사랑했건만 결국 이렇게 되고 말다니…….
        나: 너무 상심하지 마. 지금은 죽을 것 같이 힘들겠지만 좀 있으면 이름조차 생각 안 날 거니까.

🎤 말하고 쓰기

여러분 나라의 문화유산에 대해 발표하고 그것을 소개하는 설명문을 써 보자.

- 여러분 나라의 위대한 문화유산은 무엇이 있는가? 무엇에 대해 소개할지 생각해 보자.

- 다음 질문에 답하면서 소개할 내용을 준비해 보자.

    1) 문화유산의 이름은 무엇인가?

    2) 그 문화유산은 언제 만들어졌으며, 어디에 있는가? 그리고 누가 만들었는가?

    3) 그 문화유산의 특징은 무엇인가?
        - 외형
        - 용도나 목적

    4) 그 문화유산의 가치는 무엇이며, 사람들의 평가는 어떠한가?

    5) 이 밖에 문화유산에 대해 소개할 내용이 있으면 정리해 보자.

    6) 그 문화유산에 대한 소개에 도움을 줄 수 있을 만한 그림이나 사진 자료가 있으면 준비해 보자.

- 위에서 준비한 내용과 자료를 가지고 다른 사람들 앞에서 발표해 보자.

- 다른 사람들 앞에서 발표하면서 보충할 내용이 있다는 것을 느꼈는가? 보충할 내용이 있다면 그에 대해 좀 더 조사해 보자.

- 위에서 준비한 내용을 바탕으로 여러분 나라의 위대한 문화유산에 대해 소개하는 설명문을 써 보자.

문화 한국의 유네스코 세계 유산

● 유네스코에 등재된 한국의 문화유산에는 무엇이 있는지 이야기해 보자.

유네스코(UNESCO)는 교육, 과학, 문화 등의 분야에서 국제 협력을 촉진하여 세계 평화와 인류 발전에 기여하기 위해 만들어진 기구다. 유네스코는 세계적 가치를 지닌 문화유산들이 세계인 모두가 함께 보존해야 할 인류의 공통 자산이라는 것을 강조하기 위해, 세계문화유산을 지정하여 보호를 촉구하는 사업을 벌이고 있다.

유네스코 세계유산은 크게 문화유산 및 자연 유산, 인류무형문화 유산, 세계기록유산으로 나뉘는데, 한국의 문화유산 중에서 유네스코에 등재된 세계 유산을 소개하면 다음과 같다.

- 문화유산 및 자연유산 : 해인사장경판전, 종묘, 석굴암과 불국사, 창덕궁, 수원 화성, 고인돌 유적, 경주 역사지구, 조선왕릉, 하회마을과 양동마을, 제주 화산섬과 용암동굴
- 인류무형문화유산 : 종묘제례 및 종묘제례악, 판소리, 강릉단오제, 강강술래, 남사당 놀이, 영산재, 제주 칠머리당영등굿, 처용무, 가곡, 대목장, 매사냥
- 세계기록유산: 훈민정음, 조선왕조실록, 직지심체요절, 승정원 일기, 팔만대장경판, 조선왕조 의궤, 동의보감

특히 문화유산 중에서도 가장 최근인 2010년에 등재된 하회마을과 양동마을은 조선 시대의 전통 가옥이 잘 보존되어 있다. 전통적인 생활 문화가 대를 이어 전승되어 내려오는 마을로, 살아 있는 유산으로서의 세계적 가치를 인정받았다는 점에서 큰 의의가 있다고 할 수 있다.

● 유네스코에 등재된 한국의 문화유산 중 자세히 알고 싶은 것이 있는가? 문화유산을 방문하거나 조사해 보자.

자기 평가

● 문화유산의 특징을 설명하는 어휘를 익혔는가?	잘함 ●─●─●─●─● 못함	
● 문화유산에 대해 설명하고 해설을 들을 수 있는가?	잘함 ●─●─●─●─● 못함	
● 문화유산에 대한 설명문을 읽고 쓸 수 있는가?	잘함 ●─●─●─●─● 못함	

어휘 늘리기

사자성어 3 문화유산

- 다음 사자성어의 의미를 추측해 보자.

  가: 이 건물은 한국의 전통적인 건축 양식을 현대에 맞게 발전시킨 기법으로 건축되었습니다.
  나: 네. 온고지신의 정신이 잘 반영되었다고 할 수 있겠군요.

- 다음 사자성어의 의미로 맞는 것과 연결해 보자.

  ❶ 다다익선(多多益善) •   • ⓐ 이름과 내용이 서로 일치한다

  ❷ 명실상부(名實相符) •   • ⓑ 옛것을 익히고 새로운 것을 배운다

  ❸ 상전벽해(桑田碧海) •   • ⓒ 많으면 많을수록 좋다

  ❹ 온고지신(溫故知新) •   • ⓓ 제자가 스승보다 낫다

  ❺ 청출어람(靑出於藍) •   • ⓔ 어떤 일을 하는 데 있어 가장 중요한 부분을 완성한다

  ❻ 화룡점정(畵龍點睛) •   • ⓕ 뽕나무 밭이 변하여 바다가 되듯이 세상 일의 변화가 심하다

- 다음 예문을 보고 사자성어의 쓰임을 확인해 보자.

  (1) 가: 우리나라가 명실상부한 문화 강국으로 거듭나기 위해서는 문화유산에 대한 관심이 필요합니다.
      나: 네, 그렇습니다. 우리의 문화를 보존하고 계승하는 것이 무엇보다도 중요하지요.
  (2) 가: 당시에는 가장 발전된 도시였지만, 지금은 이렇게 일부 유적만이 남아 있어요.
      나: 상전벽해가 따로 없군요. 그나마 남아 있는 유적이 아니었으면 그때의 모습을 짐작하기도 어렵겠어요.
  (3) 가: 전통적인 것을 지키는 것도 중요하지만, 그것을 바탕으로 현대에 맞게 계승하는 것도 중요하지요.
      나: 네. 전통과 현대를 잘 조화시키는 온고지신의 정신이 필요하다고 할 수 있습니다.
  (4) 가: 이 작품에서 가장 주목할 만한 부분은 바로 이 불상의 은은한 미소입니다. 이 온화한 얼굴 표정이 정신적인 경지를 잘 표현하고 있는 것이죠.
      나: 네. 과연 이 작품의 화룡점정이라고 할 수 있겠네요.

MEMO

듣기 대본

제1과 인생

Track 4~5

1

가: 많이 기다렸지? 미안해. 막 나오려고 하는 찰나에 부장님이 뭘 시키시는 바람에 말이야.
나: 아니에요.
가: 그런데 여기까지 웬일이야?
나: 그냥 저도 곧 4학년이 되니까 진로를 어떻게 정해야 할지 고민이 돼요.
가: 우리 과는 졸업만 하면 바로바로 취직되는데 뭐가 걱정이야?
나: 사실 저는 이쪽으로 취업할 생각이 없어요. 3년 동안 전공 공부하면서 적성에 안 맞는다는 생각을 쭉 해 왔거든요. 그래서 전공 따라서 취직하기가 두려워요.
가: 그럼 특별히 하고 싶은 공부나 일이 있는 거야?
나: 딱히 그런 게 있는 것도 아니에요. 이제 와서 취직을 안 하겠다고 하면 부모님이 뭐라고 하실 것도 같고, 그렇다고 뚜렷한 다른 목표가 있는 것도 아니고……. 저도 어떻게 해야 할지 모르겠어요.
가: 너도 참 답답하다. 전공이 적성에 안 맞는다는 얘기를 이제 와서 하면 어떡하니? 그럴 것 같았으면 진작에라도 방향 전환을 했어야지.
나: 문제는 제 적성이 무엇인지 저도 잘 모르겠다는 거예요. 저도 이런 내 자신이 너무 한심해요.
가: 하~! 그래. 어쩌면 지금이라도 그걸 알게 된 게 다행일지도 모르지. 그러면 일단 학교 상담 센터에 가서 적성 검사 같은 걸 한번 받아 보는 게 어때? 나도 전에 한번 이용해 봤는데, 꽤 유용하더라고.
나: 그렇게라도 해 볼까요?
가: 그래. 자신의 적성부터 찾는 게 급선무니까 일단 그거부터 알아보는 게 좋겠다. 적성을 알아본 다음에는 그쪽 방향으로 범위를 좁혀서 생각해 보고. 그런 후에야 뚜렷한 목표를 갖는 게 가능하지 않겠어?
나: 네, 고마워요.

2

가: 오늘은 존스 홉킨스 병원 재활 의학과의 전문의 이승복 박사님을 만나 보겠습니다. 박사님, 안녕하세요. 한국에는 얼마 만에 오신 건가요?
나: 거의 일 년 만인 것 같습니다.
가: 오랜만에 한국에 오셔서 바쁘실 텐데 이렇게 자리를 빛내 주셔서 감사합니다. 박사님은 재활 의학계의 권위자로도 명성을 날리고 계시지만 전직 체조 선수라는 특이한 이력으로도 화제가 되고 계시는데요. 어떤 계기로 체조 선수에서 의사로 전직하게 되신 건가요?
나: 어, 아시는 분도 많을 거라고 생각합니다만, 제가 체조 선수로 활동하던 중에 불의의 사고로 전신 마비 환자가 되었습니다.
가: 아, 네, 그러셨군요. 정말 상심이 크셨겠어요. 그때 심경이 어떠셨는지요?
나: 음, 뭐, 하늘이 무너지는 것 같았죠. 처음에는 신이 나를 버리셨구나 싶은 게 세상에 내동댕이쳐진 것 같더라고요. 그렇게 신을 원망하면서 시간을 보냈는데 가만히 생각해 보니까 그건 누구의 잘못도 아니고, 제 실수였어요. 그래서 어떻게 해서든 몸을 조금이라도 회복해야겠다는 생각을 했지요.
가: 그럼 의사가 되어야겠다는 결심은 어떻게 하신 건가요?
나: 우연히 읽게 된 하워드 러스크 박사의 자서전이 결정적인 계기가 됐습니다. 그분도 백혈병이라는 큰 병을 이겨 내신 분이더라고요. 그 책을 읽으면서 제가 얼마나 바보 같은 생각을 하고 있었나를 깨닫게 되었어요.
가: 네, 그러셨군요. 사실 지금도 어딘가에서 크고 작은 장애로 힘들어하고 있는 분들이 계실 텐데요. 그런 분들에게 해 주실 말씀은 없으신지요?
나: 사실 사고가 제 인생에서 가장 큰 시련이었다는 생각이 들었지만, 그 사건이 없었다면 지금의 제가 없었을 겁니다. 누군가가 그러더군요. 신은 한쪽 문을 닫을 때 다른 쪽 문을 열어 둔다고요. 지금 그분들이 서 계신 그곳이 인생의 끝이 아니라 새로운 시작을 위한 전환점이라는 말씀을 꼭 전하고 싶습니다.

제2과 한국인의 의식 구조

Track 8~9

1

가: 마지막으로 한국인의 의식, 그 세 번째 특징인 집단주의에 대해서 이야기해 보도록 하겠습니다. 일반적으로 집단주의라고 하면 '집단의 기대나 가치 혹은 요구 등을 개인의 그것보다 우선시하는 의식'을 말하는데요. 이 집단주의라는 것도 앞에서 다룬 장유유서 정신이나 연고주의와 마찬가지로, 분명히 긍정적인 측면과 부정적인 측면을 동시에 가지고 있다는 걸 여러분도 잘 알고 있을 겁니다. 그럼, 긍정적인 측면으로는 뭐가

있을까요?
나: IMF요.
가: 어, 그렇죠. IMF라는 국가적 위기를 맞이하고도 온 국민이 합심해서 짧은 시간에 극복해 낸 사례도 있지요? 또 부정적인 측면은요?
다: 개인의 의견이 무시될 때가 좀 많은 것 같습니다.
가: 네, 얘기 잘했어요. 여러분도 지금 이야기했듯이, 집단주의가 자유로운 생각이나 창의성을 저해할 수 있다는 비판도 할 수 있겠지요. 그리고 흔히 지적 되는 것이 우리와 다른 집단의 사람들에 대해서는 배타적이라는 것인데요. 최근에는 많이 달라졌지만, 다문화 사회 초기만 해도 한국의 이런 배타적인 문화가 많이 문제가 됐었죠? 그렇다면 이 집단주의를 버려야 할까요? 그런데 집단주의의 부정적인 측면을 지적하면서도 정작 버려야 한다고 주장하는 사람은 없는 것 같습니다. 과연 그 이유는 뭐라고 생각합니까? 그것은 집단주의의 긍정적인 측면에 대해서 모두가 잘 알고 있기 때문일 겁니다. 아까도 IMF 얘기를 잠시 했는데, 그런 위기 상황에서 집단주의의 힘이 잘 드러났다고 볼 수 있습니다. 필요한 시기에, 단시간 내에, 엄청난 힘을 모을 수 있다는 것, 그것이 바로 집단주의가 가지고 있는 가장 큰 장점이라고 할 수 있지요. 집단주의에 대해 간단하게 이야기해 봤으니까 이제부터는 집단주의 의식을 어떻게 긍정적으로 활용할 것이냐, 집단주의가 가진 잠재력을 어떻게 끌어낼 것이냐에 대해 조별로 토론해 보기로 합시다.

2

가: 오늘은 우리 사회의 뿌리 깊은 병폐라 할 수 있는 학벌주의에 관해 참교육 시민단체의 하승우 간사님과 한국대학교 사회학과의 정옥자 교수님을 모시고 의견을 들어 보도록 하겠습니다. 먼저 하 간사님, 의견 말씀해 주시겠습니까?
나: 네, 한국 사회는 한 마디로 학벌 사회입니다. 대학 간판 하나 따자고 엄청난 사교육비를 쓰질 않나, 심지어 나오지도 않은 대학을 나왔다고 학력을 위조하질 않나, 온 국민이 오로지 간판을 따기 위해서 노력하고 있습니다.
가: 네. 하 간사님 얘기 잘 들었습니다. 정 교수님 의견은 어떠십니까?
다: 네. 하 간사님께서 왜 그렇게 말씀하시는지 충분히 이해합니다만, 요즘 한국 사회에는 이미 변화가 시작되고 있다고 생각합니다. 최근 사회가 급격하게 다원화되면서 다양한 능력을 요구하게 되고, 그래서 우리 주변에서도 학벌과 상관없이 개인의 능력만으로 성공한 사례가 많지 않습니까? 이것이 한국 사회의 변화를 증명하는 거라고 생각합니다.
나: 정 교수님께서 말씀하시는 그런 사례는 연예계나 일부 특수한 경우에 국한되는 거라고 생각합니다. 대학을 졸업하고, 직장을 갖고 이런 평범한 삶을 사는 대부분의 사람들은 학벌주의의 폐해를 여전히 느끼고 있습니다. 곪을 대로 곪은 학벌주의를 개선하기 위해서는 뭔가 제도적인 장치를 마련해야 한다고 생각하는데요. 가령 기업에서 사원을 뽑을 때, 특정 대학 출신 비율을 10% 미만으로 제한한다거나…….
다: 앞서도 말씀 드렸듯이, 변화는 이미 시작되었습니다. 우리가 학벌주의를 자꾸 문제 삼는 게 사람들을 더 불안하게 하고 학벌주의를 부추기는 행위라고 생각합니다. 자신의 능력을 계발해서 원하는 일을 할 수 있는 사회로 자연스럽게 변해 가는 걸 지켜봐야 할 때라는 거죠.

제3과 남한과 북한

1
Track 12~13

가: 북한의 생활에 대해서는 이 정도로 정리하고요. 여기까지 질문 있습니까?
나: 저, 교수님. 저희가 예전에 학교에서 배웠던 내용과 좀 다른데, 그럼 북한 사람들의 생활에 변화가 있는 겁니까?
가: 그 질문에 대해서는 아무래도 여러 탈북자들과 최근에 북한을 다녀온 사람들의 이야기를 바탕으로 답을 찾아야 할 것 같아요. 다만, 이러한 정보를 접할 때 여러분들이 주의해야 할 점이 있는데요. 워낙 북한이 폐쇄된 사회이기 때문에 정보를 주는 사람들, 즉 여러분이 듣는 정보들이 단편적이고 주관적일 수 있다는 겁니다. 그런데 어찌 됐든, 뭐, 이러한 정보에 의하면, 원래 공산주의 사회인 북한에서는 주택이 국가 소유라서 매매하는 것이 금지되어 있었습니다만, 이젠 그런 일도 많이 발생한다고 하고요. 또 노래방이나 PC방 같은 외래문화도 등장했고, 사회주의 체제에 걸맞지 않게 빈부 격차도 벌어지고 있다고 합니다. 예전에는 당원이 되는 게 가장 출세하는 길이었지만

이제는 생각이 바뀌어서 배우자를 선택할 때도 경제적 능력이 뛰어난 사람들을 선호한다고 합니다. 그래서 남자의 경우에는 대외 무역이나 해외 영업 종사자가 인기가 있고 여자의 경우에는 호텔 종사자처럼 외국인하고 자주 접촉하는 그런 직업이 인기가 있다고 합니다. 이런 것을 볼 때 북한 사회 안에서 '변화가 시작되고 있는 게 아닐까'라고 말할 수 있습니다. 다른 질문이 없으면 지금부터는 북한 사회에 대한 전망으로 넘어가도록 하죠.

2

가: 안녕하세요? 저는 발표를 맡게 된 왕명입니다. 저희 조는 총 4명이 함께 인터뷰 과제를 했습니다. 하면서 한국 사람의 말을 듣고 바로 이해하기가 힘들긴 했지만, 열 번 이상 들으면서 나름 대로 열심히 했으니까 잘 들어 주십시오. 저희는 이상적인 통일 방식은 무엇이라고 생각하는지에 대해서 두 명의 북한 전문가를 대상으로 인터뷰를 해 보았는데요. 통일에 대한 바람은 모두 같지만 그 구체적인 생각은 이렇게 다르다는 걸 알게 되어서 무척 흥미로웠습니다. 우선 첫 번째 인터뷰를 먼저 들려 드리겠습니다. 첫 번째 인터뷰는 한겨레 문화재단의 정기경 연구원이십니다.

나: 가장 이상적인 통일이라면은…… 서로 간의 차이점을 서서히 해소시켜 나가면서, 어, 뭐랄까, 점진적으로 해 나가는 것이라고 봅니다. 그냥, 뭐, 동질감 회복 같은 얘길 하는데, 그것보다는 이제부터라도 새로운 하나의 문화를 창조해 내고 새로운 체제를 형성해 가면서 평화적으로 서로 간의 차이점을 해결해 나가는 방향으로 되어야겠지요.

가: 잘 들으셨나요? 참 어렵죠? 이분이 생각하는 통일 방식이 뭔지 아시겠습니까? 이분이 '동질감 회복보다는 새로운 하나의 문화를 창조해 내야 한다'고 이야기를 하셨는데요. 아무리 생각해도 이분이 이야기하시는 게 정확하게 뭔지 이해하기가 어려웠습니다. 그래서 저희 조가 같이 생각을 해 보니까 이미 분단의 골이 깊어질 대로 깊어졌기 때문에 동질감 회복은 어차피 불가능하니까, 이제부터라도 새로운 하나의 문화를 창조해 내려고 노력해야 한다는 말이 아닐까 하고 이해했습니다. 그럼 또 다른 인터뷰를 들어보겠습니다. 다음은 국방연구소의 김정미 연구원을 만나 보았는데요, 함께 들어 보시지요.

다: 통일, 하면 많은 사람들이 흡수 통일 이야기를 하는데요. 제가 생각했을 때 흡수 통일이란 건 어떤 강한 국가가 다른 국가를 흡수하자는 거니까 그런 방식은 우리 상황에서는 힘들 것 같고요. 그냥 현재 있는 정부 체제를 그대로 유지하면서, 서로의 차이를 인정한다는 거죠. 그래서 연방제로 진행됐으면 합니다.

가: 네. 다들 지금 들으셨다시피 이분의 생각은 연방제 통일인데요. 각각의 체제를 유지하면서 통일을 이루자는 것입니다. 저희는 이분의 생각이 매우 현실적이라는 생각을 했습니다. 국민 대부분은 전쟁이나 분단의 아픔을 직접 느끼지 못한 세대입니다. 그래서 통일로 인해 급격하게 변화가 오는 것을 감당하지 못할 수도 있을 테니까 서로의 체제를 유지하자는 이 방안이 가장 합리적인 것이 아닐까 하는 결론을 내려 보았습니다. 이상으로 발표를 마치겠습니다. 질문 있으십니까?

제4과 교육 문제

Track 16~17

1

가: 최근 학부모회에서 우열반을 운영하는 것이 어떻겠냐는 의견이 나왔습니다. 이렇게 하면 잘하는 학생에게는 더 심화된 내용을 가르치고, 못하는 학생에게는 부족한 점을 보충할 수 있다는 장점이 있기는 한데요. 이런 방식에 대해서 선생님들은 어떻게 생각하는지 의견을 들어 보고 싶습니다. 우선 김 선생님은 어떻게 생각하시는지요?

나: 저는 우열반을 나누는 것이 결국은 학생들에게 더 좋은 영향을 줄 거라고 생각합니다. 지금은 한 반에 잘하는 학생과 못하는 학생이 섞여 있으니까, 어떤 학생들에게 맞추어 가르쳐야 할지 결정하기 힘든 경우가 많지 않습니까? 못하는 학생들을 위한다고 너무 쉬운 내용을 가르치면 잘하는 학생들이 지루해하고, 잘하는 학생들을 위한다고 어려운 내용을 가르치면 또 못하는 학생들이 자신감을 잃습니다. 학생들이 공부에 흥미를 갖게 하려면 수준별로 나누어서 눈높이에 맞는 교육을 하는 게 좋을 것 같습니다.

가: 네, 잘 알았습니다. 그럼 송 선생님 생각은 어떠십니까?

다: 물론 김 선생님의 말씀도 일리가 있습니다만 우열반을 운영한다고 해서 무조건 좋은 점만 있는 건 아닙니다. 우반에 들어간 학생들은 모르겠지만, 열반 학생들의 경우는 오히려 그나마 있었던 흥미조차 잃을 수 있다는 점이 문제입니다. 성적이 좋지 않은 학생들끼리 모아 놓으면 수업 시간에 공부하려는 분위기가 만들어지지 않을 가능성이 아주 높습니다. 우리의 의도와 달리, 열반 학생들은 더 성적이 나빠질 겁니다. 더구나 우열반

때문에 경쟁이 과열되면 인성 교육의 측면에서도 좋지 않고요.

나: 바로 그 경쟁이 학생들의 학습 동기를 유발하는 데 긍정적으로 작용할 수 있다고 봅니다. 결국 열반 아이들이 우반에 들어가기 위해서 더욱 열심히 공부하지 않겠습니까? 그래서 저는 우열반 운영이 열반 아이들의 학습 의욕을 자극하는 하나의 방법이 될 수 있다고 생각합니다.

②

최근 교육부에서는 초등학교 1학년부터 영어 교육을 받을 수 있도록 하는 정책을 도입하고자 하고 있습니다. 지금까지 초등학교 3학년이었던 영어 교육 시작 시기를 1학년으로 앞당기자는 것입니다. 이러한 움직임은 점차 국제화되어 가는 사회 속에서 외국어 능력의 중요성이 커지고 있으므로 영어 교육을 강화해야 한다는 주장에서 나온 것입니다. 그러나 이러한 정책은 여러 부작용을 낳을 수 있습니다. 우선 무엇보다도, 이 정책의 가장 심각한 문제는 아이들의 모국어 능력 발달에 걸림돌이 될 수 있다는 것입니다. 7, 8세는 한창 모국어로 글을 배우기 시작하는 시기입니다. 이러한 시기에 영어 교육이 강조된다면, 결국 아이들은 두 마리 토끼를 다 놓치게 되고 말 것입니다. 또한, 이 정책에 찬성하는 사람들은 학교에서 영어 교육을 하면 상대적으로 영어 사교육이 줄어들 수 있다는 점을 중요한 근거로 들고 있습니다. 학교에서 영어를 배우니까 학원이나 과외가 필요 없을 것이라는 얘기입니다. 그러나 이는 지나치게 상황을 단순하게 보는 것입니다. 조기 영어 교육은 오히려 영어 사교육을 부추길 수 있습니다. 부모들은 아이들이 학교에서 뒤처질까 봐 지금보다도 더 영어 사교육으로 몰릴 것입니다. 물론 국제화 사회에서 외국어 능력은 매우 중요합니다. 그렇지만 모국어도 충분히 배우지 못한 아이들에게 영어 교육을 강조한다면 여러 문제가 일어날 수 있습니다. 이것을 잘 따져서 올바른 언어 교육의 틀을 세워야 할 것입니다.

제6과 민주화와 산업화

Track 20~21

①

가: 와! 여기는 옷 가게가 정말 많네요. 쇼핑 천국이라는 말이 딱 맞아요.

나: 그렇죠? 동대문 주변에는 이런 대규모 상가가 밀집해 있어요.

가: 오늘 여기 다 구경하려면 밤을 새도 모자랄 것 같아요. 그런데 진호 씨, 왜 여기에 이렇게 의류 상가가 많이 모여 있는 거예요?

나: 음, 설명하려면 긴데요. 지금은 보기 어렵지만 60년대부터 이곳 동대문과 청계천을 중심으로 소규모 의류 공장들이 많이 모여 있었거든요. 그러면서 자연스럽게 상권이 형성되었고, 그게 지금의 대형 의류 상가로 발전하게 된 거예요. 사실 이곳은 한국의 산업화를 얘기할 때 빼놓을 수 없는 중요한 장소라고 할 수 있어요.

가: 그래요? 그런데 저는 경제 발전에 중요한 역할을 한 것은 중공업이라고 들었는데요.

나: 물론 중공업도 중요한 역할을 했지요. 그렇지만 옷이나 신발, 가방 같은 경공업 제품을 외국에 수출한 것도 한국 경제 발전에 한몫을 했어요. 마리 씨도 알다시피, 한국은 자원이 부족한 나라잖아요. 그래서 한국이 외화를 벌어들이기 위해서는 값싼 노동력을 활용한 저가의 제품을 수출하는 방법밖에 없었죠.

가: 값싼 노동력이요? 그러면 당시 공장에서 일하던 사람들이 임금을 적게 받았다는 얘기예요?

나: 네. 하루에 14시간씩 일을 하면서도 생계를 잇기 어려울 정도의 적은 일당을 받으면서 일했대요. 일하는 환경도 열악했다고 하고요. 사실 그때 그분들의 희생이 없었으면 한국은 지금의 모습이 아니었을 거예요.

가: 그렇군요. 그렇게나 역사적으로 의미 있는 장소라니 이곳이 새롭게 보이네요.

②

지난 시간에는 광복 이후 1948년 대한민국 정부의 탄생 과정에 대해 다루었습니다. 그때 이승만 대통령이 한국의 초대 대통령이 되었다는 것 기억하시죠? 이번 시간에는 1960년에 있었던 4.19 민주화 혁명에 대해서 좀 강의를 할까 합니다. 자, 이 사건이 일어난 1960년, 그때는 어떤 시기였나요? 당시 여당이었던 자유당이 12년간 집권을 하면서 권력을 지키기 위해 온갖 불법과 비리를 저지르고 있었습니다. 그리고 이에 대해서 국민들의 불만이 점차 높아지고 있었지요. 그런 국민들의 불만은 결국 3.15 부정 선거를 계기로 폭발하였습니다. 이승만 정권이 권력을 유지하고 싶은 욕심에 엄청나게 많은 부정을 저질렀어요. 예를 들면, 이승만에게 투표를 하라면서 돈과 선물을 나눠 주기도 했고요. 지금으로서는 도저히 상상할 수 없는 일이긴 하지만, 선거 당일에 투표용지를 바꿔치기해서 결과를 조작하는 일까지 자행했습니다. 아무튼 이 일을 계기로 당시 학생들을 중심으로 시위가 일어나기 시작했습니다. 자, 우리가 이 사건을 4.19 혁명이라고 부르는 이유는 이날이 갖는 상징성 때문인데요. 이 4월 19일 시위에서는 경찰이 시위하는 사람들에게 총을 쏘아서 많은 사람들이 죽고 다쳤죠. 이날을 기점으로 시위가 전 국민적으로 확산되었고, 국민들의 구호가 "부정 선거 다시 하라"에서 "이승만 정권 물러나라"로 바뀌었을 정도로 분노가 커졌습니다. 상황이 이렇게까지 되니까, 이승만 대통령도 물러날 수밖에 없었겠죠. 결국 이승만 대통령이 라디오 방송을 통해서 하야하겠다는 발표를 함으로써 마무리가 되었습니다. 이 4.19 민주화 혁명으로 대통령이 물러나기는 했지만, 사실 이때에 민주주의가 완전히 뿌리를 내렸다고 보기는 힘듭니다. 그 후에도 한국은 20여 년이 넘게 독재의 그늘 아래 있었으니까요. 그래서 어떤 사람은 4.19 혁명을 '미완의 혁명'이라고 말하기도 합니다. 비록 그렇다고 하더라도 4.19는 민주주의를 위한 국민들의 열망을 보여주었다는 데 큰 의의가 있다고 할 수 있습니다.

제7과 발명과 발견

1

Track 24~25

큰 것, 작은 것 그 크기도 다양하고, 네모, 동그라미, 사과 모양, 하트 모양, 노란색, 분홍색, 하늘색, 모양과 색깔도 가지가지. 우리의 일상생활을 편리하게 해 주는 접착식 메모지입니다. 지금은 이렇게 다양하게 생산되어 우리의 생활 곳곳에서 활용되고 있지만, 사실 접착식 메모지가 발명되는 과정은 그다지 화려하지 않았습니다. 이 대단한 발명의 주인공은 미국의 화학 연구원인 스펜서 실버입니다. 처음에 스펜서 실버가 원했던 것은 접착식 메모지에 쓰이는 약한 접착제가 아니었습니다. 그는 아무리 힘센 사람도 뜯어낼 수 없는, 세상에서 가장 강력한 접착제를 원했지요. 그렇지만 그런 접착제를 만드는 건 쉬운 일이 아니었습니다. 실패, 또 실패. 실패를 거듭하던 어느 날, 그는 접착력이 약하고 끈적거리지 않는 이상한 접착제를 만들게 되었습니다. 그는 순간 느꼈죠. '이건 뭔가 그냥 넘어갈 만한 일이 아니야.' 그는 이 이상한 접착제에 대해 회사 사람들에게 알리기 시작했습니다. 결국 이 접착제에 대한 이야기는 동료인 아서 프라이의 귀에도 들어갔습니다. 아서는 그 이야기를 듣는 순간 기발한 생각을 하게 되었죠. 이 접착제를 이용하여 책갈피에 붙였다 뗐다 할 수 있는 종이를 만들면 어떨까 하고요. 사실 합창대원이었던 그는 악보 책에 끼워 놓은 종이가 자꾸 떨어지는 바람에 불편함을 느끼고 있었거든요. 실패한 발명품이 유용한 생활필수품으로 탈바꿈하는 획기적인 순간이었습니다. 그렇지만 이 접착제를 이용하여 상품이 만들어지기까지는 더욱더 많은 노력이 필요했습니다. 접착제의 강도를 조절하는 일이 골칫거리였죠. 잘 붙어 있으면서도, 손으로 쉽게 뗄 수 있어야 하는 것이죠. 너무 강하지도, 약하지도 않은 중간 지점을 찾아야 했습니다. 가장 적절한 접착 강도를 찾기 위해서 그 후에도 많은 연구가 이루어졌습니다. 이런 과정을 통해 탄생한 접착식 메모지. 이제는 어느 곳에서나 쉽게 찾아볼 수 있는 기발한 발명품의 대명사가 되었습니다. 시작은 미약하나, 끝은 창대하리라. 접착식 메모지의 탄생에 딱 어울리는 말이지요?

2

가: 자, 다음 개발자 이정우 씨 모시겠습니다. 이분은 상대방의 위치를 휴대 전화를 통해 알 수 있는 위치 추적 프로그램을 개발하셨다고 하는데요. 개발자님, 안녕하세요?

나: 안녕하세요?

가: 네, 이정우 씨, 이 개발품에 대해서 좀 더 자세하게 보여 주시겠습니까?

나: 네. 이 프로그램을 휴대 전화에 설치하고 내가 알고 싶어하는 사람의 번호를 입력하면 그 사람의 현재 위치가 제 휴대 전화로 전송됩니다. 자, 제가 한번 해 보겠습니다. 제가 김지현 아나운서님의 전화번호를 미리 알아 왔는데요. 자……, 여기 휴대 전화에 번호를 입력하고, 이 '위치 찾기' 버튼을 누르면 아나운서님이 계신 장소가 나타납니다. 보세요. 여기 '영등포구 여의도동 31번지', 이렇게 현재 위치가 지도와 함께 뜨죠? 그리고 지도를 확대해서 보면 그 사람의 위치를 더 정확하게 볼 수 있습니다.

가: 와, 정말 신기합니다. 어떤 사람의 위치를 이렇게 자세하게 알 수 있다니요. 그런데 이런 프로그램을 만드신 특별한 계기가 있었다고 들었습니다.

나: 네, 제가 지금 일곱 살짜리 아이가 하나 있는데요. 그 아이가 다섯 살 때 집 근처 공원에 나갔다가 아이를 잃어버릴 뻔했거든요. 다행히 아이를 찾기는 했지만, 그때 이런 프로그램이 있으면 좋겠구나 하는 생각이 들었습니다.

가: 아, 네. 아이를 사랑하는 아빠의 마음으로 만든 개발품이라고 할 수 있겠네요. 자, 지금 여기에 모신 예비 투자자 분들의 눈이 반짝반짝하는 게 상당히 관심을 가지고 계시는 것 같은데요. 예비 투자자 분들 중에

혹시 질문하고 싶으신 분 계십니까?

다: 저, 제가 질문 하나 하겠습니다. 일단 상당히 인상적인 개발품입니다. 그리고 잘만 하면 상품 가치도 클 거 같고요. 그런데 이 프로그램이 혹시 사생활을 침해하는 문제는 없을지, 그렇게 되면 이걸 가지고 상품화하는 데에도 큰 부담이 되거든요. 혹시 그런 문제에 대해서 생각해 두신 것이 있으신지요?

나: 네, 물론 그런 문제가 있을 거라고 생각합니다. 지금은 전화번호만 입력하면 그 사람의 위치를 알 수 있으니까, 사생활 침해의 소지가 충분히 있습니다. 그래서 상대방이 승인을 해야지만 위치 추적이 가능하게 프로그램을 수정해야 하는데, 이게 상용화가 전제되지 않은 상태에서 저 혼자 계속 진행하기가 어려운 부분이 있습니다. 그래서 이렇게 출연하게 된 건데요. 여기 계신 분들이 지원을 해 주신다면 그런 문제를 빗겨 갈 프로그램을 충분히 만들 수 있을 것입니다.

제8과 대중문화

1
Track 28~29

가: 음악 평론가 김진모 씨와 함께 하는 '노랫말로 보는 우리 사회' 두 번째 시간입니다. 오늘은 어떤 얘기를 들려주실지 기대가 되는데요. 선생님, 안녕하세요?

나: 네, 안녕하십니까. 오늘은 대중가요의 영원한 주제인 '사랑', 그 중에서도 '이별'에 대해 이야기해 보겠습니다.

가: 아, 이별이요? 말만 들어도 가슴이 아려 오네요.

나: 어, 그렇게 반응하시는 걸 보니 새봄 씨는 구세대시군요.

가: 네? 아이.

나: 하하. 신세대들은 그런 반응을 보이지 않거든요. 요즘 노래 가사를 들어 보면 우리 같은 세대가 이해하기에는 좀 어려운 가사들도 많이 있습니다. 예를 들어, '그래, 사라져 줄게, 잘해 봐.' 혹은 '세상에 여자가 어디 너뿐인 줄 아니?'라든가, '세상의 반은 남자다.' 이런 것처럼 헤어지더라도 그 이별에 연연해하지 않는 소위 '쿨'한 모습을 보여 주고 있지요. 이런 게 바로 최근 젊은이들의 의식을 반영하고 있는 거라고 봅니다.

가: 그러고 보니 그러네요. 예전 노래들은 대부분 이별에 아파하고, 슬퍼하는 내용이 많았던 것 같은데 말이에요.

나: 네, 맞습니다. 90년대 노래를 보면 '널 다시 볼 수만 있다면'이라던가 '널 잊지 못하는 바보 같은 나', '너무합니다'처럼 이별을 쉽게 받아들이지 못하고 자신을 자책하는가 하면 상대를 원망하기도 하는 모습을 엿볼 수 있지요.

가: 그럼 여기에서 두 노래를 한번 비교해서 들어 볼까요?

2

오늘 연예 뉴스에서는 드라마 속 악역에 대해 살펴보겠습니다. 악역 캐릭터 하면 냉정하고 독한 모습을 자연스럽게 떠올리게 되는데요. 그런데 최근에 등장하는 악역들은 조금은 우스꽝스럽기도 하거니와 한편으로는 어딘가 모르게 연민을 느끼게 하는 인물로 그려지고 있습니다. 그리고 더 나아가 선과 악으로 분명하게 구분하기 어려운, 그래서 시청자들의 공감을 이끌어 내기에 충분한 입체적 인물로 묘사되기도 합니다. 예를 들어 최근 인기를 끌었던 드라마 '달려라, 김치왕'에서도 시청자들로부터 분노를 느끼게 하는 악역인 구민준이 등장합니다. 그런데 가정불화와 부모님의 폭력 속에 방치되어 비뚤어질 수밖에 없었던 구민준의 어린 시절이 그려짐으로써, 시청자들은 그 인물을 어느 정도 이해하게 됩니다. 또한 자신의 악한 행동에 대해 괴로워하는 인간적인 모습을 보여줌으로써 그를 미워할래야 미워할 수 없게 되는 거죠. 결국 악역의 모습이 변화하는 것은 요즘의 사회상을 반영한 거라고 할 수 있습니다. 누가 나쁜 사람이고 누가 착한 사람인지 판단하기 어려운, 복잡한 현대 사회 속에서 더 이상 100퍼센트 완벽한 악역은 없다는 것이지요.

제9과 변화하는 사회

1
Track 32~33

가: 체류 외국인 백만 명, 결혼하는 열 쌍 중 한 쌍은 국제결혼이라는 통계에서 보듯이 이제 우리 사회도 다문화 사회에 접어들었습니다. 하지만 외국인과 그들의 문화를 대하는 우리의 인식은 여전히 제자리 수준입니다. 이종진 기자가 짚어 봤습니다.

나: 일요일 오후, 경기도 안산시의 국경 없는 거리. 한국인보다 외국인이 더 많은 곳입니다. 음식을 사고, 고국에 돈을 송금하고, 친구, 동료와 만나는 외국인들로 붐빕니다. 우리나라의 등록 외국인 수는 85만 4천 명, 체류 외국인은 116만여 명. 전체 국민의 2%가 등록 외국인이고, 매년 결혼하는 커플 열 쌍 중 한 쌍은 외국인과 결혼합니다. 한국 생활 3년째인 중국 동포 김은희 씨, 지역 복지 센터에서 중국어를 가르치고 있고 몸이 불편한 남편을 대신해 가계도 꾸려 가고 있습니다.

나름대로 사회와 가정에 기여하고 있다는 자부심을 갖고 있지만 주변 사람들이 조선족이라고 부를 때마다 불쾌한 느낌을 받는다고 합니다.

다: 어쨌든, 그래도, 조금이라도 혈연이 있잖아요. 좀 더 도와주고 해야 되는데 오히려…….

나: 고되다는 이유로 한국인들이 꺼리는 일에 종사하는 외국인 근로자들. 한국 경제에 이바지하는 부분이 크지만 그들을 자신의 이웃처럼 따뜻하게 감싸는 한국인들은 많지 않습니다. 뿌리 깊은 혈통주의와 단일 민족 정서, 성숙한 다문화 사회를 가로막는 가장 큰 걸림돌이라는 지적입니다. 필리핀에서 한국 가정으로 시집온 마이주라 씨는 나이에 따른 엄격한 위계질서 등 한국 문화에 적응하는 게 쉽지 않다고 말합니다. 다문화 사회란 문화적 다양성과 차이를 인정하는 것인데도 외국인들에게 우리 문화를 일방적으로 강요하는 경우가 많다는 얘기입니다. 외국인 백만 명 시대, 우리 사회가 이제 '한시적'이 아닌 '영구적' 이민자로 외국인을 수용해야 한다는 목소리도 커지고 있으나 아직도 단일 민족 의식 속에 머물고 있는 것은 아닌지 자문해 볼 때입니다. MBC 뉴스 이종진입니다.

2

전 세계적으로 진행되고 있는 고령화로 인해 각국 정부는 고민에 빠졌습니다. 전반적으로 국민의 나이가 많아지고 있지만, 퇴직 연령은 그대로 있어서 일할 사람이 점점 줄어들 것이기 때문입니다. 특히 한국의 경우 다른 나라에 비해 고령화가 빠르게 진행되면서 향후 2, 30년 후에는 노동력의 절대량이 현저히 줄어들 것으로 전망됩니다. 이런 전망에도 불구하고 한국은 오히려 다른 나라에 비해 퇴직 연령이 낮은 편입니다. 노동부의 조사에 따르면 300인 이상 대기업의 평균 퇴직 연령은 56세로, OECD가 추정한 60에서 65세보다 무려 10년 이상 차이가 납니다. 특히 임금 근로자 대부분이 50대 초중반에 강제 퇴직 제도에 의해 퇴직을 당하고 있고, 고령자 차별로 인해 재취업도 힘든 상황입니다. 이 때문에 고령자고용촉진법을 개정해야 한다는 주장이 설득력을 얻고 있습니다. 현재의 고령자고용촉진법은 사업주가 연령을 이유로 고령자를 차별할 수 없고, 고령자의 직업 능력 계발에 힘써야 하며, 정년 연장 등의 방법으로 고령자의 고용이 확대되도록 노력해야 한다고 명시하고 있습니다. 그러나 이를 관리하거나 감독할 수 있는 구체적인 방안이 마련되어 있지 않고 설령 차별이 드러난다 하더라도 그 제재가 미흡해 이름뿐인 차별 금지법이라고 비판 받아 왔기 때문입니다. 법적인 실효성이 보장되는 방향으로 법을 개정해야 하는 이유가 바로 이것입니다. 노동력 부족에 대비해 정부와 기업은 고령자의 취업 차별을 없애고 퇴직 제도를 정비해 고령자가 생산적으로 노동 시장에 참여할 수 있도록 해야 할 것입니다.

제10과 세계의 문화유산

Track 36~37

1

가: "이리 오너라, 업고 놀자." 판소리 공연, 따분할 거라고 생각했는데 되게 재미있데요. 왜 판소리를 무형 문화의 백미라고 하는지 알 것도 같아요.

나: 그렇죠? 저는 창을 하는 그 목소리에 압도되어서 전율이 느껴질 정도였어요. 그런데요, 사실은, 내용은 이해가 잘 안 되더라고요. 특히 마지막 부분에 말이 너무 빨라서 무슨 말인지 모르겠던데요.

가: 아, 마지막 부분이요? 그 부분은 춘향이를 괴롭히던 변사또가 벌을 받는 내용인 것 같았어요.

나: 와! 그렇게 빠른 말을 어떻게 다 들었어요?

가: 언젠가 판소리는 내용 전개에 따라 노래하는 속도를 빠르게 했다가, 느리게 했다가, 그런다고 들었거든요. 갑자기 말을 빨리 하길래 거기가 '춘향전'의 절정 부분인가 보다 했죠.

나: 아, 그렇구나. 그래도 왕치엔 씨 한국어 실력 정말 대단한데요. 그리고 또 좀 의아한 게 있어요. 왜, 그, 노래 부르는 사람은 춘향이도 되었다가, 이몽룡도 되었다가 모든 역할을 다 해 가면서 공연을 하잖아요. 그렇지만 옆에 앉아서 북을 치는 사람은 별다른 역할도 없는 것 같던데.

가: 음, 그래요? 저는 오히려 그 사람의 역할이 크다고 생각했는데요. 사실 그 북 치는 사람이 없었다고 생각하면 공연의 재미가 덜했을 것 같아요. 옆에 앉아서 북으로 박자를 넣으면서 "얼씨구! 잘한다!" 이런 말들을 하잖아요. 그런 게 없었다고 생각해 보세요. 흥이 나겠어요?

나: 음, 듣고 보니 그런데요. 와! 왕치엔 씨 한국 문화 전문가 다 됐네요. "얼씨구! 잘한다!"

2

가: 자, 여러분. 지금 보고 계신 것은 '말 탄 사람 토기'입니다. 신라 시대의 작품이고 당시의 수도였던 경주의 금령총에서 발굴되었습니다. 현재 대한민국

국보 91호로 지정되어 있습니다. 지금 왼쪽에 보시는 것과 오른쪽에 보시는 것이 똑같아 보이지만 자세하게 살펴보시면 다른 점을 확인하실 수 있습니다. 자, 차이를 좀 느끼셨나요?

나: 네. 왼쪽 토기의 인물이 좀 더 화려해 보이는데요.

가: 네. 잘 보셨습니다. 왼쪽에 보시는 것은 '말 탄 사람 토기 주인'이라고 부르고, 오른쪽 건 '말 탄 사람 토기 하인'이라고 부릅니다. 우선 주인 토기는 하인 토기에 비해 크기가 좀 더 크고, 말씀하신 것처럼 옷차림새가 호화스럽습니다. 화려한 모자를 쓰고, 말을 탈 때 쓰는 각종 도구들을 완전하게 갖추고 있지요. 그렇지만 하인은 차림새가 약간 엉성한 편이죠? 머리에는 수건을 매고, 상체는 맨몸입니다. 그리고 말 타는 도구도 왼쪽 것에 비해서 간소한 편이고요. 이런 차이 때문에 왼쪽은 주인, 오른쪽은 하인이라는 이름이 붙은 것입니다. 이 토기의 용도에 대해서는 정확하게는 알 수 없지만, 대개의 학자들은 이 토기가 일상생활에서 사용되었다기보다는 제사나 어떤 의례를 할 때 죽은 이의 뜻을 기리기 위해 사용한 것으로 보고 있습니다. 이 토기는 인물과 말을 투박하고도 섬세하게 표현하고 있어서 독특한 매력을 풍기고 있습니다. 또한 당시의 옷차림과 생활 양식을 엿볼 수 있는 중요한 유물로 평가 받고 있습니다. 자, 그럼 이 작품을 조금 더 감상해 보신 후에, 옆 전시실로 옮기겠습니다.

정답

제1과 인생

[읽기]
- 2) (1) ○   (2) ×   (3) ×   (4) ×
- 2) 스스로에게 질문하다

[듣고 말하기]
- 5) (1) ○   (2) ○   (3) ×   (4) ○

제2과 한국인의 의식 구조

[듣기]
- 한국인들의 집단주의 의식

[읽기]
- 2) 정착, 집단성

제3과 남한과 북한

[듣기 1]
- 1) 3가지 (경제적, 문화적, 의식적 측면)
  2) 탈북자들과 최근에 북한을 다녀온 사람들의 이야기
  3) 정보가 단편적이고 주관적일 수 있다.

제4과 교육 문제

[듣고 말하기]
- 1) 김 선생님: 찬성, 수준별로 나누어서 눈높이에 맞는 교육을 할 수 있다. 학습 동기를 유발한다
  2) 송 선생님: 반대, 성적이 좋지 않은 학생은 공부에 흥미를 잃을 수 있다, 경쟁이 과열된다

[읽기 2]
- 3) 겉으로 보기에는 앞뒤가 안 맞는 모순으로 보이게
  4) 학생, 교사 그리고 부모가 학교의 주인이 되는 교육이다.

[듣기]
- 1) 초등학교 1학년부터 영어 교육을 받을 수 있도록 하는 정책
  2) 반대
  3) ②, ③

제6과 민주화와 산업화

[듣기 1]
- 1) 동대문 상가
- 2) ②

[듣기 2]
- 1) 4.19 민주화 혁명, 1960년

[읽기]
- 4) ㄱ- 함께
     ㄴ- 쇠퇴하였다
     ㄷ- 갑자기
     ㄹ- 꽤 자주

제8과 대중문화

[읽고 말하기 1]
- (1) ○   (2) ×   (3) ○   (4) ×

[듣기 1]
- 1) 노랫말로 보는 우리 사회
  3) 예시

[듣기 2]
- 1) 악역의 모습

[읽고 말하기 2]
- 1) 일상생활 속에 깊숙이 들어와 있다, 가치관과 이데올로기의 영향을 받는다, 쌍방향적이다
  2) 대중문화를 스스로 올바른 관점에서 비판적으로 수용하려는

제9과 변화하는 사회

〔듣기〕
- 법적인 실효성이 보장되는 방향으로 고령자 차별 금지법을 개정해야 한다
- 머지않은 장래에 노동력의 절대량이 현저히 줄어든다, 현재의 퇴직 연령은 다른 나라에 비해 매우 낮다, 고령자 차별로 인해 재취업이 모두 힘든 상황이다
- 1) × 2) ○ 3) ○ 4) ×

〔읽기〕
- 1) 현대 사회에서는 더 적은 자손을 남기는 사람이 적자생존할 가능성이 크기 때문, 자본주의의 심화

제10과 세계의 문화유산

〔듣기〕
- 2) 내용 전개에 따라 노래하는 속도를 다르게 한다
  3) 춘향이를 괴롭히던 변 사또가 벌을 받는 내용

〔듣고 말하기〕
- 1) 말 탄 사람 토기, 신라 시대
  2) 토기의 용도, 토기의 가치

〔읽기 1〕
- 1) (가) 벽화의 발견 과정
  (다) 벽화의 예술성
  (라) 벽화의 가치
  (마) 벽화의 현재 상태
  2) 섬세하다, 입체적이다, 강렬하다, 생동감 있다
  3) ①

〔읽기 2〕
- 1) 불국사 석축
  2) ①, ③
  3) ②
  4) 내 가슴을 뛰게 한다

집필위원 정명숙 (Jung, Myungsook)
부산외국어대학교 한국어문학부 교수
전 고려대학교 국제어학원 한국어문화교육센터 교육 부장
주요 저서: 재미있는 한국어 1, 2, 3(공저)
　　　　　초급 한국어 쓰기(공저)

장미경 (Chang, Mikyung)
세종대학교 국문과 대학원 강사
전 고려대학교 국제어학원 한국어문화교육센터 전임강사
주요 저서: 재미있는 한국어 3, 4 워크북(공저)

김지영 (Kim, Jiyoung)
고려대학교 교육대학원 한국어교육전공 강사
주요 저서: 재미있는 한국어 2, 4(공저)
　　　　　중급 한국어 1(공저)

최은지 (Choi, Eun-ji)
원광디지털대학교 한국어문화학과 교수
전 고려대학교 한국어문화교육센터 강사
주요 저서: 한국어와 한국어교육(공저)

발행일	2010. 12. 31　초판 1쇄
	2020. 08. 28　초판 10쇄
지은이	고려대학교 한국어문화교육센터
발행인	박영규
발행처	(주)교보문고
총　괄	한상훈
신고번호	제 406-2008-000090호
주　소	경기도 파주시 교하읍 문발리 501-1
전　화	대표전화 1544-1900
	도서주문 02-3156-3681
	팩스주문 0502-987-5725
ISBN	978-89-94464-37-4　14710
	978-89-93995-98-5　14710(set)

- 이 책은 ㈜교보문고가 고려대학교 국제어학원 한국어문화교육센터와의 출판 및 판매 독점계약에 의해 발행한 것이므로 내용, 사진, 그림의 전부나 일부의 무단복제 및 무단전사를 일절 금합니다.
- 잘못 만들어진 책은 구입하신 곳에서 바꾸어 드립니다.